国学经典书系（第一辑）初级版

总 主 编　雷恩海
副 主 编　陈晓强　曾贤兆
编　　委　蒋　凡　吴兆路　周绚隆　方　铭　马永强
　　　　　雷恩海　陈文江　崔　明　陈晓强　曾贤兆

《史记》品读

何安平　著

兰州大学出版社
LANZHOU UNIVERSITY PRESS

图书在版编目（ＣＩＰ）数据

《史记》品读 / 何安平著. -- 兰州 : 兰州大学出
版社，2016.11（2020.5重印）
（国学经典书系 / 雷恩海总主编）
ISBN 978-7-311-05040-5

Ⅰ．①史… Ⅱ．①何… Ⅲ．①中国历史－古代史－纪
传体－通俗读物 Ⅳ．①K204.2-49

中国版本图书馆CIP数据核字(2016)第298297号

责任编辑	锁晓梅
封面设计	郇　海

书　　名	《史记》品读
作　　者	何安平　著
出版发行	兰州大学出版社　（地址:兰州市天水南路222号　730000）
电　　话	0931-8912613(总编办公室)　0931-8617156(营销中心)
	0931-8914298(读者服务部)
网　　址	http://press.lzu.edu.cn
电子信箱	press@lzu.edu.cn
印　　刷	广东虎彩云印刷有限公司
开　　本	710 mm×1020 mm　1/16
印　　张	17.25
字　　数	239千
版　　次	2017年12月第1版
印　　次	2020年5月第4次印刷
书　　号	ISBN 978-7-311-05040-5
定　　价	35.00元

（图书若有破损、缺页、掉页可随时与本社联系）

# 序

雷恩海

一

"国学"是一个历史名词,出现于清末。十九世纪三十年代,西方在完成其政治变革与工业革命之后,开始有计划地东进,东方世界成为西方开发的巨大市场,并且带着强烈的殖民性。欧风美雨东渐,以坚船利炮裹挟着强势的社会价值体系和思潮,先后对中国发动了五次侵略战争,而且曾是朝贡体系内的日本,也以强势侵袭。值此三千年未有之变局,中国学人惊惧、疑虑、拒斥、反思,有亡国灭种之忧患,进而提出要对中国的学术进行全面的研究。最有代表性的是张之洞,在《劝学篇》中提出"中学为体,西学为用",强调在保全中国文化的基础上,有选择地吸收和借鉴与中国政治、文化不冲突的外来成分。实际上,在世界历史的进程中,西方先于东方实行近代化,当东西方遭遇之时,必然会带来冲突。这一现象,就是冯友兰先生所说的"中西之交,古今之异"。"国学"的概念,就在这一特定的历史时期应运而生。国学,即中国传统学术的简称。时任清华研究院主任的吴宓教授认为,"所谓国学者,乃指中国学术文化之全体而言"(《清华开办研究院之旨趣及经过》)。蔡尚思说:"国是一国,学是学术,国学便是一国的学术。其在中国,就叫做中国的学术。既然叫做中国的学术,那就无所不包了;既然无所不包,也就无所偏畸了。"并且说"中国的固有文化,都不能出此国学二字范围外"(《中国学术大纲》)。应对西方文化之强势进入而产生的"国学"概念,既要保全中国故有文

化学术,又要汲取西方学术文化之精髓,承载着统合中西文化的使命。1902年,黄遵宪《致梁启超书》赞同梁氏"养成国民,当以保国粹为主义,当取旧学磨洗而光大之",并且说"今且大开门户,容纳新学。俟新学盛行,以中国固有之学,互相比较,互相竞争,而旧学之真精神乃愈出,真道理乃益明,届时而发挥之。彼新学者或弃或取,或招或距,或调和,或并行,固在我不在人也",主张融会中西学术,开启国学之新局面。1911年,国学大师王国维为《国学丛刊》作序,明确指出:"今之言学者,有新旧之争,有中西之争,有有用之学与无用之学之争。余正告天下曰:学无新旧也,无中西也,无有用、无用也。何以言学无中西也?世界学问,不出科学、史学、文学。故中国之学,西国类皆有之,西国之学,我国亦类皆有之,所异者,广狭疏密耳……余谓中西二学,盛则俱盛,衰则俱衰,风气既开,互相推助。且居今日之世,讲今日之学,未有西学不兴,而中学能兴者;亦未有中学不兴,而西学能兴者。"因而,"国学"就是运用西方近代科学研究方法,对中国学术加以系统的整理和总结,是中国现代性发展的必然,也是传统学术文化在现代化进程中寻找自身位置的一种努力。当时尚有国粹、国故之称。国粹,似乎夸大中国学术乃完全精粹;而国故则指本国文献(过去的文献),但国故只能代表研究的对象,而不能代表研究这种对象的学问。相比较而言,还是"国学"一词,比较全面公允一些。

二十世纪九十年代,兴起"国学"热,积极响应者有之,批评者有之。进入二十一世纪以来,"国学"持续受到许多人的欢迎,人们对国学的认识也日趋理性。国学热之兴起,乃中华民族文化自信心的恢复。应该清醒地认识到,虽然我们的国力增强了,但到今天为止,我们仍然处于这三千年未有之大变局中,无论科技,还是文化等,西方仍然处于领先地位,世界仍然处于西方文化主导下的格局之中。那么,如何在科技和文化两个层面上成为世界强国,如何确立自己的文化价值、精神文明体系,确立文化自信,就是我们需要考虑的。显然,重新审视传统,阅读传统,就成为一种必然。国学热,乃民间自发,而最后由在上者所认识而进一步倡导。习近平主席在纪念孔子诞辰2565周年国际学术研讨会上指出,"优秀传统文化是一个国家、一个民族传承和发展的根本,如果丢掉了,就割断了精神命脉",极为精辟地指出了国学的根本内涵和意义。

　　研究国学,并非抒发思古之幽情,更不是排斥来自西方的新思想。国学是华夏民族文化的积淀,承载着传统文化,而传统是演进的而非僵化的,是历史与现在之间的价值纽带。国学不但是历史的积淀,而且也是面对现在而指向未来的。因此,以传统文化为核心的国学是不应该被忽略甚至于忘记的。忽略甚或忘记了传统,也就失去了当下的根基,无法谋划现实的生存,因而也无法明确未来的走向。譬如,一个人今天早晨起来后,他失忆了,忘记了昨天及以前的事情,那么,就意味着他失去了自我,不知道今天该干什么,无法安顿自己,即没有办法给自己一个定位。他忘记了自己的过去,站在大街上,茫茫然不知所从,不知道自己是干什么的,是去市政府上班,还是进入学校教书,是去清扫马路,还是到工厂做工。不知道今天做什么,就无法安顿心灵,也就不知道自己的生存状态,那么他将如何生存呢?忘记过去,就是割裂其历史;不知道今天,那么,就无法知道明天。事实上,忘记了昨天,就意味着今天、明天都处于一个无所举措的状态。一个民族也是如此,忘记其传统,割断历史,就没有现在的发展和未来走向;而继承、发扬其优秀传统,以开阔的视野,吸收新的文化素养,吐故纳新,继往开来,它将永远立于不败之地。

　　国学,从广泛意义上来说,就是华夏民族文化的历史记忆。学习国学,即在于传承文化,以一种广阔的视野和开放的心态,继往开来。"所谓文化,就是一个民族在悠长的历史中,在一种制度下形成的、渗透到民族的血脉中的集体记忆,一种思维方式、价值观和行为模式。"那种以学术为生命的不懈追求,正是对优秀文化的传承,是华夏民族的凝聚力所在。文化割弃了传统,是贫瘠的文化,最终也就导致其衰败。没有文化的民族,即没有其灵魂。陈寅恪先生在《冯友兰〈中国哲学史〉下册审查报告》中提出民族文化本位的问题:"是以佛教学说,能于吾国思想史上,发生重大久远之影响者,皆经国人吸收改造之过程。其忠实输入不改本来面目者,若玄奘唯识之学,虽震动一时之人心,而卒归于消沉歇绝……窃疑中国自今日以后,即使能忠实输入北美或东欧之思想,其结局当亦等于玄奘唯识之学,在吾国思想史上,既不能居最高之地位,且亦终归于歇绝者。其真能于思想上自成系统,有所创获者,必须一方面吸收输入外来之学说,一方面不忘本来民族之地位。此二种相反而适相成之态度,乃道教之真精神,新儒家之旧途径,而二千年吾民族与他民族思想接触史之所昭示者也。"

文化是民族的根性所在,马克思说:"人们创造自己的历史,但是他们不是随心所欲地创造,并不是在他们自己选定的条件下创造,而是在自己直接碰到的既定的、从过去继承下来的条件下创造。"传承文化,发扬优秀传统,以开阔的视野、恢弘的气度,与世界上诸多文化交流,使得华夏文明得以延续,继往开来,开拓创造华夏文化的新境界。冯友兰先生以哲学家的睿智,提出"阐旧邦以辅新命,极高明而道中庸",乃是对华夏文化生生不息的生命活力的高度概括,也是对华夏文化吸收外来文化,融入世界潮流的期望。"周虽旧邦,其命维新"——希望华夏民族能够奋发图强,成为一个拥有优秀而悠远的文化传统、具有开阔视野和创新活力的现代化国家。没有继承,就没有创新,关键乃守正而出新。

二

一般来说,国学大致被理解为以中国传统学术文化为研究对象的学问,其内容应包括经、史、子、集四部之学,融合儒释道诸家,而又以儒学为主体。事实上,国学乃一种载体,传承的精神品性、知识技能,可以说是经过时间淘汰而流传下来的精华。国学需要借鉴西学的研究方法,汲取其学术素养,全面整理、研究,融会贯通,传扬其优秀文化品质。一个人的成长,要有自身资源、家庭资源、社会资源,还要有历史资源。而这历史资源就是国学所承载的主要内容。

读书不仅仅是获取信息,储备知识。这种记诵之学,在严格意义上来讲,不是学习的根本目的。就是说,读书乃为求知,在于培养具有思想性的人才,借助作者的思维过程、思维方式,来训练自己的思维能力,提高自身的水平与能力。知识之获得，不可能凭空而来，必须借助于某种媒介，通过一种介质的训练、培养，而使我们获得知识，化为能力，练人才性，提升思维能力。训练思维，培养能力，正是读书学习的关键。学习前代的文化典籍，正是训练思维、获得能力的一个重要途径。爬罗剔抉，提要钩玄，乃逻辑思维的归纳与演绎之训练。读一本书，如果仅仅停留在了解一个故事、事件的层面，显然是浅层次的；而有意识地、主动地借助于他人的思维方式、思维过程，训练自己的思维，培养自己观察问题、处理问题、解决问题的能力，无疑是深入的读解，达到了读书求知之目的。而阅读理论性的书籍，其精密的逻辑思维、推理论证、辨疑析难的能力，显然对训练思维、培养能力有着更为重要的意义。刘勰《文心雕龙》说："积学以储宝，酌理以富才，研阅以穷照，驯致以绎辞。"源远流长、充实丰富、瑰丽多彩的国学经典，积淀为人类思想文化的精品。阅读、研究，正可以训练思维，培养能力。

然而，长期以来，我们忽略了对国学的阅读与传承，甚至于忽略了阅读本身。所谓"国学热""文化热"，事实上并没有"热"起来，往往呈现为喧嚣的"争鸣"，甚至是浮躁的状态，尚未切实地进入阅读本身。在热闹、喧嚣的"文化热"氛围之中，如何自我定位，如何寻求阅读的对象、内容，需要做出"冷静"的判断。说到底，阅读是一种个人行为，是根据自己的知识结构、知识储备，进行有针对性的阅读，以进德修业，提高自身的文化品性和判断问题、分析问题的能力。这就需要不盲从，不跟风，有自己的定见，根据自己的需要，或者研究的需要，有针对性地阅读，这样才会有比较快的提高。

所谓阅读，就是指对一部书，或者一篇文章，从头到尾地读下来。清人冯班在《钝吟杂录》中说："多读书则胸次自高，出语皆与古人相应，一也；博识多知，文章有根据，二也；所见既多，自知得失，下笔知取舍，三也。"这样读书的好处，首先是专注。思想集中才有兴趣。无论任何科目，无论这科目是跟你的兴趣相差多远，只要你能对之集中思想，兴趣即盎然而生。第二个好处是系统深入地理解。因为能够专注地读完一篇文章、一部书，对作者的思想与意图以及文笔都有一个全面的了解。二十世纪的史学大师吕思勉先生说，他读书是拿到一本书，从头读到尾，即使这部书不太好，也不中辍。因为从头读到尾，就会有一个自己的判断，好在何处，不好又在何处，斟酌损益，当有所得。第三个好处，思维空间很大，触类旁通。一篇文章或一部书，无论是记叙类的，或者是理论类的，都有一个明确的问题意识，会围绕着事件或问题，全面地展开，这样就给读者提供了一个全面思考的场域，从而调动自己的思维，开拓思维能力，进而提高自身的阅读能力和理解水平。第四个好处，就是训练思维，提高能力（阅读能力，理解能力，更是判断问题、分析问题、处理问题的能力）。就是说，阅读不仅仅是为了获取信息。海量信息有时候是无用的信息，反而淹没了读者，导致他们不会判断、分析，成为散乱信息的收集者，成为"两脚书橱"。第五个好处，就是加强知识的系统性。任何知识都有其系统性。清代著名作家、画家郑板桥用盖房子的道理谈画竹子的体会："昔萧相国何造未央宫，先立东阙、北阙、前殿、武库、太仓，然后以别殿、内殿、寝殿、宫室、左右廊庑、东西永巷经纬之，便尔千门万户。总是先立其大，则其小者易易耳。"先立其大，即要有大判断，对研究对象要"目有全牛"，而不是盲人摸象。分清何者为主纲，何者为末节。主纲确立，而后细节才能发挥作用，有益于支撑和加强主纲，两者相得益彰，发挥更大的效益。知识是系统的，读者把握住一端，由此深入下去，既是深度的钻研，也是广度的拓展。这样读书，就能够触类旁通，举一反三，摆脱只见树木不见森林的偏狭。刘勰《文心雕龙·镕裁》说："首尾圆合，条贯统序。若术不素定，而委心逐辞，异端丛至，骈赘必多。"知识系统和研究的领域逐渐扩大，对问题的认识，也就能够识其大体，有大判断。

三

作为一个中国人，应该对我们的文化传统有所了解，既要知其精粹思想，也要了解其陈腐的观念；要去粗取精，去伪存真，还应有虚心诚实的心态，以了解之同情对文化传统继承与发扬。文化的发展，有累积性，也有否定性，因而才能创造性地继承。在新的历史条件下，革故鼎新，既要延续我们的文化，又要创造新的文化传统。

与现代学科分类不太相同，国学包括义理之学、考据之学、词章之学、经世之学，涵盖传统四部分类的经、史、子、集，内容丰富，贡献巨大；既有知识性的体系，又颇重视经世之学，强调"载道"，传达一种精神品性。事实上，学术研究、文化传扬，实乃"网罗天下放佚旧闻，稽其成败兴废之理，通古今之变，成一家之言"（司马迁）。

因此，我们编撰这套"国学经典书系"，既重视知识的系统性，也强调"载道"及人格之养成。目的在于让读者了解，什么是中国文化。中国文化就是中国人基本的、核心的价值观以及思维方式和生活方式。国学经典对人的道德品性形成，有其重要意义。格物致知，正心诚意，修身齐家治国平天下，由内而外，由个体而推广及于整体、国家以至于天下；反过来，又由天下情怀而对个体的道德品性做观照，提高个体的境界。而且，国学经典与社会主义核心价值观有着密切的关系，乐群、敬业、爱国、独立思考，既注意上下有序，又重视人的自觉与平等。乐和同，礼别异。在追求个性自由、重视个人之同时，也不忽略集体性，将个体与家国利益相统一；既要有灵活性，能够跨界创造，又要有持之以恒的毅力，坚守岗位。国学经典有助于培养读者的思维能力、思维方式，提高基本文化素养。从狭义来说，知识是技能性的，而文化则是一种能力，一种判断问题、分析问题、解决问题的能力，也是一种生存的境界。二十世纪的哲学大师冯友兰先生在《新原人》中指出人的精神境界可分为四种：自然境界，功利境界，道德境界，天地境界。天地境界，不是直接的经世致用，而是融入了一种可以包容天地的胸襟，这是道德、人格的升华；升华到与万物为一，超越其他三个境界，而有了物我一体、万物皆备于我的相通，这时精神最为自由，随心所欲而不逾矩的自由。这种对学术的痴迷，纯粹出于兴趣的探索精神，很有一些中国古人所说的"谋道不谋身"的意思，对形而上的"道"的追求，自然会获得"谋身"的结果。而原创性的科学发明和理论创造，所依赖的正是这种"谋道"的精神。国学经典是最佳的媒介，读书明理，获得能力，而非仅仅是"两脚书橱"的知识储备。世界文明古国，只有中国是自古延续至今。"周虽旧邦,其命维新",传承创新,是我们现代中国人的使命。中国传统的辩证思维、坚韧不拔的毅力、文化的包容品性,都是我们走向未来、开创未来的思想文化资源。

"国学经典书系"以经、史、子、集四部分类法编选篇目,针对不同的读者群,分为初级版和普及版,由原文、题解、注释、品读、扩展阅读等模块构成。原文,选择佳好的版本,如精校本、注释本,选编原文,力求保持原典的本来面目,给读者提供一个可靠、佳好的文本,使读者能够对原典有一个全面、整体的把握。题解,乃是对所选的篇章、片段,做出一些必要的交代和说明,以便明了上下文之间的内容及关系,有助于读解文本。注释,力求简洁,一般只注字、词,不注句子,方便阅读和理解。品读,乃是对所选原文的品评、欣赏、理解,着重从故事性、趣味性上,从纵向与横向两个维度,讲述其丰富生动的内涵,"理"寓于"事"中,"事"因"理"而深刻、生动。品读也尽可能地揭示思想的力量、文章的内涵以及思维的逻辑,期望有助于阅读能力的提升。扩展阅读,则是选择与原文相关(相似或相反、不同视阈的记载等)的内容,或者见出所选的文字、故事在后世的影响或衍生,启发联想,拓展知识,训练思维。而品读和扩展阅读,事实上是将阅读与思考结合起来,"学而不思则罔,思而不学则殆"。弗朗西斯·培根说:"读书使人成熟,讨论使人丰富,写作使人严谨。"读、思、写三位一体,写是在多读深思的基础上自然而然的表现。写出来,才是对思维的进一步完善;读、思、写相结合,才能够最大限度地提升阅读水平,训练思维,进而使人可能具有天地境界。

这套书系的编撰,力求内容丰富、生动,富有启发性,引起读者对国学原典阅读的兴趣,丰富其国学素养,培养读书的境界。近代大学者王闿运说:张之洞是看书人,曾国藩是读书人,"所谓读书人,能通经致用;看书人,则书是书,人是人,了不相涉,即所谓记问之学、博而寡要者也"(刘成禺《世载堂杂忆》)。就是说,读书人要能掌握知识并应用于实践之中,知行合一。期望我们都做个有思想、有创造力的"读书人"。

人的全部尊严在于思想。读书学习,就在于确立一个人安身立命的根基。古人云："立身以力学为先，力学以读书为本。"所谓"立身"，实乃关乎其人之思想境界，而我们每一个人都希望自己是一个有思想的人，有思想的生命才是完整的。有什么样的思想境界，则有什么样的"立身"原则、行为方式，也因而确定了其人日后的成就。思想清明、品格伟大之人，介然有守而不因循守旧，也不随波逐流。读书人知行合一，多读书，可以怡情悦性、涵养性情，可以洞明事理、培育思想，从此打开一个智慧的世界。精骛八极，心游万仞，观古今于须臾，抚四海于一瞬，何乐而不为呢？

2017年11月10日

春融堂

序

009

前　言

　　司马迁，字子长，西汉夏阳（今陕西韩城市南）人，生于汉景帝中元五年（前145）。他十岁之前在故乡一边耕田放牧，一边学习。十岁时，他已经能诵读古文。所谓古文，是和汉代隶书（今文）不同的先秦时代的古文字，这为他后来搜集、考订古文史料打下了基础。十七八岁以前，他跟随董仲舒学习过《春秋》，二十岁左右又随孔子的十一世孙孔安国学习古文《尚书》。

　　读万卷书，不如行万里路，读书暂告一段落后，二十岁的司马迁开始了他的漫游生活。到长沙，他看过屈原所沉之江，行船于沅江、湘江上，观览九嶷山，又南上庐山，观看大禹疏导九江的遗迹。随后，他到会稽太湟，登会稽山，探查禹穴，上姑苏台，眺望五湖。他到楚国故地，看春申君的故城宫室，到淮阴，了解了韩信的一些情况。北上，他到齐鲁之地，考察孔子遗风，参观孔子庙堂车服礼器。不知因为什么原因，他困在了鄱、薛、彭城，之后经过汉高祖的故乡丰沛，再经梁楚之地回到长安。此次游览，无疑大大丰富了司马迁对历史的认识，不仅使原来的书本知识变得鲜活了，还获得了很多非实地考察就难能知晓的人物事迹和风土人情，为以后《史记》的写作准备了珍贵的素材。

　　漫游结束后，司马迁开始做官，任郎中。元鼎五年（前112）十月，汉武帝亲临雍州，在这里祭祀天地和五帝。之后继续西行，越过陇山，登上崆峒山，再向西行，直至祖厉河后返回。整个过程，司马迁随驾扈从。元鼎六年，司马迁"奉使西征巴、蜀以南,南略邛、筰、昆明"(《史记·太史公自序第七十》,中华书局,2013,第3971页),至下一年春,回朝复命。此行,中间有八九个月的时间,可以充分考察西南地区,这对《西南夷列传》的撰述大有裨益。元封元年(前110),汉武帝到泰山进行封禅,时任太史令的司马谈扈从,但到达洛阳时,司马谈病重,不能继续随行。此时正逢司马迁出使返回,听到父亲病重的消息后马上赶到洛阳,见了父亲最后一面。司马谈临终之时,拉着儿子的手,老泪纵横,嘱咐他一定要完成一部能够接续《春秋》的史书,司马迁悲伤不已,难过得低下了头,流着泪答应了父亲。泰山封禅是难得的盛事,司马迁赶上了封禅的队伍,随武帝从海上到了泰山,参加封禅。

元封二年(前109),黄河在瓠子决口,武帝率百官塞河,皇帝亲临黄河决口处,沉白马、玉璧于河中祭奠河神,命群臣及随从官员自将军以下,都背负柴薪,填塞决口。皇帝怕塞河难以成功,还作了《瓠子之歌》,司马迁有感于《瓠子之歌》,写下了《河渠书》。元封三年(前108),司马迁继任太史令,"绌史记石室金匮之书","百年之间,天下遗文古事靡不毕集太史公。"(《自序》)自此,司马迁可以阅读的古籍文献比以前增加了许多,其知识贮备想必是大为增益。但他并未就此完全沉溺于书山文海之中,而是继续随武帝巡幸全国。太初元年(前104),汉武帝下令改定历法,颁布了《太初历》,司马迁在其中发挥了重要的作用,"太初改历之议发于公,而始终总其事者亦公也。"(王国维:《观堂集林·太史公行年考》,河北教育出版社,2001,第254页)《太初历》将原来以十月为岁首改为以正月为岁首;开始采用有利于农时的二十四节气;以有节无气的月份为闰月,调整了太阳周天与阴历纪月不相合的矛盾。《太初历》对后世影响极大,是司马迁著《史记》而外的又一项伟大事业。历法改定后,《史记》正式进入写作阶段。

不幸的是,天汉三年(前98年),司马迁因李陵案被处以宫刑。事件的起因是,天汉二年(前99),汉武帝命贰师将军李广利率三万大军征伐匈奴,飞将军李广之孙李陵作为策应,率五千人出居延,行军三十多天,到了浚稽山,以分散匈奴军的注意力。但当李陵按预定日期返回时,却被八万匈奴军围困,李陵毫不畏惧，率军与之大战，边战边撤，最后，终因寡不敌众而战败，李陵没脸再见天子，投降匈奴。汉武帝知道后，大怒，一些大臣落井下石，只有司马迁出面为李陵说话(见《报任少卿书》)，但汉武帝以为他是在诋毁李广利，就把司马迁下狱了。司马迁在狱中待到第二年，当时汉武帝有所醒悟，派公孙敖去匈奴接李陵，但公孙敖无功而返，还听说李陵在为匈奴训练军队(实际是李绪)，可想而知，武帝定是火冒三丈，于是灭了李陵全家，司马迁也因此蒙受腐刑。虽说天降大任之人，要忍受艰难困苦，但以一士大夫而受宫刑也未免太残忍了。

太始元年(前96)，司马迁出狱，任中书令，含垢忍辱，全力以赴写作《史记》。太始四年(前93)，益州刺史任少卿(任安，字少卿)给司马迁写信，希望他能推荐人才，司马迁写信回复，即《报任少卿书》。司马迁的满腔怨愤原先只是藏在心底，汹涌澎湃的情感也被他封存起来，但任少卿的信带来一股强大的冲击力，摧毁了情感的堤岸，由此，才有了这慷慨悲凉、满纸辛酸泪的《报任少卿书》。到太始四年，《史记》还未完成，根据书中内容推断，完成时间大概在征和二年(前91)，当时司马迁五十五岁。从此以后，司马迁的行迹难以知晓，很有可能是自杀了。

《史记》完成时，司马迁准备了两部，正本"藏之名山"，副本留在京师长安。到汉宣帝时，由司马迁的外孙杨恽将之公布于世。《史记》并不是司马迁自己命名的，在《史记·太史公自序》中他自称《太史公书》，汉代还有人称之为《太史公记》的。据王国维考证，《史记》之名，开始于魏晋之际。

《史记》有十二本纪、十表、八书、三十世家、七十列传，共一百三十篇，五十二万六千五百字。本纪记载帝王事迹；表以表格的形式记事件与人物，"如网在纲，一目了然"(钱穆：《中国史学名著》，生活·读书·新知三联书店，2000，第70页)；书是分门别类地叙述典章制度和文化的发展变迁；世家记诸侯；列传记载历史上具有代表性的重要人物及事迹。全书各部分互相配合，结构严密，体大思精。

《史记》的写作是很严谨的，司马迁或根据历史典籍，或实地调查访问，多闻阙疑,忠实记叙了历史过程,这不仅需要付出艰苦的努力,还要有史家的学识。例如本纪是记载帝王的,但司马迁却安排了项羽,表面上是自乱其例,不合史实,然而考察秦汉之间的历史,项羽就是实际上的天下之主,为其写作本纪,合情合理。又如孔子,司马迁将其列入世家,称"孔子布衣,传十余世,学者宗之。自天子王侯,中国言六艺者折中于夫子,可谓至圣矣!"(《史记·孔子世家第十七》,中华书局,2013,第2344页)不以名害实,目光如炬,从中可见司马迁非凡的识力。《史记》在接近历史真实的同时,并没有排除主观因素。相反,它是一部发愤之作,其中的个人色彩浓厚。司马迁在历史叙述中融入了他自己的思想和感情,以至于有学者认为:"情感者,才是司马迁的本质。他的书是赞叹,是感慨,是苦闷,是情感的宣泄,总之是抒情的而已!不唯抒自己的情,而且代抒一般人的情。这就是他之伟大处!"(李长之:《司马迁之人格与风格》,生活·读书·新知三联书店,1984,第92页)所以,虽然是历史著作,却被称作中国的史诗,是"无韵之《离骚》"(鲁迅:《鲁迅全集·汉文学史纲要》,人民文学出版社,1973,第581页)。

如此一部巨著,其价值是多方面的,简单来说,主要表现在:

发凡起例,正史之首。正史是中国最重要的历史文献,而《史记》乃正史之首,之后的历代正史都祖述《史记》,虽在具体设置上有所变化,但大体已定,后来者难出其范围。

三千年的历史画卷。《史记》所载上起黄帝,下至汉武帝,三千年左右的历史首次汇聚在一起,贯通古今,网罗百代,其内容涉及政治、经济、社会、文化等方方面面,是汉武帝之前中国社会的百科全书。

文章典范。《史记》不唯在史学上重要,在文学上也是经典,被看作西汉文章的代表和史传文学的高峰,对于后世的散文、小说、戏剧都产生了巨大的影响。

时代的心灵史。司马迁不仅描摹事件,记叙史实,他还用自己的心灵去感知和体悟历史,观察历史的风云变幻,对历史人物抱有深切的同情,通过文字展现了各色人物的心灵世界,也包括司马迁自己的心灵。后代读者,披阅其文以入情，便能聆听到司马迁及其笔下人物的心声，感受到时人心灵的激荡。

《史记》公之于世后，受到赞扬的同时，也招来了批评。东汉班固《汉书·司马迁传》言："其是非颇谬于圣人，论大道则先黄老而后六经，序游侠则退处士而进奸雄，述货殖则崇势利而羞贱贫，此其所蔽也。"王允更称之为"谤书"。在魏晋南北朝时期，虽也有不少正面评价，但从总体来说，"《史记》传者甚微"（《隋书·经籍志》）。到唐代，《史记》地位提升，出现了司马贞的《史记索隐》和张守节的《史记正义》，二书和南朝宋裴骃的《史记集解》合称《史记》三家注，形成了史记学的一个高峰。此外，唐代古文运动的领导者韩愈、柳宗元都对司马迁给予了高度评价，奠定了《史记》在文学史上的地位。宋代以来，对《史记》的研究更为深入和多样，注疏而外，有了大量评点、考证、专题论述，《史记》所受到的关注非其他史书可比，直至今日，依旧是学术研究的重点和热点。《史记》在国外也很受重视，全文或选文被翻译为英、日、德、法、俄、匈牙利等多种语言，广为传播，成为外国人了解中国历史的重要途径。

《史记》是经过历史筛选并产生深远影响的伟大著作，值得后人精读细品。从《史记》中我们不仅能学习到丰富的文化知识，还能开阔视野，提升思想境界，使几千年的中国历史尽收眼底，培养对中国优秀古典文化的热爱之情。然而《史记》篇幅庞大，头绪纷繁，青少年初读，恐怕难度太大，因此本书从《史记》中选取了一些重要篇章，在原文之前有"题解"，之后有"注释""品读""扩展阅读"，以帮助读者理解原文，特别是在"品读"中，尽量做到前后贯通、左右关联。尽管只阅读了一小段内容，读者在"品读"中却能看到事件或人物的全貌。最后要说明的是，文中为了能够引导读者深入思考，会有笔者个人的一孔之见，并非定论，仅作参考。

选本仅是读者进入全书之前的预热，绝不能取代原书。所以，读者如果能够通过本书——不管是因为喜欢还是厌恶——而进一步阅读原著的话，作为编著者，将是十分高兴的。

本书所选《史记》段落出自2013年中华书局校本二十四史修订本。

目　录

一、尊轩辕为天子

【题解】

　　"五帝"是传说中的五位帝王,其具体所指,不同的文献记载有异。《史记》所确定的五帝分别是黄帝、颛顼、帝喾、尧、舜。选文记述了轩辕在被尊为天子的过程中与炎帝及蚩尤的战争。

【原文】

　　轩辕之时①,神农氏世衰②。诸侯相侵伐,暴虐百姓③,而神农氏弗能征。于是轩辕乃习用干戈④,以征不享⑤,诸侯咸来宾从。而蚩尤最为暴⑥,莫能伐。炎帝欲侵陵诸侯⑦,诸侯咸归轩辕。轩辕乃修德振兵,治五气⑧,艺五种⑨,抚万民,度四方,教熊罴貔貅貙虎⑩,以与炎帝战于阪泉之野⑪。三战,然后得其志。蚩尤作乱,不用帝命。于是黄帝乃征师诸侯,与蚩尤战于涿鹿之野⑫,遂禽杀蚩尤。而诸侯咸尊轩辕为天子,代神农氏,是为黄帝。天下有不顺者,黄帝从而征之,平者去之,披山通道,未尝宁居。(《史记·五帝本纪第一》卷一,第4页)

黄帝

①轩辕：黄帝，姓公孙，名轩辕。　②神农氏：古帝王。　③百姓：百官贵族的统称。　④干戈：干，盾牌；戈，类似矛的武器；干戈是兵器的通称。　⑤不享：不来朝贡的诸侯。　⑥蚩尤：传说中东方九黎族部落首领，勇猛善战。后与黄帝战于涿鹿，兵败被杀。　⑦炎帝：上古部族首领，与黄帝并列，一说炎帝即神农氏，但显然司马迁认为是两人。　⑧五气：五行之气，即金、木、水、火、土。　⑨艺五种：种植五种谷物：黍、稷、菽、麦、稻。　⑩熊罴(pí)貔(pí)貅(xiū)䝙(chū)虎：六种猛兽。一说是训练这些猛兽参加战斗，一说是以这些猛兽为图腾的部族。　⑪阪泉之野：有三种说法。一说在山西省阳曲县东北；一说在今河北省涿鹿县东南；一说在今山西省运城市南。　⑫涿鹿之野：在今河北省涿鹿县南，一说山名。

【品读】

中国人自称"炎黄子孙"，"黄"就是指黄帝，传说中的远古帝王。黄帝的事迹在司马迁的时代已经很难知晓，所以《史记》的记载也不能完全被当作史实，但这并不重要，重要的是司马迁把他写进了《史记》，而且是开篇第一人，从此就奠定了黄帝在中华民族历史上的始祖地位。

从选文中可以看出，轩辕生活在一个乱世，由于神农氏的衰弱，其他诸侯不再臣服，相互讨伐征战，伤及无辜百姓，天下失去了和平。轩辕应时而出，训练军队，征讨不来朝贡的诸侯，诸侯都归顺了他。其中的蚩尤最为残暴，没有人能讨伐他。有文献记载说，蚩尤有兄弟八十一人，都是兽身，但说人话，铜头铁额，以石子为食；还有说他人身牛蹄，四只眼睛六只手，两鬓的头发像剑戟一样树立，头上还有角。这些被附会的外形给人野蛮、残忍的印象，同时也说明他善于征战，力量强大，是轩辕强劲的对手。此外，还有炎帝想侵犯诸侯，但被轩辕打败，诸侯都归附了轩辕。炎帝是与黄帝并称的华夏始祖之一，《国语·晋语》中记载，少典娶了有蛴氏，生了黄帝和炎帝。当然，这只是一种说法而已，不能就此断定黄帝、炎帝是亲兄弟。

诸侯的归附,意味着轩辕在诸侯中的威望逐渐增高,轩辕继续励精图治,推行德政,整治军队,发展农业,实力不断增强,先后打败蚩尤、炎帝而被尊为天子。之所以如此,军队强大只是一方面,"修德"也起到了重要的作用。诸侯归顺黄帝,而不是蚩尤或炎帝,由此表明黄帝有海纳百川的心胸和巨大的凝聚力。后来,还有一些诸侯反叛,所以轩辕要继续去征讨,在平定之后离开。为了维护天下的安定,他穿山通路,从未有过安逸的日子,向东到海,向西到崆峒山,向南到长江,向北驱逐了荤粥(匈奴别名),四处迁徙,没有固定的住处,常常以军营为家。此外,他还设置了左右大监,负责督查各诸侯国,任用风后、力牧、常先、大鸿等治理民众,顺应天地阴阳四时的规律,制定表示生死的礼仪制度,按照时节播种百谷草木,驯养鸟兽昆虫,教导百姓有节制地使用水、火、木材等物。因为出现了象征土德的瑞兆,所以称作黄帝。黄帝的努力加速了部族之间的融合,对华夏民族的形成起了关键作用。

作为五帝之首,司马迁其实也通过黄帝树立了帝王的典范:首先是德,如果没有德,即使武力强盛如蚩尤,也会被打败;其次是勤政,天下的和平需要帝王的辛勤努力和付出。

据说,黄帝在位百年而崩,他的孙子高阳即位,即颛顼。

【扩展阅读】
导言:黄帝与蚩尤的战争在《山海经》中也有记载,但更具神话色彩。

女 魃

有系昆之山者,有共工之台,射者不敢北乡。有人衣青衣,名曰黄帝女魃。蚩尤作兵伐黄帝,黄帝乃令应龙攻之冀州之野。应龙畜水。蚩尤请风伯、雨师,纵大风雨。黄帝乃下天女曰魃,雨止,遂杀蚩尤。(袁珂:《山海经全译·大荒北经》卷十七,贵州人民出版社,1991,第319页)

二、牧野之战

【题解】

> 周的始祖是后稷，延续到西伯姬昌也就是周文王的时候，"三分天下有其二"，文王之子姬发（周武王）会合诸侯一起反抗纣王的统治。在牧野之战中，纣王的军队临时倒戈，纣王大败，商朝灭亡。

【原文】

二月甲子昧爽①，武王朝至于商郊牧野②，乃誓。武王左杖黄钺③，右秉白旄④，以麾⑤。曰："远矣西土之人！"武王曰："嗟！我有国家君⑥，司徒、司马、司空、亚旅、师氏、千夫长、百夫长，及庸、蜀、羌、髳、微、卢、彭、濮人⑦，称尔戈⑧，比尔干⑨，立尔矛，予其誓。"王曰："古人有言'牝鸡无晨⑩。牝鸡之晨，惟家之索'⑪。今殷王纣维妇人言是用⑫，自弃其先祖肆祀不答⑬，昏弃其家国，遗其王父母弟不用，乃维四方之多罪逋逃是崇是长，是信是使，俾暴虐于百姓，以奸轨于商国⑭。今予发维共行天之罚。今日之事，不过六步七步，乃止齐焉，夫子勉哉！不过于四伐五伐六伐七伐⑮，乃止齐焉，勉哉夫子！尚桓桓⑯，如虎如罴，如豺如离，于商郊，不御克奔⑰，以役西土，勉哉夫子！尔所不勉，其于尔身有戮。"誓已，诸侯兵会者车四千乘，陈师牧野。

帝纣闻武王来，亦发兵七十万人距武王。武王使师尚父与百夫致师⑱，以大卒驰帝纣师。纣师虽众，皆无战之心，心欲武王亟入。纣师皆倒兵以战，以开武王。武王驰之，纣兵皆崩畔纣。纣走，反，入登于鹿台之上⑲，蒙衣其殊玉，自燔于火而死。武王持大白旗以麾诸侯，诸侯毕拜武王。武王乃揖诸侯，

诸侯毕从。(《史记·周本纪第四》卷四,第158～161页)

【注释】

①昧爽:黎明。 ②牧野:地名,在商朝都城朝歌南七十里。 ③黄钺:黄金装饰的大斧。 ④白旄:以牦牛为装饰的一种军旗。 ⑤麾:指挥。 ⑥国冢君:各国的君主。冢,大。 ⑦庸、蜀、羌、髳、微、纑、彭、濮:八个来自西部的部族。 ⑧称:举起。 ⑨比:排列。 ⑩牝(pìn)鸡无晨:牝鸡,母鸡;晨,报晓。 ⑪索:尽。 ⑫殷王纣:又称商纣王,名辛,是殷商的最后一位君主,"纣"是谥号,属于恶谥,"残义损善曰纣"。纣王天资聪颖,力大无比,可以徒手与猛兽格斗,但骄奢淫逸,做酒池肉林,宠爱妲己,滥杀朝中的忠臣,最终导致商朝灭亡。 ⑬肆祀:祭祀。 ⑭奸轨:违法作乱。 ⑮伐:击。 ⑯桓桓:威武的样子。 ⑰不御克奔:御,抵挡;克,杀。不抵挡、残杀前来投奔的殷商士兵。 ⑱师尚父:太公望吕尚。 ⑲鹿台:纣王储藏珠宝钱财的地方,"大三里,高千尺"。

【品读】

西周在西伯姬昌的时代,已经是人心所向。姬昌笃厚仁慈,礼贤下士,吸引了很多士人前来归附,其中就包括伯夷和叔齐。有人看到这种情况,以为不利于商,于是向纣王进谗言,姬昌就被纣王囚禁在了羑里。西周的臣子为了救姬昌,向纣王进贡了美女、宝马等,姬昌才被赦免。姬昌在西周施行德政,诸侯以为西伯或许就是新的受命之君。

西伯去世后,其子姬发立,继续西伯未竟之业。与西周相反,纣王荒淫无道,杀比干,囚箕子,听妇人之言,使天下离

叔齐

心,所以武王才能会合诸侯以讨伐殷商。选文中武王誓师,鼓励士气,指斥纣王的多项罪状,如听信妇人言;废弃祖先祭祀;不重用亲族反而任用犯罪的逃亡之人,使他们残害百姓。阐述这些罪状,旨在说明商朝已经不可救药,上天也不再护佑,因此自己"行天之罚",讨伐纣王是替天行道,而不是以下犯上,从而说明了这场战争的必要性和合理性。武王的这番话是非常重要的,因为在当时,纣王是君,他是臣,讨伐纣王就是伯夷、叔齐所说的"以臣弑君",是为不仁。君臣关系是不可扭转的,但天高于君,纣王既然逆天而行,那么武王就可以代表天的意志去惩罚纣王,如此,当然也就不用背负"以臣弑君"的恶名,反而说明了自己是天命所在。即便如此,在孔子看来还是不完美的,在《论语·八佾》中孔子认为舜乐《韶》尽美尽善,而武王乐《武》尽美未尽善。《韶》尽善尽美是因为舜是以禅让得天下,《武》尽美未尽善则是由于武王是以讨伐得天下,况且还与纣王是君臣,因此孔子有此评价。现在看来,孔子的意见是难以服人的,但孔子之所以这么说,是和孔子时代礼崩乐坏,诸侯强、王室弱的社会背景密切相关的。所以,以此来批评孔子,也是缺乏同情和了解的做法。与孔子不同,孟子认为武王伐纣是正当的,并不存在所谓的"以臣弑君",因为像桀纣这样的君主,毁仁害义,只能称作"一夫",杀了他们也只是杀了个众叛亲离的"一夫"而已。

姬发来势汹汹,纣王听到消息后积极备战,发兵七十万,可就算人再多也无济于事,商朝军队倒戈相向,武王顺利进入都城。纣王在鹿台上自焚而死,商朝灭亡。

我们从中可以看到,战争的关键是民心向背,得人心者得天下,统治者不能像纣王一样,自以为天命所在,就肆无忌惮,胡作非为。

【扩展阅读】

导言:关于人心得失与天下的关系,孟子有精彩的论述。

得天下有道

孟子曰："桀、纣之失天下也，失其民也；失其民者，失其心也。得天下有道，得其民，斯得天下矣。得其民有道，得其心，斯得民矣。得其心有道，所欲与之聚之，所恶勿施尔也。民之归仁也，犹水之就下、兽之走圹也。故为渊驱鱼者，獭也；为丛驱爵者，鹯也；为汤武驱民者，桀与纣也。今天下之君有好仁者，则诸侯皆为之驱矣。虽欲无王，不可得已。

今之欲王者，犹七年之病求三年之艾也。苟为不畜，终身不得。苟不志于仁，终身忧辱，以陷于死亡。《诗》云：'其何能淑，载胥及溺。'此之谓也。"（杨伯峻：《孟子译注·离娄章句上》卷七，中华书局，2014，第156页）

三、始皇焚书

【题解】

> 秦始皇嬴政是我国古代第一位皇帝，他结束了春秋战国以来的诸侯混战局面，天下一统，重归和平，所建立的秦朝，在疆域上超越前代，很多政治制度也被后代王朝所继承，影响深远，被称为"千古一帝"并不为过。但秦始皇被后世诟病的地方很多，"焚书坑儒"就是其中之一，这一行为对中国文化造成了很大的伤害。

【原文】

始皇置酒咸阳宫①，博士七十人前为寿②。仆射周青臣进颂曰③："他时秦地不过千里，赖陛下神灵明圣，平定海内，放逐蛮夷，日月所照，莫不宾服。以诸侯为郡县④，人人自安乐，无战争之患，传之万世。自上古不及陛下威德。"始皇悦。博士齐人淳于越进曰："臣闻殷、周之王千余岁，封子弟功臣，自为枝辅⑤。今陛下有海内，而子弟为匹夫，卒有田常、六卿之臣⑥，无辅拂，何以相救哉？事不师古而能长久者，非所闻也。今青臣又面谀以重陛下之过，非忠臣。"始皇下其议。丞相李斯曰⑦："五帝不相复，三代不相袭⑧，各以治，非其相反，时变异也。今陛下创大业，建万世之功，固非愚儒所知。且越言乃三代之事，何足法也？异时诸侯并争，厚招游学。今天下已定，法令出一，百姓当家则力农工，士则学习法令辟禁。今诸生不师今而学古，以非当世，惑乱黔首⑨。丞相臣斯昧死言：古者天下散乱，莫之能一，是以诸侯并作，语皆道古以害今，饰虚言以乱实，人善其所私学，以非上之所建立。今皇帝并有天下，别黑白而定一尊。私学而相与非法教，人闻令下，则各以其学议之，入则心非，出则巷议，夸主以为名，异取以为高，率群下以造谤。如此弗禁，则主势降乎上，党与成乎下。禁之便。臣请史官非秦记皆烧之。非博士官所职，天下敢有藏《诗》、《书》、百家语者，悉诣守、尉杂烧之。有敢偶语《诗》《书》者弃市。以古非今者族。吏见知不举者与同罪。令下三十日不烧，黥为城旦⑩。所不去者，医药卜筮种树之书。若欲有学法令，以吏为师。"制曰："可。"（《史记·秦始皇本纪第六》卷六，第321～322页）

【注释】

①咸阳宫：秦都咸阳的宫殿，是议事听政的地方。 ②博士：古代学官名。 ③仆射：官名。周青臣是博士仆射，即博士之长。 ④郡县：秦始皇统一天下后，实行郡县制，全国共三十六个郡，不再分封诸侯。 ⑤枝辅：辅佐。 ⑥田常、六卿之臣：田常是春秋时齐国的大臣，杀了齐简公，拥立齐平公，自任相国，是田氏代齐的先声。六卿之臣指春秋时期晋国的范氏、中行氏、知氏、韩氏、赵氏、魏氏，六卿相互争斗，最终韩、赵、魏三家分晋。 ⑦丞相李斯：荀卿弟子，楚国人。 ⑧三代：夏、商、周。 ⑨黔首：百姓。 ⑩城旦：一种刑罚，白天守卫，晚上筑长城，为期四年。

【品读】

秦朝建立不久，政权巩固是首要任务，那如何实现这一目标？对此就有了不同的意见。在咸阳宫祝寿的宴会上，周青臣的一番话让好大喜功的秦始皇听了很高兴，可淳于越认为这是阿谀之词，并建议皇帝效仿殷、周，分封子弟功臣来作为辅佐，只有如此，王朝才能长盛不衰，他的观念其实就是"师古"。淳于越的看法遭到了李斯的驳斥，李斯认为五帝、三代都是不相同的，究其原因则是时代的变化，如今，皇帝统一天下，时代也不再是三代，为何还要去效法古代？接下来，就开始说"师古"的危害。古与今是相对的，而且古今往往是不同的，师古就可能与当世发生矛盾，人们以"古"的观念批评当今，就不利于当世的稳定与统一，所谓"道古以害今"。现在王朝刚刚建立，需要的是"定一尊",形成统一的思想意识,但私学横行,与国家意识形成冲突,这样就会导致皇帝的权威下降,还会形成朋党。要解决此问题,李斯以为就是"禁",要烧掉除记载秦国历史之外的史书、《诗》、《书》和百家的著作,而且还不许谈论,留下的只有医药卜筮种树的书。

秦始皇同意了李斯的意见,焚书就此开始。李斯的建议是从维护王朝稳定的角度提出来的,作为丞相,有这种意识是正常的,但采取的措施太过简单粗暴。不是积极地去引导而是以强制手段禁止,实际上并不能达到预期的效果。相反,还激起了负面情绪。相比各种不同思想的流行,焚书带来的危害其实更大。

每一个王朝在建立之初,都需要确立国家的主流思想,但其途径和方法各不相同。和秦朝相比,唐朝的统治者就聪明了许多,他们召集饱学之士,修撰前代史书,颁布《五经正义》,作为官方确立的经典文本,有效地传达了国家的思想意识,加强了文化认同,真正起到了维护王朝稳定的作用。

【扩展阅读】

导言:秦朝席卷六国,一统天下,气势何等恢宏,但仅二世而亡,其中的原因耐人寻味。从汉代起就有人反思,如贾谊的《过秦论》,唐代的杜牧在《阿房宫赋》中也表达了他的意见。

阿房宫赋(节选)

燕赵之收藏,韩魏之经营,齐楚之精英,几世几年,剽掠其人,倚叠如山;一旦不能有,输来其间。鼎铛玉石,金块珠砾,弃掷逦迤,秦人视之,亦不甚惜。

嗟乎!一人之心,千万人之心也。秦爱纷奢,人亦念其家。奈何取之尽锱铢,用之如泥沙?使负栋之柱,多于南亩之农夫;架梁之椽,多于机上之工女;钉头磷磷,多于在庾之粟粒;瓦缝参差,多于周身之帛缕;直栏横槛,多于九土之城郭;管弦呕哑,多于市人之言语。使天下之人,不敢言而敢怒。独夫之心,日益骄固。戍卒叫,函谷举,楚人一炬,可怜焦土!(《樊川文集·阿房宫赋》卷一,上海古籍出版社,1978,第1~2页)

四、始皇坑儒

【题解】

"焚书坑儒"常被放在一起谈及,但其实是两件事。秦始皇希望长生不死,所以派很多的方术之士到处求仙药,侯生、卢生就是其中的两人,他们对秦始皇不满,私下议论,认为皇帝太专权霸道,不能给他仙药。当然,他们也没有真的仙药,所以就逃跑了。秦始皇听说后,很恼火,下令"坑儒"。

【原文】

侯生、卢生相与谋曰:"始皇为人,天性刚戾自用,起诸侯,并天下,意得欲从,以为自古莫及己。专任狱吏,狱吏得亲幸。博士虽七十人,特备员弗用。丞相诸大臣皆受成事,倚辨于上①。上乐以刑杀为威,天下畏罪持禄,莫敢尽忠。上不闻过而日骄,下慑伏谩欺以取容②。秦法,不得兼方③,不验,辄死。然候星气者至三百人,皆良士,畏忌讳谀,不敢端言其过。天下之事无小大皆决于上,上至以衡石量书④,日夜有呈,不中呈不得休息。贪于权势至如此,未可为求仙药。"于是乃亡去。始皇闻亡,乃大怒曰:"吾前收天下书不中用者尽去之。悉召文学方术士甚众,欲以兴太平,方士欲练以求奇药。今闻韩众去不报,徐市等费以巨万计,终不得药,徒奸利相告日闻。卢生等吾尊赐之甚厚,今乃诽谤我,以重吾不德也。诸生在咸阳者,吾使人廉问⑤,或为訞言以乱黔首⑥。"于是使御史悉案问诸生,诸生传相告引,乃自除犯禁者四百六十余人⑦,皆阬之咸阳,使天下知之,以惩后。益发谪徙边⑧。始皇长子扶苏谏曰⑨:

"天下初定，远方黔首未集，诸生皆诵法孔子，今上皆重法绳之，臣恐天下不安。唯上察之。"始皇怒，使扶苏北监蒙恬于上郡^⑩。（《史记·秦始皇本纪第六》卷六，第324～325页）

【注释】

①辨：通"办"，办事。　②谩欺：欺骗。　③兼方：两种以上的方技。④衡石量书：用秤称大臣的奏疏。衡，秤杆；石，秤砣。　⑤廉问：察问。　⑥讹言：妖言邪说。　⑦自除：自己选出。　⑧发谪徙边：发配罪犯，迁徙到边远的地方。　⑨扶苏：秦始皇长子，后被秦二世赐死。　⑩蒙恬：秦朝大将，率军驱逐匈奴，修长城。上郡：郡治在现在的陕西榆林市南。

【品读】

秦始皇竭尽民财，求取仙药，想长生不老，先后派出齐人徐市带领童男女数千人去寻找海上的三座神山（蓬莱、方丈、瀛洲），又派韩终、侯公、石生求仙人不死之药，最后都毫无结果，这是坑儒的原因之一。

侯生、卢生是替秦始皇求仙药的术士，但他们对始皇不满，认为他天性刚愎、暴戾。统一天下后，秦始皇为所欲为，专用狱吏，却把博士只当作备员充数，人才得不到重用。皇帝用重刑和杀戮树立威严，大臣们只是按照皇帝的意见办事，皇帝越来越骄横，无论是大臣还是观测星象云气的人，都不敢尽忠直言，指出皇帝的过错。皇帝大权独揽，天下的事大小都由皇帝来决定，贪恋权势已经到了极致。所以，他们不愿再求仙药，就逃跑了。秦始皇知道后，以为是"诽谤"，盛怒之下，坑杀四百六十多人。"焚书坑儒"的说法很容易让人误会，以为被坑的就是儒家弟子，实际上"儒"只是其中之一，所以班固在《汉书》里说是"杀术士"。皇长子扶苏劝谏皇帝，不仅没起作用，还连累了自己，被派到上郡去监军，离开了中央，而这又导致在始皇驾崩后，赵高等有机会立胡亥为帝。"坑儒"的数量不大，秦始皇这么做，并特意使天下人都知道，目的就是惩戒，让那些术士以后不要胡乱议论，如此一来，可以维护自己的形象。

和"焚书"一样，"坑儒"的做法也是很不明智的，影响很坏，所以事与愿违,不可能真正起到统一思想的作用。"坑儒"的象征意义要远远大于事件本身,也更值得后人反思。其象征性首先表现在对文化的践踏和毁灭上,企图通过"坑儒"来禁锢思想,树立绝对权威;其次,是对士人人格的摧残。中国古代有所谓的"道统",是和政权的"政统"并行的,而"坑儒"残杀士人,以"政统"打压"道统",取消了士人的独立性。"焚书坑儒"在后代遭到激烈的批评,直到现在也是如此,但焚书的范围以及带来的影响还有争议。对"坑儒"的评价也不尽相同,有人认为秦朝坑杀儒士,所以二世而亡,又有人认为秦朝的灭亡与"焚书坑儒"的关系不大。孰是孰非,读者可以自己判断。

【扩展阅读】

导言:中国古代的君王,像秦始皇这样残暴地对待士人的,虽然不止一个,但大部分君王都明白士人的重要性,不会采取"坑儒"这样极端的做法,有些君王往往还能做到礼贤下士,齐桓公就是其中一位。

齐桓公下布衣之士

齐桓公见小臣稷,一日三至弗得见。从者曰:"万乘之主,见布衣之士,一日三至而不得见,亦可以止矣。"桓公曰:"不然。士之骜爵禄者,固轻其主;其主骜霸王者,亦轻其士。纵夫子骜爵禄,吾庸敢骜霸王乎?"五往而后得见,天下闻之,皆曰:"桓公犹下布衣之士,而况国君乎?"于是相率而朝,靡有不至。桓公所以九合诸侯,一匡天下者,遇士于是也。《诗》云:"有觉德行,四国顺之。"桓公其以之矣。(刘向:《新序·杂事》卷五,四部丛刊本)

五、指鹿为马

【题解】

指鹿为马是家喻户晓的成语,其出处就是《史记》,故事的主角是赵高。故事的背景是李斯被杀,赵高成了丞相。

【原文】

赵高欲为乱,恐群臣不听,乃先设验①,持鹿献于二世,曰:"马也。"二世笑曰:"丞相误邪?谓鹿为马。"问左右,左右或默,或言马以阿顺赵高。或言鹿,高因阴中诸言鹿者以法②。后群臣皆畏高。(《史记·秦始皇本纪第六》卷六,第341页)

【注释】

①设验:试探。　②阴中:暗中陷害。

【品读】

赵高其人,一说为秦国宗室远亲,一说为赵国宗室远亲。秦始皇死后,他与李斯阴谋立胡亥为帝,后又害死李斯,逼迫秦二世自杀。最终,他被子婴设计杀死。同时,赵高也是一位书法家、文字学家,而且精通法律。

秦二世即位后,感觉到大臣并不信服他这个皇帝,其他皇子还与他争夺皇位。面对这种情形,秦二世与赵高暗地里谋划,问赵高该怎么办。赵高借机提出了非常狠毒的建议:皇帝在出巡时,查察郡县守尉中有罪的人,然后杀掉。如此,既可以威震天下,又可以除去皇帝不喜欢的人。二世接受了赵高的建议,对大臣和诸位皇子展开了大屠杀,六位皇子无一幸免,天下振恐。

　　赵高为了获取更多的权力,又说皇帝还太年轻,又刚即位,不应该与大臣在朝堂上决议政事,万一皇帝有差错,那就是在暴露皇帝的短处。所以,二世就居住在深宫中,与赵高决定各种国家大事,其他的公卿大臣很少能再见到皇帝。天下早已烽烟四起,危在旦夕,而二世还沉浸在大秦帝国的美梦之中,大修阿房宫,当大臣建议停止修建时,他反而指责大臣们上不能报答先帝,下不能为他尽忠,将他们下狱处置。结果提建议的三人,右丞相冯去疾、将军冯劫不堪受辱而自杀,左丞相李斯被囚禁,处以死刑。左、右丞相死后,赵高出任丞相,权势熏天。

　　赵高想在朝廷中专权独断,但又怕大臣们反对,所以才想了指鹿为马的办法来试探,有人为了奉承赵高,就说是马,也有人直言以告,说是鹿,说鹿的人在赵高看来,就是不依附自己的,因此在暗地里陷害他们,从而达到唯我独尊、大权独揽的目的。后人在解释"指鹿为马"的时候主要强调的是它字面的意义,即颠倒黑白。当我们看到这里的时候就会明白,颠倒黑白的背后,其实是赵高在排除异己,以便控制整个中央朝廷。之后他能逼秦二世自杀,也就不是什么奇异之事了。

【扩展阅读】

　　导言:对于赵高的评价,清代历史学家赵翼有着与众不同的看法。在他看来,赵高是忍辱负重,为赵国复仇,简直是一位英雄人物。

赵高志在报仇

　　赵高之窃权覆国,备载《李斯传》中,天下后世固无不知其奸恶矣。然《史记索隐》谓高本赵诸公子,痛其国为秦所灭,誓欲报仇,乃自宫以进,卒至杀秦子孙而亡其天下。则高直以勾践事吴之心,为张良报韩之举,此又世论所未及者也。(赵翼:《陔馀丛考》卷四十一,商务印书馆,1957,第905页)

六、鸿门宴

【题解】

项羽"力能扛鼎，才气过人"，随叔父项梁起兵，项梁在定陶兵败身亡，后项羽破釜沉舟大败秦军，成为诸侯上将军，继而秦将章邯投降，项羽准备西进入秦，但函谷关有兵把守，不得入。恰在此时，听闻刘邦已入关中，又有沛公左司马曹无伤说沛公要在关中称王，因此项羽大怒，要攻打刘邦，驻兵四十万在鸿门。刘邦的实力不如项羽，所以只能冒着风险去鸿门请罪，这就有了历史上著名的"鸿门宴"。

【原文】

沛公旦日从百余骑来见项王，至鸿门①，谢曰："臣与将军戮力而攻秦②，将军战河北，臣战河南③，然不自意能先入关破秦，得复见将军于此。今者有小人之言，令将军与臣有郤④。"项王曰："此沛公左司马曹无伤言之；不然，籍何以至此。"项王即日因留沛公与饮。项王、项伯东向坐，亚父南向坐。亚父者，范增也⑤。沛公北向坐，张良西向侍。范增数目项王，举所佩玉玦以示之者三，项王默然不应。范增起，出召项庄⑥，谓曰："君王为人不忍，若入前为寿。

西楚霸王

图6-1　项羽

寿毕，请以剑舞，因击沛公于坐，杀之。不者，若属皆且为所虏。"庄则入为寿，寿毕，曰："君王与沛公饮，军中无以为乐，请以剑舞。"项王曰："诺。"项庄拔剑起舞，项伯亦拔剑起舞，常以身翼蔽沛公，庄不得击。于是张良至军门，见樊哙。樊哙曰："今日之事何如？"良曰："甚急。今者项庄拔剑舞，其意常在沛公也。"哙曰："此迫矣，臣请入，与之同命。"哙即带剑拥盾入军门。交戟之卫士欲止不内，樊哙侧其盾以撞，卫士仆地，哙遂入，披帷西向立，瞋目视项王，头发上指，目眦尽裂。项王按剑而跽⑦曰："客何为者？"张良曰："沛公之参乘樊哙者也⑧。"项王曰："壮士，赐之卮酒。"则与斗卮酒。哙拜谢，起，立而饮之。项王曰："赐之彘肩⑨。"则与一生彘肩。樊哙覆其盾于地，加彘肩上，拔剑切而啖之。项王曰："壮士，能复饮乎？"樊哙曰："臣死且不避，卮酒安足辞！夫秦王有虎狼之心，杀人如不能举⑩，刑人如不恐胜，天下皆叛之。怀王与诸将约曰'先破秦入咸阳者王之'⑪。今沛公先破秦入咸阳，豪毛不敢有所近，封闭宫室，还军霸上⑫，以待大王来。故遣将守关者，备他盗出入与非常也。劳苦而功高如此，未有封侯之赏，而听细说，欲诛有功之人。此亡秦之续耳，窃为大王不取也。"项王未有以应，曰："坐。"樊哙从良坐。坐须臾[13]，沛公起如厕，因招樊哙出。（《史记·项羽本纪第七》卷七，第395～396页）

【注释】

①鸿门：地名，在今陕西临潼东。　②戮力：通力合作。　③河北、河南：这里的河是指黄河。　④郤：同"隙"，感情上的裂痕。　⑤范增：项羽的谋士，被项羽尊为亚父。　⑥项庄：项羽的堂弟。　⑦跽(jì)：长跪，挺直上身，两膝着地。　⑧参乘：古代乘车，尊者在左，御者在中，一人在右陪坐，又称"车右"。⑨彘肩：猪腿。　⑩举：完。　⑪怀王：即楚怀王熊心，项梁起事后，从民间找到熊心，立为怀王，后被项羽派人暗杀。　⑫霸上：地名，在今陕西省西安市东。⑬须臾：一会儿。

【品读】

　　"鸿门宴"是《史记》中最精彩的段落，充分展示了司马迁高超的史学才能。由于张良对项伯有恩，所以当项伯得知项羽准备攻打刘邦时，就悄悄地跑来告诉张良，要张良和他一起离开，但张良以为这样做不合道义，就全部告诉了刘邦。当张良提到项伯时，刘邦首先问的是："君安与项伯有故?"这个问句很能表现刘邦谨慎或者说多疑的性格。项伯是敌方的一员，却私自来告诉张良，这就可能会让刘邦怀疑消息是否真实或张良通敌，当张良告诉缘由之后，刘邦马上又问："孰与君少长?"得知项伯年长后，提出要"兄事之"。简短的问答包含了刘邦由怀疑到释疑，再到想办法通过项伯化解危机的过程，刘邦的性格跃然浮现于纸上。项伯听过刘邦的话后，回去告诉了项羽，并建议"善遇"刘邦，项羽答应了。也就是说，项羽此时怒气已消，为刘邦能从宴会上逃脱奠定了基础。

　　第二天，刘邦来到鸿门，说的一番话很巧妙，他强调自己与项羽一起攻打秦朝，没想到居然是自己先进了关中，因此才有机会在这里再见项羽，但小人从中作梗，两人之间产生了误会。这些话加上前一天项伯说沛公有大功的话，反而让项羽很尴尬，似乎是项羽太小心眼，不顾道义，仗势欺人，所以只好全部怪到曹无伤的头上。宴会正式开始，本来已经没有什么危险，可还有个范增，他认为刘邦有天子之气，对项羽构成很大的威胁，必除之而后快，因此在暗示项羽未果后，就招项庄进来舞剑，以便乘机杀死刘邦，好在有项伯才逃过一劫。张良看形势不妙，让樊哙强行进入。樊哙一番振振有词的话语令项羽无话可说，只好让樊哙坐下，如此，更加保证了刘邦的安全。时间不长，刘邦就借上厕所跑了出来，等项羽让陈平召刘邦时，刘邦已经和樊哙、夏侯婴等人离开，只剩张良。张良向项羽说明情况并献上礼物。范增非常生气，以为"竖子不足与谋"，还预言刘邦将来会夺项羽天下，他们都会成为刘邦的俘虏。范增这里说"吾属"，即我们，前面召项庄进来时是"若属"，即你们，两者之间有差异，说"若属"是为了刺激项庄，让项庄尽其所能，务必杀死刘邦，说"吾属"则是绝望的表现，一字之差所表达的内涵就不同，可见司马迁叙事之细密。

　　这篇文字里的主要人物是相对的，如图所示：

项伯

主公——项羽——刘邦
谋士——范增——张良
武士——项庄——樊哙

图6-2 《鸿门宴》人物关系图

项伯属于项羽一方,但在鸿门宴中则主要帮助刘邦,所以是处于中间人的角色,起到调解双方的作用。双方人物角色相同,然而在司马迁写来却各具风采。项羽不会巧舌如簧,回答都很直接,不掩饰,对樊哙硬闯也没有怪罪,还赐给猪腿和酒,表现出项羽真诚大度的一面。范增三次示意杀掉刘邦,人们容易理解成项羽优柔寡断,其实恰恰相反,项羽已经答应项伯要善遇刘邦,所以尽管范增示意,他还是没有理会,一方面说明项羽遵守承诺,另一方面也说明项羽有自己的主见,不会轻易改变。但这些都是外在因素,其根本原因在于项羽并没有把刘邦看成能与他争夺天下的人,杀不杀无所谓。可以说是项羽的自负救了刘邦一命。刘邦和项羽相比,能言善辩,谨慎多疑。范增是很有远见的,他看出刘邦"志不在小",又有天子气,因此让项羽杀掉他,当项羽默然不应时,他又立即去找项庄,可见他处事果敢。张良则善于审时度势,关键时刻让樊哙进去,转移焦点,而且万一有变,樊哙还能保护沛公。张良思虑之周密,由此可见一斑。两位武士也不尽相同,项庄完全是按照范增的意思行事,樊哙当然也是受张良指派的,但他在宴会上说的话和刘邦还在犹豫要不要告辞时他说的"大行不顾细谨"等话,都说明他粗中有细,明白事理,善于应变,不单是一个武夫。

【扩展阅读】

导言:"鸿门宴"成了一个著名的历史典故,宋代诗人刘翰作有《鸿门宴》一诗,但诗中不只写了鸿门宴,还包括了项羽从江东起事到兵败的整个过程。

鸿门宴

江东遥遥八千骑,大战小战七十二。

刘郎晓鞭天马来,踧踏长安开帝里。

子婴巳降隆准公,君王置酒鸿门东。

张良巳去玉斗碎,三月火照感阳红。

绣衣归来日将夜,可惜雄心天不借。

当时巳失范增谋,尚引长戈到垓下。

刁斗乍急营垒惊,夜深旗尾秋风横。

玉帐佳人不成梦,月明四面闻歌声。

拔剑相看泪如雨,我作楚歌君楚舞。

明朝宝马一声嘶,江北江东皆汉土。

（北京大学古文献研究所：《全宋诗》卷二四一二，北京大学出版社，1998，第 27843 页）

七、四面楚歌

【题解】

> 楚、汉约定以鸿沟为界,鸿沟以西为汉,以东为楚。但张良、陈平认为,一旦项羽东归,就是养虎为患,还不如趁现在楚军兵少粮乏,一举灭掉项羽,统一天下。于是,刘邦联合韩信、彭越等围困项羽于垓下。

【原文】

项王军壁垓下①,兵少食尽,汉军及诸侯兵围之数重。夜闻汉军四面皆楚歌②,项王乃大惊曰:"汉皆已得楚乎?是何楚人之多也!"项王则夜起,饮帐中。有美人名虞③,常幸从;骏马名骓④,常骑之。于是项王乃悲歌忼慨,自为诗曰:"力拔山兮气盖世,时不利兮骓不逝。骓不逝兮可奈何,虞兮虞兮奈若何!"歌数阕⑤,美人和之。项王泣数行下,左右皆泣,莫能仰视。(《史记·项羽本纪第七》卷七,第418页)

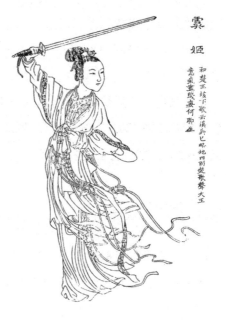

虞姬

【注释】

①壁:驻扎;垓下:在今安徽省灵璧县东南。　②楚歌:楚人之歌。　③

虞：生平事迹不详，但后世有很多关于她和项羽的传说和故事。 ④骓：青白杂毛的骏马。 ⑤数阕：几遍。

【品读】

　　项羽被大军围困在垓下，由于之前的激烈战斗，军队损伤很大，也没有充足的粮食，所以形势非常严峻。在这种情形下，刘邦军队又在晚上唱起了楚歌，这就难怪连英雄盖世的霸王也大惊，以为自己的楚国已经被占领了，因此才有这么多的楚人。对此，项羽感到无力回天，慷慨悲歌，唱过几遍后，铁骨铮铮的英雄也泪如泉涌，左右的侍从早已泣不成声。司马迁善于以声传情，此即是一例。写左右之人用"莫能仰视"，而在写巨鹿之战后，项羽召见诸侯，诸侯"莫敢仰视"。只是一字之差，但表现的效果完全不同。"莫能"是不忍，表现项羽处境的凄凉；"莫敢"是畏惧，表现了项羽的神勇。两处对比，更能看出英雄的无奈与悲哀。

　　这一段所描写的项羽和坑杀二十万秦军、屠城的项羽形成了对比，但这确实就是一个人，一个复杂、生动的人。司马迁刻画得如临其境的历史场景，只是司马迁自己的想象，因为司马迁不可能亲身经历。当时真实的场景随着历史烟消云散，无人知晓，他只能根据前人的一些记载来再现，所以历史有时候就是历史学家讲的一些"故事"。

【扩展阅读】

　　导言：项羽一世英雄，最后竟落得乌江自刎的结局，不免令人唏嘘不已。乌江边的亭子与项羽连在了一起，后世人经过此地，古老的历史记忆被唤醒，有感而发创作了不少诗歌，如杜牧所作。

题乌江亭

胜败兵家事不期，包羞忍耻是男儿。

江东子弟多才俊，卷土重来未可知！

（杜牧：《樊川文集·第四》，上海古籍出版社，1978，第72页）

八、约法三章

【题解】

公元前206年，刘邦被封为汉王，所以就是汉元年。同年十月，刘邦率先进入关中，秦王子婴投降，秦朝灭亡。刘邦鉴于秦朝的严刑峻法，为获得百姓的支持，废除了秦法，仅约法三章。

【原文】

汉元年十月①，沛公兵遂先诸侯至霸上②。秦王子婴素车白马③，系颈以组，封皇帝玺、符、节，降轵道旁④。诸将或言诛秦王。沛公曰："始怀王遣我，固以能宽容；且人已服降，又杀之，不祥。"乃以秦王属吏，遂西入咸阳。欲止宫休舍，樊哙、张良谏，乃封秦重宝财物府库，还军霸上。召诸县父老豪桀曰："父老苦秦苛法久矣，诽谤者族，偶语者弃市。吾与诸侯约，先入关者王之，吾当王关中。与父老约，法三章耳：杀

汉高祖

刘邦

人者死，伤人及盗抵罪。余悉除去秦法。诸吏人皆案堵如故⑤。凡吾所以来，为父老除害，非有所侵暴，无恐！且吾所以还军霸上，待诸侯至而定约束耳。"乃使人与秦吏行县乡邑，告谕之。秦人大喜，争持牛羊酒食献飨军士。沛公又让不受，曰："仓粟多，非乏，不欲费人。"人又益喜，唯恐沛公不为秦王。(《史

【注释】

①汉元年十月：公元前206年阴历十月。　②霸上：地名，今陕西省西安市东。　③子婴：秦二世兄之子，秦二世死后，赵高立子婴为秦王，后被项羽所杀，在位仅四十六天。　④轵（zhǐ）道：亭名，在今陕西省西安市东北。　⑤案堵：同"安堵"，安居。

【品读】

　　刘邦首先入关，接受秦王投降，高兴得有些忘乎所以，加之又出身社会底层，当见到秦朝宫殿时，就懈怠了，想住在这里。樊哙进谏，刘邦不听，张良再谏，刘邦才封存了秦朝的宝物，回到霸上。由此可以看出，刘邦虽然贪财好色，甚至目光短浅，但他能够听取谋士的意见改正自己的行为，这是他能在楚汉争雄中最后胜出的一个重要原因。

　　选文中司马迁只是简单说汉王"欲止宫休舍，樊哙、张良谏"，较为含糊，因为在《高祖本纪》中，开国皇帝的形象需要维护，但在《留侯世家》里，就写得详细："沛公入秦宫，宫室帷帐狗马重宝妇女以千数，意欲留居之。樊哙谏沛公出舍，沛公不听。良曰：'夫秦为无道，故沛公得至此。夫为天下除残贼，宜缟素为资。今始入秦，即安其乐，此所谓'助桀为虐'。且'忠言逆耳利于行，毒药苦口利于病'，愿沛公听樊哙言。'沛公乃还军霸上。"在某一版本的《史记》里还记载有樊哙劝谏的话。《史记》所采取的叙事策略是互文见义，既维护了本朝皇帝，又如实地反映了历史事实，是一种很巧妙的方法。

　　刘邦约法三章，有明确的针对性，即秦朝严刑酷法，他反其道而行之，力求简约。约法三章使他赢得了民心，又不会使社会失去秩序。刘邦还解释了自己来这里的目的是要为父老除害。当百姓们大喜过望，带着牛羊酒肉慰劳军士时，刘邦拒不接受，如此一来，就把所说的话用行动表现了出来。百姓见此，自然拥戴刘邦。和刘邦的做法不同，项羽在咸阳展示的是残暴，刘邦则是仁爱，两相对比，关中民心已归刘邦。

【扩展阅读】

导言：项羽在刘邦之后进入咸阳，大开杀戒，子婴也被杀；火烧秦宫，火三月不灭。之后项羽带着搜集的财货、宝物、妇女东归。有人建议他留在关中以称霸天下，他也没有听取。

沐猴而冠

人或说项王曰："关中阻山河，四塞，地肥饶，可都以霸。"项王见秦宫室皆以烧残破，又心怀思欲东归，曰："富贵不归故乡，如衣绣夜行，谁知之者！"说者曰："人言楚人沐猴而冠耳，果然。"项王闻之，烹说者。（《史记·项羽本纪第七》卷七，第217页）

九、汉高祖论三杰

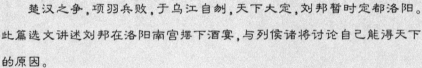

【题解】

> 楚汉之争，项羽兵败，于乌江自刎，天下大定，刘邦暂时定都洛阳。此篇选文讲述刘邦在洛阳南宫摆下酒宴，与列侯诸将讨论自己能得天下的原因。

【原文】

高祖置酒洛阳南宫。高祖曰："列侯诸将无敢隐朕①，皆言其情。吾所以有天下者何？项氏之所以失天下者何？"高起、王陵对曰："陛下慢而侮人，项羽仁而爱人。然陛下使人攻城略地，所降下者因以予之，与天下同利也。项羽妒贤嫉能，有功者害之②，贤者疑之，战胜而不予人功，得地而不予人利，此所以失天下也。"高祖曰："公知其一，未知其二。夫运筹策帷帐之中，决胜于千里之外，吾不如子房③。镇国家，抚百姓，给馈饷④，不绝粮道，吾不如萧何。连百万之军，战必胜，攻必取，吾不如韩信。此三者，皆人杰也，吾能用之，此吾所以取天下也。项羽有一范增而不能用，此其所以为我擒也。"（《史记·高祖本纪第八》卷八，第475～476页）

【注释】

①无敢隐朕：不要瞒我。　②害：嫉恨。　③子房：张良字。　④馈饷（kuìxiǎng）：粮饷。

刘邦的一个突出优点就是知人善任,能够听取别人好的建议。如果单就个人素质而言,刘邦可能很难和项羽相抗衡,但知人善任使他可以团结优秀的人才,发挥各人的长处,人尽其用,从而形成强大的合力。刘邦自己是意识到这一点的,所以他才会把统一天下归功于张良、萧何、韩信三人。那难道刘邦就是毫无作为的庸才吗?当然不是,打个不太恰当的比喻,张、萧、韩三人就好比是三匹好马,而刘邦是驾驭他们的人,他们在刘邦的统筹安排下,发挥特长,各自负责不同的方面,最终才由弱转强,打败项羽。

韩信和刘邦有过一次对话,刘邦问:"我当将军能带多少兵?"韩信回答说:"陛下最多不过带十万兵。"刘邦又问:"那你呢?"韩信答道:"臣多多益善耳。"刘邦就笑了,问:"那为什么你被我擒了呢?"韩信说:"陛下不能将兵,而善将将,所以我被您擒了。"后面"所谓天授,非人力也"的话只是臣下对皇帝的奉承而已,但"善将将"确实是说到了刘邦的过人之处。离开刘邦,他们单个人或许就难以成事。因此,这段选文,看似是刘邦谦虚地归功于他人,其实是自负的表现,可以想见他说这话时志得意满的样子。

【扩展阅读】

导言:"三杰"之一的韩信原来是在项羽的一方,因得不到重用,才来追随刘邦,所以对于项羽也有深刻的认识。

《史记》品读 汉高祖论三杰

027

韩信论项王

项王喑噁叱咤,千人皆废,然不能任属贤将,此特匹夫之勇耳。项王见人恭敬慈爱,言语呕呕,人有疾病,涕泣分食饮,至使人有功当封爵者,印刓敝,忍不能予,此所谓妇人之仁也。项王虽霸天下而臣诸侯,不居关中而都彭城。有背义帝之约,而以亲爱王,诸侯不平。诸侯之见项王迁逐义帝置江南,亦皆归逐其主而自王善地。项王所过无不残灭者,天下多怨,百姓不亲附,特劫于威强耳。名虽为霸,实失天下心。故曰其强易弱。(《史记·淮阴侯列传第三十二》卷九十二,第3150页)

十、缇萦救父

【题解】

汉文帝刘恒,汉高祖的第四个儿子,是西汉有名的贤君,他的时代与之后的景帝时代被称为文景之治。文帝的仁慈贤明在废除肉刑中显示出来,其起因则是缇萦的上书。

【原文】

五月,齐太仓令淳于公有罪当刑①,诏狱逮徙系长安。太仓公无男,有女五人。太仓公将行会逮,骂其女曰:"生子不生男,有缓急非有益也!"其少女缇萦自伤泣,乃随其父至长安,上书曰:"妾父为吏,齐中皆称其廉平,今坐法当刑。妾伤夫死者不可复生,刑者不可复属②,虽复欲改过自新,其道无由也。妾愿没入为官婢,赎父刑罪,使得自新。"书奏天子,天子怜悲其意,乃下诏曰:"盖闻有虞氏之时③,画衣冠异章服以为僇④,而民不犯。何则?至治也。今法有肉刑三⑤,而奸不止,其咎安在?非乃朕德薄而教不明欤?吾甚自愧。故夫驯道不纯而愚民陷焉。

齐太仓女缇萦

《诗》曰'恺悌君子，民之父母'⑥。今人有过，教未施而刑加焉，或欲改行为善而道毋由也。朕甚怜之。夫刑至断支体⑦，刻肌肤，终身不息⑧，何其楚痛而不德也，岂称为民父母之意哉！其除肉刑。"（《史记·孝文本纪第十》卷十，第535页）

【注释】

①齐太仓令：齐国主管国家粮库的官员；淳于公：姓淳于，名意，有高超的医术。《扁鹊仓公列传》中的仓公就是淳于意。　②属(zhǔ)：连缀，接连。③有虞氏：舜。　④僇(lù)：羞辱。　⑤肉刑三：毁坏人身体的三种刑法。黥(qíng)：脸上刺字并涂墨。劓(yì)：割鼻子。刖(yuè)：砍脚。一说是劓、刖、宫（宫刑）。　⑥恺悌君子，民之父母：出自《诗经·大雅·泂酌》。恺悌，本为和乐、平易的意思，在这句诗里作恩德广大讲。　⑦支体：同"肢体"。　⑧息：生。受过肉刑，如刖要砍掉脚，砍掉后就再也生不出来了。

【品读】

　　淳于意医术精湛，但有时不给人治病，因此一些病人怨恨他。文帝四年时，有人给皇帝上书，诋毁淳于意，淳于意因此要被带到长安接受肉刑。淳于意没有儿子，有五个女儿，临走的时候骂女儿们没用，在紧急关头帮不上什么忙，小女儿缇萦听后很伤心，就随着父亲一起到了长安，然后给皇帝上书，说父亲身为官吏，廉洁平正，没想到却要受刑罚，而一旦接受肉刑，连改过自新的机会也没用了，所以她想进宫做奴婢，替父赎罪。文帝被缇萦的上书感动了，于是下诏书取消了肉刑。诏书是文帝对治理国家的反省，他和舜比较，觉得舜的时代达到了国家治理的极致，而自己做得不好，很惭愧，既没有施行教化又加之以刑罚，刑罚还很残忍，像这样，怎么能称得上是"民之父母"。

　　废除肉刑，是中国刑罚史上的一件大事，受到后人的赞美，是汉文帝"德政"的表现之一。文帝能由缇萦救父这样一件小事而自我反省，进而推想到国家的政治层面，确实是位难得的好皇帝，所以司马迁评价文帝时代是"专务以德化民，是以海内殷富，兴于礼义"。

导言：中国古代历史文献的记载以男性为主，但也有不少女性形象，特别是一些非官方的文献记载更多，与缇萦救父类似，《木兰诗》中的木兰也是"救父"。木兰的父亲不是受刑罚而是被征去打仗，但父亲年迈，家中又无男丁（或许有弟弟，但年龄太小），所以就只能是木兰女扮男装，替父从军。《木兰诗》流传很广，以至于还有人去考证木兰姓什么，有姓花、姓朱、姓任、姓魏等多种说法，在民间，以花木兰最为普遍。到现代社会，木兰仍旧被关注，被拍为多部电影、电视剧。

木兰诗

唧唧复唧唧，木兰当户织。不闻机杼声，唯闻女叹息。问女何所思，问女何所忆，女亦无所思，女亦无所忆。昨夜见军帖，可汗大点兵。军书十二卷，卷卷有爷名。阿爷无大儿，木兰无长兄。愿为市鞍马，从此替爷征。东市买骏马，西市买鞍鞯，南市买辔头，北市买长鞭。旦辞爷娘去，暮宿黄河边。不闻爷娘唤女声，但闻黄河流水鸣溅溅。旦辞黄河去，暮至黑山头。不闻爷娘唤女声，但闻燕山胡骑鸣啾啾。万里赴戎机，关山度若飞。朔气传金柝，寒光照铁衣，将军百战死，壮士十年归。归来见天子，天子坐明堂。策勋十二转，赏赐百千强。可汗问所欲，木兰不用尚书郎，愿驰千里足，送儿还故乡。爷娘闻女来，出郭相扶将。阿姊闻妹来，当户理红妆。小弟闻姊来，磨刀霍霍向猪羊。开我东阁门，坐我西阁床。脱我战时袍，著我旧时裳。当窗理云鬓，对镜贴花黄。出门看火伴，火伴皆惊惶。同行十二年，不知木兰是女郎。雄兔脚扑朔，雌兔眼迷离。双兔傍地走，安能辨我是雄雌？(郭茂倩：《乐府诗集·木兰诗二首》卷二十五，中华书局，1979，第373～374页)

十一、晏子谏齐景公

031

【题解】

齐景公在位期间安于享乐，生活奢侈，刑罚赋税都很重，百姓怨声载道。因此，晏子借机向景公进谏。

【原文】

三十二年，彗星见①。景公坐柏寝②，叹曰："堂堂！谁有此乎？"群臣皆泣，晏子笑，公怒。晏子曰："臣笑群臣谀甚。"景公曰："彗星出东北，当齐分野③，寡人以为忧。"晏子曰："君高台深池，赋敛如弗得，刑罚恐弗胜，茀星将出④，彗星何惧乎？"公曰："可禳否？⑤"晏子曰："使神可祝而来，亦可禳而去也。百姓苦怨以万数，而君令一人禳之，安能胜众口乎？"是时景公好治宫室，聚狗马，奢侈，厚赋重刑，故晏子以此谏之。（《史记·齐太公世家第二》卷三十二，第1811页）

晏子

【注释】

①彗星：星名，俗称扫帚星。　②柏寝：台名，在今山东省广饶县境

内。　③分野：与星次相对应的地域。古以十二星次的位置划分与之相对应的地面上的州、国的位置。就天文说，称作分星；就地面说，称作分野。　④莩(bó)星：彗星的一种，一般的彗星后面拖很长的尾巴，而莩星则是光芒四射。古人认为其出为客星相侵，不吉。　⑤禳(ráng)：祭祀的名称，祈祷消除灾祸。

【品读】

　　齐景公三十二年的一天，天上出现了彗星。彗星在现代人看来是很正常的，但在古代是灾难的预兆。《史记》中有很多记载，如《秦本纪》昭襄王二年，彗星出现，"庶长壮与大臣、诸侯、公子为逆，皆诛，及惠文后皆不得良死。"昭襄王十一年，"彗星见。楚怀王走之赵，赵不受，还之秦，即死，归葬。"《秦始皇本纪》："彗星复见西方十六日。夏太后死。"

　　出现了这么不祥的天象，于是景公就感慨道："这样富丽堂皇的柏寝台，将来谁会拥有它呢？"言下之意是自己来日无多。大臣一听这话，赶紧迎合景公哭了起来，唯有一人不哭反笑，他就是晏婴。

　　晏婴是齐国大臣，身高不到六尺，历事齐灵公、庄公、景公，作为齐国的相国，他吃饭的肉食不超过两种，妻妾不穿丝帛织成的衣服，生活非常节俭；在朝堂上，他敢于直谏；出使外国，他能够不辱使命。司马迁把他和管仲合列在一传(《管晏列传》)中，并说："假如晏子还在世的话，我即使为他持鞭驾车，也是很高兴的。"

　　晏子与众不同的行为激怒了景公，晏子解释说："我是笑大臣们太阿谀谄媚了。"景公可能以为晏子没明白他为什么会有那样的感叹，就直接说是由于东北方出现了彗星，恰好对着齐国的分野，自己很担忧。晏子乘机进谏，指出景公生活奢侈，赋税繁重，刑罚严厉，莩星都将要出现了，还怕什么彗星？

　　仔细看晏子和景公的对话，会发现晏子说话的重点完全被景公忽略了，晏子说"莩星将出"只是为了说明齐国的赋税太重等问题，希望景公能察觉并改变这些不合理的政策，但景公关心的是能不能消除灾祸，所以又有后面"百姓"的回答。对话到此为止,我们不知道景公再怎么回应,但可以想见,晏子的劝谏应该不会有什么效果。

【扩展阅读】

导言:有《晏子春秋》一书专门记述晏子的故事,是后人根据史书和传说编纂而成的。其中有一则故事,和选文很相似,都是"有哭有笑"。

景公游牛山

景公游于牛山,北临其国城而流涕曰:"若何滂滂去此而死乎!"艾孔、梁丘据皆从而泣。晏子独笑于旁,公刷涕而顾晏子曰:"寡人今日游悲,孔与据皆从寡人而涕泣,子之独笑,何也?"晏子对曰:"使贤者常守之,则太公、桓公将常守之矣;使勇者常守之,则庄公、灵公将常守之矣。数君者将守之,则吾君安得此位而立焉? 以其迭处之,迭去之,至于君也,而独为之流涕,是不仁也。不仁之君见一,谄谀之臣见二,此臣之所以独窃笑也。"(吴则虞:《晏子春秋集释·内篇谏上第一》,中华书局,1962,第63页)

十二、鲁昭公出奔

【题解】

季氏与郈氏因斗鸡引发矛盾,鲁昭公出兵讨伐季氏,反为季氏所败。不得已,鲁昭公从自己的国家逃走,从此再也没有回来,最后死在了晋国。

【原文】

季氏与郈氏斗鸡①,季氏芥鸡羽②,郈氏金距③。季平子怒而侵郈氏④,郈昭伯亦怒平子。臧昭伯之弟会伪谗臧氏⑤,匿季氏,臧昭伯囚季氏人。季平子怒,囚臧氏老。臧、郈氏以难告昭公⑥。昭公九月戊戌伐季氏,遂入。平子登台请曰:"君以谗不察臣罪,诛之,请迁沂上⑦。"弗许。请囚于鄪⑧,弗许。请以五乘亡⑨,弗许。子家驹曰⑩:"君其许之。政自季氏久矣,为徒者众,众将合谋。"弗听。郈氏曰:"必杀之。"叔孙氏之臣戾谓其众曰⑪:"无季氏与有,孰利?"皆曰:"无季氏是无叔孙氏。"戾曰:"然,救季氏!"遂败公师。孟懿子闻叔孙氏胜⑫,亦杀郈昭伯。郈昭伯为公使,故孟氏得之。三家共伐公,公遂奔⑬。己亥,公至于齐。齐景公曰:"请致千社待君。"⑭子家曰:"弃周公之业而臣于齐⑮,可乎?"乃止。子家曰:"齐景公无信,不如早之晋。"弗从。叔孙见公还,见平子,平子顿首。初欲迎昭公,孟孙、季孙后悔,乃止。(《史记·鲁周公世家第三》卷三十三,第1853~1854页)

【注释】

①季氏:季平子;郈氏:郈昭伯。 ②芥鸡羽:芥,通"介",铠甲,为了斗鸡

能赢,给鸡穿上铠甲。　③金距:给鸡爪戴上金属的套子。　④侵:侵占郈氏的宫室。《史记》在这里说得不明确,《左传》中载"平子怒,益宫于郈氏,且让之",其意更为明确。　⑤臧昭伯之弟会:臧昭伯是鲁国大夫,臧孙氏,名赐,谥号昭。臧会是臧昭伯的堂弟。　⑥昭公:鲁昭公,名裯,鲁襄公之子。　⑦沂:古水名,源出山东省曲阜市东南的尼山,西流至滋阳县,后合于泗水。　⑧鄪(bì):地名,在今山东省费县西北。　⑨乘:四马一车为一乘。　⑩驹:《史记索隐》:"鲁大夫仲孙氏之族,名驹,谥懿伯也。"　⑪叔孙氏之臣戾:鬷(Zōng)戾,叔孙氏的司马。　⑫孟懿子:鲁国大夫仲孙何忌,孟僖子之子。　⑬奔:逃跑。　⑭千社:二十五家为一社,千社就是二万五千家。　⑮周公之业:周公是周武王的弟弟,西周建立后,被封为鲁公,但没有去封地,而是留下来辅佐武王。武王死后,成王年幼,周公摄政,成王长大后,还政于成王。

【品读】

　　周公被封为鲁公,但由于留在镐京,所以其子伯禽实际上是第一位鲁公,鲁昭公是第二十四代鲁国国君。既然是国君,怎么会被"三家"讨伐,被迫逃走呢?原因要从以前说起。鲁桓公有四个儿子,嫡长子继承国君的位子,即鲁庄公,其他的三个儿子庆父(后代称仲孙氏,又改称孟氏)、叔牙(后代称叔孙氏)、季友(后代称季氏)被庄公封为卿,因为三家都出自桓公,所以称"三桓"。之后,三桓的实力越来越强,甚至凌驾于国君之上。鲁国本来有三军,但自文公以来,鲁国国力减弱,中军被取消,只剩下两军,由国君掌握。襄公十一年,季武子(季平子是季武子之孙)为了扩大势力,增设三军,三家各领一军,鲁国主要的军队也被三桓控制了。

　　正因为有以上的背景,才会有"昭公出奔"的事。事情的起因是季平子与郈昭伯斗鸡,两人为了能赢对方,都给鸡穿上了装备,季平子的鸡穿了铠甲,郈昭伯的鸡爪子上戴了金属,季平子因为郈昭伯不让着自己,很生气,就去侵占郈氏的宫室,郈昭伯当然也发怒了。臧昭伯的堂弟臧会造假诬陷臧氏,躲藏在季氏的家里,臧昭伯就把季氏的人给囚禁了,季平子一怒之下也把臧氏的家臣囚禁了。所以郈氏和臧氏就告到了鲁昭公那里。昭公出兵讨伐季氏，季平子首先指出昭公听信谗言就来讨伐他，请求把他迁移到沂水边，昭公不同意，又请求把他囚禁在郠，也被拒绝，最后请求带着"五乘"流亡，昭公还是没答应。这时有人就劝昭公答应他的请求，因为季氏已经专政很久（季氏在三桓中实力最强），依附他的人又很多，如果不答应，很有可能导致反叛。昭公最后也没听他的话。郈昭伯说："一定要杀了他。"叔孙氏的司马鬷戾问众人："季氏存或者亡，哪种对我们有利？"众人回答："没有季氏就没有叔孙氏。"三桓互为支撑，有一家被消灭，则其他两家就岌岌可危了，所以鬷戾决定救季氏，并打败了昭公的军队。孟懿子听说后，把郈昭伯也给杀了，可见三桓是声气相通的。如此一来，昭公只落得个出逃的结果，最后客死异国。

揣测昭公的做法，可能是昭公想借机除掉季平子，夺回属于国君的权力，但军队主要被三桓掌控，昭公的军队有限。一旦三桓起兵反抗，昭公势单力薄，终究会失败。

【扩展阅读】

导言：《史记》的记载来源于《左传》，一些过程被司马迁省略了，这里选取一段昭公伐季氏之前的内容，可以对比着阅读。

季、郈之鸡斗。季氏介其鸡，郈氏为之金距。平子怒，益宫于郈氏，且让之。故郈昭伯亦怨平子。臧昭伯之从弟会，为谗于臧氏，而逃于季氏，臧氏执旃。平子怒，拘臧氏老。将禘于襄公，万者二人，其众万于季氏。臧孙曰："此之谓不能庸先君之庙。"大夫遂怨平子。（杨伯峻：《春秋左传注·昭公二十五年》，中华书局，2009，第1461～1462页）

国学经典书系

十三、范蠡功成身退

【题解】

范蠡是越国大夫，帮助越王句践（原文作"句践"）复越灭吴，越国国力大增，号称霸王。范蠡认为句践可以共患难，不能同富贵，所以就离开越国到齐国，后在陶经商，富甲一方，称陶朱公。

【原文】

范蠡事越王句践，既苦身戮力①，与句践深谋二十余年，竟灭吴，报会稽之耻②，北渡兵于淮以临齐、晋，号令中国，以尊周室，句践以霸，而范蠡称上将军。还反国，范蠡以为大名之下，难以久居，且句践为人可与同患，难与处安③，为书辞句践曰："臣闻主忧臣劳，主辱臣死。昔者君王辱于会稽，所以不死，为此事也。今既以雪耻，臣请从会稽之诛。"句践曰："孤将与子分国而有之。不然，将加诛于子。"范蠡曰："君行令，臣行意。"乃装其轻宝珠玉，自与其私徒属乘舟浮海以行，终不反。于是句践表会稽山以为范蠡奉邑④。

范蠡浮海出齐，变姓名，自谓鸱夷子皮⑤，耕于海畔，苦身戮力，父子治产。居无几何，致产数千万。齐人闻其贤，以为相。范蠡喟然叹曰："居家则致千金，居官则至卿相，此布衣之极也。久受尊名，不祥。"乃归相印，尽散其财，以分与知友乡党，而怀其重宝，间行以去，止于陶⑥，以为此天下之中，交易有无之路通，为生可以致富矣。于是自谓陶朱公。复约要父子耕畜，废居，候时转物，逐什一之利。居无何，则致赀累巨万。天下称陶朱公。（《史记·越王勾践世家第十一》卷四十一，第2101～2102页）

①勾践:"句"同"勾",勾践为允常之子,《舆地志》云:"越侯传国三十余叶,至殷至周敬王时,有越侯夫谭子曰允常,拓土始大,称王。"戮力:勉力。
②会稽之耻:吴越之战,越国战败,勾践只带着五千残兵退守到会稽山,后通过贿赂吴国太宰伯嚭,才使吴王答应赦免越王。　③范蠡离开后,给文种写信说道:越王"可与共患难,不可与共乐"。劝文种也早日离开,以求自保。
④奉邑:供给俸禄的封地。　⑤鸱(chī)夷子皮:鸱夷,皮制的口袋。伍子胥被吴王所杀,把尸体装在鸱夷里投到江中。范蠡认为自己和伍子胥同罪,所以自称鸱夷子皮。　⑥陶:地名,在今山东省定陶县西北。

【品读】

吴越两国相邻,勾践的父亲越王允常在世时就与吴王阖庐相互攻伐。允常刚去世,吴王阖庐听说后,就发兵攻打越国,但被越国打败,他自己也受了重伤,很快就死了。临死时,他告诫儿子夫差,嘱咐其一定不要忘记和越国的仇恨。夫差日夜训练军队,要向越国复仇。勾践知道后想先发制人,范蠡反复劝谏,以为不可,勾践不听,最终兵败。这就是"会稽之耻"。

夫差赦免了勾践,勾践回到越国后,卧薪尝胆,任用贤能,抚慰百姓,准备向吴国报仇。这一时期的吴国出兵进攻齐国和晋国,又和楚、越两国结怨很深,大臣伍子胥被吴王赐死,伯嚭执政。越国势力恢复

图13-1　范蠡功成身退

后，两次伐吴，第一次杀了吴国太子，但越国还没有能力灭掉吴国，所以两国讲和。四年之后，越国再次伐吴，吴国大败，吴王自杀。

图13-2　伍子胥

在灭吴的过程中，范蠡起了很大的作用，帮助勾践谋划了二十二年，才灭掉吴国。勾践称霸诸侯之后，范蠡称上将军，然而范蠡自知盛名之下，难以久居，况且以勾践的为人，可以和他同患难，却难以共安乐，因此以书信辞别勾践，勾践不同意，但他还是离开越国去了齐国，改变姓名，自称鸱夷子皮。齐国人听说他有才能，让他做了国相。之后，范蠡又归还相印，散尽财产，带着重要的宝物离开，到了陶，在此地经商，非常富有，天下人都称赞这位陶朱公。在后世还有称他为商圣、财神的。

范蠡很有智慧，眼光长远，善于知人。会稽之耻时，他冷静应对，根据当下的情形，认为在这个时候必须送重礼给吴王，如果吴王不答应，就算亲自去侍候吴王，也未尝不可，勾践就是按照他的意见做的，才免于一死。功成名就后，他没有沉浸在胜利的喜悦当中，而是及时抽身离去。他对勾践的判断也是完全准确的，文种由于没有听范蠡的建议，最后被迫自杀。而他后来之所以能富甲天下，也是因为范蠡有长远的眼光。

【扩展阅读】

导言：勾践在历史上最有名的是"卧薪尝胆"的故事。勾践忍辱含垢，立志复仇，其决心和意志是值得敬佩的。但同时勾践也是个心胸狭小、猜忌多疑的人，文种之死就是很好的说明。

卧薪尝胆

吴既赦越，越王句践反国，乃苦身焦思，置胆于坐，坐卧即仰胆，饮食亦尝胆也。曰："女忘会稽之耻邪？"身自耕作，夫人自织，食不加肉，衣不重采，折节下贤人，厚遇宾客，振贫吊死，与百姓同其劳。（《史记·越王勾践世家第十一》卷四十一，第2090页）

文种自杀

人或谗种且作乱，越王乃赐种剑曰："子教寡人伐吴七术，寡人用其三而败吴，其四在子，子为我从先王试之。"种遂自杀。（《史记·越王勾践世家第十一》卷四十一，第2095页）

十四、赵氏孤儿

【题解】

赵氏在晋国很有权势，但被屠岸贾借机灭了全族，只剩一个遗腹子，出生后，被人设法保护，并抚养长大，后成功复仇。选文叙述了公孙杵臼和程婴配合救"赵氏孤儿"的过程。

【原文】

赵朔妻成公姊①，有遗腹②，走公宫匿。赵朔客曰公孙杵臼，杵臼谓朔友人程婴曰："胡不死？"程婴曰："朔之妇有遗腹，若幸而男，吾奉之③；即女也，吾徐死耳。"居无何，而朔妇免身④，生男。屠岸贾闻之，索于宫中。夫人置儿绔中，祝曰："赵宗灭乎，若号；即不灭，若无声。"及索，儿竟无声。已脱，程婴谓公孙杵臼曰："今一索不得，后必且复索之，奈何？"公孙杵臼曰："立孤与死孰难？"程婴曰："死易，立孤难耳。"公孙杵臼曰："赵氏先君遇子厚，子强为其难者，吾为其易者，请先死。"乃二人谋取他人婴儿负之，衣以文葆⑤，匿山中。程婴出，谬谓诸将军曰⑥："婴不肖，不能立赵孤。谁能与我千金，吾告赵氏孤处。"诸将皆喜，许之，发师随程婴攻公孙杵臼。杵臼谬曰："小人哉程婴！昔下宫之难不能死，与我谋匿赵氏孤儿，今又卖我。纵不能立，而忍卖之乎！"抱儿呼曰："天乎天乎！赵氏孤儿何罪？请活之，独杀杵臼可也。"诸将不许，遂杀杵臼与孤儿。诸将以为赵氏孤儿良已死，皆喜。然赵氏真孤乃反在，程婴卒与俱匿山中。（《史记·赵世家第十三》卷四十三，第2140页）

①成公姊:(赵朔的妻子是)晋成公的姐姐。 ②遗腹:丈夫死前还未出生的子女。 ③奉:侍奉,这里作抚养讲。 ④免身:免通"娩",妇女生孩子。 ⑤文葆:绣有花纹的褓褓。 ⑥谬:假装。

【品读】

所谓"赵氏孤儿"是指赵武,事件的起因要从他的祖父赵盾说起。晋灵公时,赵盾掌管晋国的大政,灵公非常骄横,赵盾多次劝谏都毫无效果。有次灵公吃熊掌,没有煮熟,他竟将厨师杀了。尸体被抬出去的时候,赵盾看见了,灵公心里害怕,就想杀赵盾,但由于有人保护,赵盾就逃走了。赵盾还没走出晋国国界,就得知他的堂弟赵穿杀了晋灵公,另立晋襄公的弟弟黑臀(晋成公),所以赵盾就返回,继续掌握大政。有人认为他身为晋国正卿,逃亡又没出国境,返回后又不讨伐逆贼,因此史官就记载:"赵盾弑其君。"(臣杀君为弑)这成了屠岸贾灭赵氏的借口。赵盾的儿子赵朔承袭了爵位,娶成公的姐姐为妻。

晋景公三年的时候,大夫屠岸贾想诛杀赵氏,其借口就是灵公被弑的事件。他旧事重提,认为赵盾即使当时不知情,实际上还是罪魁祸首,以臣弑君,子孙居然还在朝做官,如果这样,怎么惩罚罪犯? 所以要联合诸将诛杀赵氏。尽管晋国六卿之一的韩厥反对,也无济于事。韩厥告诉赵朔,让他赶紧逃跑,赵朔不听,结果整个赵氏家族被灭。

幸运的是,赵朔的妻子已经怀有孩子,她藏在景公的宫中活了下来。赵朔的朋友程婴知道此事,当赵朔的门客公孙杵臼问程婴怎么还不死的时候,他就告诉了公孙杵臼,并说:如果是男孩,他就扶养他长大;如果是女孩,他就会随赵朔而去。不久,赵朔妻子生下一个男孩,屠岸贾也知道了,在宫中到处搜索,夫人把孩子藏起来,孩子也没出声,就躲过了。程婴和公孙杵臼商量,公孙杵臼决定自己先死,程婴抚养赵氏孤儿。两人忠于赵氏,不惜以生命保护赵氏血脉,大义凛然,可歌可泣。于是两人计划以别的孩子代替孤儿,程婴出面揭发。待屠岸贾的军队进攻公孙杵臼，公孙杵臼假装怒斥程婴，并请求放过孤儿，最终公孙杵臼和找来的婴儿都被杀死，而真正的赵氏孤儿还在人间，被程婴带到山中抚养。

屠岸贾为了自己掌权，灭了赵氏一族，婴儿也不放过，政治斗争中的残忍和血腥令人触目惊心，而公孙杵臼和程婴为救赵氏孤儿，就对别人家孩子的生命置之不顾，尽管万不得已，但还是很残忍。这样的悲剧归根结底都是争权夺利所导致的。

十五年之后，晋景公病重，景公与韩厥想重立赵氏孤儿，就把他藏在宫中。诸将入宫问候景公病情，景公借助韩厥的军队胁迫诸将见赵氏孤儿，诸将不得已，愿意再立赵氏后人。于是程婴、赵武联合诸将攻打屠岸贾，灭了屠岸贾全族。景公赐予赵武和以前一样的封地和采邑。

赵武二十岁的时候，程婴自杀。他认为，赵武已长大成人，也恢复了原来的爵位，是时候到地下向赵盾和公孙杵臼报告了。虽然赵武坚决请求不要如此，但程婴还是自杀了。赵武为他守丧三年，设立供祭祀的封地，春秋祭祀，世代不绝。

正如公孙杵臼所说，死是容易的，但要一人躲躲藏藏抚养一个婴儿长大，还担负着为赵氏复仇的重任，长达十五年的时间，其中的艰辛可想而知，而当赵武成人，恢复爵位后，程婴没有居功自傲，也不贪恋富贵，毅然自杀。其精神和人格风范，通过司马迁的妙笔展现，千载之后犹让人感动不已。

其实"赵氏孤儿"在《左传》中并没有记述，后代学者也认为此事没有根据，可能是战国时期尚义任侠之士所编，但司马迁却为何花费这么大的笔墨来写，其原因可能很多，但至关重要的原因或许是司马迁在程婴这一形象中投射了自己的情感。司马迁受父命要编写一部接续《春秋》的史书，但惨遭宫刑，面对奇耻大辱，他没有一死了之，而是以坚强的意志，呕心沥血完成了这部旷世杰作。尽管他的事情和程婴完全不同，但其精神实质却有相通之处，所以司马迁宁肯不顾历史的真实，也要把程婴和公孙杵臼写进史书，以表彰他们的精神。所以《史记》不仅记载的是历史的世界，还折射出司马迁的精神世界。

《赵氏孤儿记》书影

【扩展阅读】

导言：赵氏孤儿的故事一直在后世流传，元代人纪君祥作有《赵氏孤儿》杂剧，被王国维评为"最具有悲剧性质者"。"赵氏孤儿"不仅在中国流传，还传播到了国外，法国伏尔泰就将《赵氏孤儿》杂剧改编成《中国孤儿》在巴黎上演。下面选一段《赵氏孤儿》中屠岸贾杀死婴儿后，公孙杵臼的部分唱词。

[梅花酒]呀！见孩儿卧血泊。那一个哭哭号号，这一个怨怨焦焦，连我也战战摇摇。直恁般歹做作，只除是没天道。呀！想孩儿离褥草，到今日恰十朝，刀下处怎耽饶，空生长，枉劬劳，还说甚要防老。（臧晋叔：《元曲选》，中华书局，1958，第1489页）

十五、齐鲁夹谷之会

【题解】

按照《史记》体例,"世家"记载诸侯,是不应该有孔子这样一位非诸侯的,但司马迁认为孔子"至圣",虽然无诸侯之位,但以一介布衣而"传十余世,学者宗之",也不逊于任何诸侯。孔子在后世人心目中可能仅仅是一位儒雅书生,其实不然,他的才能是多面的。选文中就显示了孔子政治方面的才能。

【原文】

定公十年春,及齐平①。夏,齐大夫黎鉏言于景公曰:"鲁用孔丘,其势危齐。"乃使使告鲁为好会②,会于夹谷③。鲁定公且以乘车好往④。孔子摄相事⑤,曰:"臣闻有文事者必有武备,有武事者必有文备。古者诸侯出疆,必具官以从。请具左右司马。"定公曰:"诺。"具左右司马。会齐侯夹谷,为坛位⑥,土阶三等,以会遇之礼相见,揖让而登。献酬之礼毕,齐有司趋而进曰⑦:"请奏四方之乐。"景公曰:"诺。"于是旍旄羽袚矛戟剑拨鼓噪而至⑧。孔子趋而进,历阶而登,不尽一等,举袂而言曰:"吾两君为好会,夷狄之乐何为于此!请命有司!"有司却之,不去,则左右视晏子与景公。景公心怍⑨,麾而去之。有顷,齐有司趋而进曰:"请奏宫中之乐。"景公曰:"诺。"优倡侏儒为戏而前。孔子趋而进,历阶而登,不尽一等,曰:"匹夫而营惑诸侯者罪当诛!请命有司!"有司加法焉,手足异处。景公惧而动,知义不若⑩,归而大恐,告其群臣曰:"鲁以君子之道辅其君,而子独以夷狄之道教寡人,使得罪于鲁君,为之奈何?"有司进对曰:"君子有过则谢以质⑪,小人有过则谢以文⑫。君若悼之⑬,则谢以质。"于是齐侯乃归所侵鲁之郓、汶阳、龟阴之田以谢过⑭。(《史记·孔子世家第十七》卷四十七,第2308~2309页)

【注释】

①平:和好。　②好会:友好相会。　③夹谷:地名,据说在今山东省莱芜县的夹古峡。　④好往:友好地前去。　⑤摄相事:代理司仪职务。　⑥坛位:古代以土筑高台,在坛上列两国君主的位次。　⑦趋:快步走。　⑧旍(jīng)、被(fú)、拨(fá):旍,同"旌",旗类;被,舞蹈者所执的皮制物;拨,大楯。　⑨怍(zuò):惭愧。　⑩不若:不如。　⑪质:实在的东西。　⑫文:花言巧语,不实的东西。　⑬悼:愧悔。　⑭郓、汶阳、龟阴:地名,郓,在今山东沂水县北;汶阳在今山东泰安西南部;龟阴,在今山东泗水县东北。

【品读】

鲁定公八年,鲁国曾经攻打齐国,定公十年春两国和好。此前,定公任命孔子为中都(今山东汶上县南)的长官。仅一年的时间,各地就都效法孔子的治理办法了。之后,孔子又担任了司空和大司寇。由于孔子的贤能,让齐国感到了威胁,于是齐国希望和鲁国能友好会晤,以维护两国的关系,会面地点约在了夹谷。既然是友好会晤,定公就毫无防备地要去前往。孔子这时任大司寇,兼办会晤的事情。他向定公建议,不可贸然前去,应该效法古诸侯,出自己的国界要文武皆备,以防不测。所以,这次会晤要左右司马一同去。

孔子的建议是很审慎的,也是很有见识的。因为齐鲁相比,齐国强大,鲁国弱小,鲁国处在不利的地位,两国君主见面时,齐国君主可能会很傲慢,轻视鲁国,定公也会被无礼地对待。如果这样,既使国君难堪,更使鲁国遭人耻笑。更甚者,弱国的国君还可能被挟持。楚怀王就是一个例子,怀王三十年,秦国征讨楚国,夺走了八座城。秦昭王给楚王修书一封,希望在武关会晤,当面订约、结盟，然后离去。怀王看到书信后很害怕，想着如果去，怕被骗；如果不去，又怕激怒秦王。有大臣建议他不要去，但王子子兰建议去，所以怀王就去了武关。果然，秦国有埋伏，楚王被挟持到了秦国，秦国以此要挟楚国，要楚国割地。楚国最后从齐国迎回了太子，拥立为王，也就是顷襄王。秦昭王大怒，发兵攻打楚国，大败楚国，斩首五万。顷襄王二年，楚怀王想逃回国，但被楚国发现。楚怀王见回去的路被封锁了，只好先到赵国，想借道回去，但赵国害怕秦国，不敢接纳。于是，怀王又逃向魏国，但秦军已经赶上。楚怀王又被带回了秦国，之后因此发病，次年就死在了秦国。这个例子说明，孔子的担忧不是多余的。

两国君主在夹谷见面，举行了简单的一些礼节后，在建筑的高台上坐定。齐国官员请求演奏各国乐曲，景公同意。于是齐国的乐队，装饰着旌旗、羽毛、皮衣，拿着矛、戟、剑、盾等蜂拥而至。这时，孔子快步向前，一步一阶地快速登台，还未到最后一级台阶，孔子就长袖一挥，让有关官员把乐队撤走，他说因为这是夷狄之乐，不应该在两国国君面前演奏。景公心里惭愧，叫乐队下去了。很快，齐国官员又请演奏宫中乐曲，结果上来一些以戏谑为业的艺人、矮小的侏儒，孔子又和之前一样，快步走上台，请求处置这些迷惑诸侯的人，官员依法执行，处以腰斩。景公心里恐惧，也受了触动，感觉在道义上不如鲁国，会晤结束回去之后，还是感到惊恐，责备大臣们是以夷狄之道教他，得罪了鲁国。有官员建议，如果国君确实后悔愧疚，就应以实实在在的东西赔罪。于是景公就把以前侵夺鲁国的郓、汶阳、龟阴的土地归还了鲁国。

孔子会晤过程中两次"历阶而等"都是很及时和必要的，第一次他快速登台，有他自己所说的原因，另外，还可能是他看到有矛、戟等，考虑定公的安危，所以果断行事，要求撤走乐队。第二次则是优倡侏儒等不宜出现在如此正式的场面。两次行为的背后都显示出孔子重礼的观念，并以礼维护鲁国的尊严，也使齐国国君因失礼而感到惭愧和恐惧，意外获得了失去的土地。

孔子的才能是多面的，不仅博古通今，有令别国担忧的政治才能，他还会很多具体的生活技能，据他自己说，由于小时候穷苦，而且也未被国家所用，所以就学会了很多的技艺，如射箭、驾马车等，而且驾车的技术还相当好。

【扩展阅读】

导言:《左传》中也有夹古之会的记载，但内容不同，可以对比着阅读。

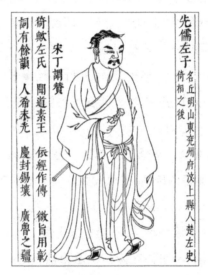

《左传》作者左丘明

夏，公会齐侯于祝其，实夹谷。孔丘相。犁弥言于齐侯曰:"孔丘知礼而无勇，若使莱人以兵劫鲁侯，必得志焉。"齐侯从之。孔丘以公退，曰:"士兵之! 两君合好，而裔夷之俘，以兵乱之，非齐君所以命诸侯也。裔不谋夏，夷不乱华，俘不干盟，兵不偪好。于神为不祥，于德为愆义，于人为失礼，君必不然。"齐侯闻之，遽辟之。

将盟，齐人加于载书曰:"齐师出竟，而不以甲车三百乘从我者，有如此盟!"孔丘使兹无还揖对曰:"而不反我汶阳之田，吾以共命者，亦如之!"齐侯将享公，孔丘谓梁丘据曰:"齐、鲁之故，吾子何不闻焉? 事既成矣，而又享之，是勤执事也。且牺、象不出门，嘉乐不野合。飨而既具，是弃礼也。若其不具，用秕稗也。用秕稗，君辱，弃礼，名恶，子盍图之? 夫享，所以昭德也。不昭，不如其已也。"乃不果享。(杨伯峻:《春秋左传注·定公十年》，中华书局，2009，第1577～1578页）

十六、孔子问三徒

【题解】

孔子是位伟大的老师，教导学生因材施教，不拘一格。选文中孔子向三个弟子问了同样的问题，针对三种不同的答案，他发表了自己的看法。

【原文】

孔子知弟子有愠心①，乃召子路而问曰："《诗》云'匪兕匪虎，率彼旷野'②。吾道非邪？吾何为于此？"子路曰："意者吾未仁邪？人之不我信也。意者吾未知邪？人之不我行也。"孔子曰："有是乎！由，譬使仁者而必信，安有伯夷、叔齐③？使知者而必行，安有王子比干④？"

子路出，子贡入见。孔子曰："赐，《诗》云'匪兕匪虎，率彼旷野'。吾道非邪？吾何为于此？"子贡曰："夫子之道至大也，故天下莫能容夫子。夫子

孔子

盖少贬焉？⑤"孔子曰："赐，良农能稼而不能为穑，良工能巧而不能为顺。君子能修其道，纲而纪之，统而理之，而不能为容。今尔不修尔道而求为容。

赐,而志不远矣!⑥"

子贡出,颜回入见。孔子曰:"回,《诗》云'匪兕匪虎,率彼旷野'。吾道非邪? 吾何为于此?"颜回曰:"夫子之道至大,故天下莫能容。虽然,夫子推而行之,不容何病? 不容然后见君子! 夫道之不修也,是吾丑也。夫道既已大修而不用,是有国者之丑也。不容何病? 不容然后见君子!"孔子欣然而笑曰:"有是哉颜氏之子! 使尔多财,吾为尔宰。⑦"(《史记·孔子世家第十七》卷四十七,第1511~1512页)

【注释】

①愠:生气。 ②出自《诗经·小雅·何草不黄》。 ③伯夷、叔齐:孤竹君的两个儿子。见《史记·老子伯夷列传第一》卷六十一。 ④比干:商朝帝王帝丁的儿子,纣王的叔叔。 ⑤贬:降低。 ⑥而:通"尔",你。 ⑦宰:管理钱财者。

【品读】

孔子一生都想把自己的理想付诸实践,为此游历各国长达十四年,却始终没有得到重用。他离开鲁国后先到卫国,有人向卫灵公进谗言,孔子只好离开,准备到陈国去,却在匡地被人当作阳虎包围了五天。最后,孔子派随从向卫国宁武子称臣,才得以脱困。后来他又到过曹国和宋国,在宋国时,他与弟子在大树下演习礼仪,宋国的司马桓魋想杀他,就派人把树砍了。孔子只得离开,来到了郑国。由于与弟子们失散了,孔子一个人站在外城的东门。子贡找人打听,有人这么描述:"东门有人,其颡似尧,其项类皋陶,其肩类子产,然自要以下不及禹三寸,累累若丧家之犬。"就是说,孔子的额头像尧,脖子像皋陶,肩膀类似子产,但腰部以下比禹差三寸,狼狈得好像丧家之犬。子贡告诉孔子后,孔子居然很高兴,说:"外形是次要的,然而说像丧家之犬,却是非常对的! 非常对!"孔子虽然是玩笑话,而且看似乐观,但那种辛酸也是显而易见的。他到过陈国,在那里住了三年。陈国经常受到晋国、楚国、吴国的侵扰,孔子只得离开。途经蒲乡时,遇到公叔氏叛乱,蒲人困住了孔子,幸亏有一个叫公良孺的弟子,奋力搏斗,蒲人害怕了,才准许孔子离开,但必须答应不去卫国。孔子起誓后被放出来,到了卫国。子贡就问孔子:"盟誓可以违背吗?"孔子答:"被要挟而定下的盟约,神是不会听的。"卫灵公此时已经年迈,对政事很懈怠,也不任用孔子。孔子离开卫国,先后到了陈国、蔡国。孔子在蔡国的第三年,吴国攻打陈国,楚国来救陈国,听说孔子就住在陈、蔡的边界上,楚国便派人请孔子,孔子也准备前往。陈、蔡两国的大夫以为孔子贤能,如被楚国所用,那两国就会有危险,于是就让人把孔子围在了野外。孔子出不去,粮食也没了,还有人生病起不来,在此困境下,孔子依旧在诵诗,唱歌,弹琴。

　　子路是个直率的人,毫不掩饰自己的气愤,就问老师:"君子也有穷困的时候吗?"孔子回答说:"君子有穷困,但依然坚持,小人穷困就会胡作非为。"

　　孔子知道弟子们都心有怨言,只是没说而已,就依次找来子路、子贡、颜回,问了一个同样的问题:"《诗》说'不是野牛不是虎,却在旷野中出入。'是我们坚守的'道'(主张)不对吗? 我们为什么会被困在这里?"三人的回答各不相同,子路当然没怀疑"吾道非",但他觉得是不是因为我们的德行和智慧还不够,才会这样。孔子对此不以为然,以为有仁德不一定被信任,如伯夷、叔齐,有智慧也不一定通行无阻,如比干。子贡的看法深入一层,认为老师的"道"最广大,所以天下没有国家容得下。希望孔子稍微降低一下。孔子对子贡的回答也不满,因为子贡为了能被容纳而降低了"道",所以孔子批评他志向不远大。颜回第一句的回答和子贡一样,但一转折,说的却是,老师努力推行自己的主张,虽然不被接纳,但那又怎样,不被接纳才是真君子。不修道是我们的耻辱,但如果道已经大修却不被重用,那就是君主的耻辱了。孔子听后非常高兴,还说如果颜回家财万贯,他愿意给颜回管账。三个弟子中,孔子之所以只对颜回大加赞赏,就是因为颜回对"道"是坚信不疑的,他不会因为自己的主张不被实行就怀疑自己,甚至屈从现实,这与孔子"知其不可而为之"的精神是一致的。

　　孔子之所以叫这三个弟子来,可能是因为他们在众人中是比较有威信的。孔子通过对他们的批评或肯定，是要使其他弟子都明白，不论在什么情况下都要坚守"道"，从而鼓励大家在困境中不要气馁。让人感动的是，孔子在生死之际，不是考虑个人的安危，而是依然执着于理想。伟大的理想固然让人钦佩，但坚守理想并矢志不渝更让人敬佩。

三个弟子性格各异。仲由，字子路，他只比孔子小九岁，是侍奉孔子最久的弟子，为人鲁莽率直，后死于卫国。

端木赐，字子贡，比孔子小三十一岁，善于言谈，具有政治能力，还能经商，家累千金。

颜回比孔子小三十岁，是孔子最喜欢的弟子，《论语》中多次提到孔子对颜回的称赞：

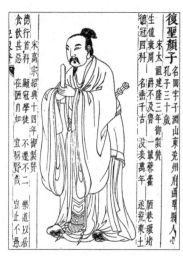

颜回

鲁哀公问："弟子孰为好学？"孔子对曰："有颜回者好学，不迁怒，不贰过。不幸短命死矣，今也则亡，未闻好学者也。"（《论语·雍也》见杨伯峻：《论语译注》，中华书局，2009，第54页）

子曰："贤哉，回也！一箪食，一瓢饮，在陋巷。人不堪其忧，回也不改其乐。贤哉，回也！"（《论语·雍也》，同上，第58页）

但不幸的是，颜回早死，孔子非常悲痛，大喊："天丧予！天丧予！"（这是老天爷要我的命啊！这是老天爷要我的命啊！）（《论语·先进》）孔子哭得太过伤心，有人劝道："您太伤心了！"孔子答："真的太伤心了吗？我不为这样的人伤心，还为什么人伤心呢？"（根据杨伯峻先生的翻译）（《论语·先进》）由此可见颜回在孔子心中的地位。

孔子为了脱困，派子贡到楚国，楚昭王率军来迎，才得以脱身。楚昭王本来想赐给孔子七百里封地，但被劝阻。结果，这一年的秋天，楚昭王死了。孔子只好从楚国再到卫国，此时孔子已经六十三岁了。鲁哀公十一年，孔子的弟子冉有为季氏统帅军队，打败了齐国，当季氏知道冉有的军事才能是孔子教授后，决定招请孔子。至此，在外漂泊十四年后，孔子回到了故国，然而已处于人生暮年的孔子，只能发挥余热，做一些教授学生、整理文献的工作。他的弟子有三千人，能够通晓礼、乐、射、御、书、数、六艺的有七十二人。鲁哀公十六年，孔子去世，享年七十三岁。

司马迁饱蘸浓墨详细记述了孔子的一生，其中寄托着司马迁自己的情怀。他在《太史公自序》中说："先人有言：'自周公卒五百岁而有孔子。孔子卒后至于今五百岁，有能绍明世，正《易传》，继《春秋》，本《诗》《书》《礼》《乐》之际？'意在斯乎。意在斯乎。小子何敢让焉。"也就是说，司马迁是以孔子的继承人自居的，其内在的传承是对文化的使命感和责任感。

司马迁遭受过人生的巨大不幸，但他没有一死了之，最终完成了《史记》，其精神支柱就是坚定的理想，他没有怀疑"吾道"为非，也没有因为现实而对"道"稍有贬损，只是尽己所能大修"吾道"，孔子的精神确实被司马迁继承，这也是为什么司马迁要在书中对孔子和三个弟子的问答详加记载的主要原因。

【扩展阅读】

导言：司马迁对孔子非常崇敬，在《孔子世家》的"太史公曰"中写下了这样一段话。

《诗》有之："高山仰止，景行行止。"虽不能至，然心向往之。余读孔氏书，想见其为人。适鲁，观仲尼庙堂车服礼器，诸生以时习礼其家，余祗回留之不能去云。天下君王至于贤人众矣，当时则荣，没则已焉。孔子布衣，传十余世，学者宗之。自天子王侯，中国言六艺者折中于夫子，可谓至圣矣！(《史记·孔子世家第十七》卷四十七，第2344页)

十七、揭竿而起

【题解】

> 陈涉于大泽乡揭竿而起,拉开了秦末反秦起义的大幕,曾经不可一世的大秦帝国在各路势力的冲击之下,仅二世而亡。陈涉起义虽然失败,但其开启之功不可泯灭,选文中具体描述了他和吴广谋划起义的过程。

【原文】

二世元年七月①,发闾左適戍渔阳②九百人,屯大泽乡③。陈胜、吴广皆次当行④,为屯长⑤。会天大雨,道不通,度已失期。失期,法皆斩。陈胜、吴广乃谋曰:"今亡亦死,举大计亦死,等死,死国可乎?"陈胜曰:"天下苦秦久矣。吾闻二世少子也,不当立,当立者乃公子扶苏。扶苏以数谏故⑥,上使外将兵。今或闻无罪,二世杀之。百姓多闻其贤,未知其死也。项燕为楚将,数有功,爱士卒,楚人怜之。或以为死,或以为亡。今诚以吾众诈自称公子扶苏、项燕,为天下唱,宜多应者。"吴广以为然。乃行卜⑦。卜者知其指意,曰:"足下事皆成,有功。然足下卜之鬼乎!"陈胜、吴广喜,念鬼,曰:"此教我先威众耳。"乃丹书帛曰"陈胜王"⑧,置人所罾鱼腹中⑨。卒买鱼烹食,得鱼腹中书,固以怪之矣。又间令吴广之次所旁丛祠中⑩,夜篝火⑪,狐鸣呼曰"大楚兴,陈胜王"。卒皆夜惊恐。旦日,卒中往往语,皆指目陈胜⑫。

吴广素爱人,士卒多为用者。将尉醉,广故数言欲亡,忿恚尉⑬,令辱之,以激怒其众。尉果笞广。尉剑挺,广起,夺而杀尉。陈胜佐之,并杀两尉。召令徒属曰:"公等遇雨,皆已失期,失期当斩。藉弟令毋斩,而戍死者固十六七。且壮士不死即已,死即举大名耳,王侯将相宁有种乎!"徒属皆曰:"敬受命。"乃诈称公子扶苏、项燕,从民欲也。袒右[14],称大楚。为坛而盟,祭以尉首。陈胜自立为将军,吴广为都尉[15]。(《史记·陈涉世家第十八》卷四十八,第2352~2354页)

【注释】

①二世元年:公元前209年。 ②闾左:居住在里巷左边的居民。适戍(zhéshù):谪罚戍边。渔阳:地名,在今北京市密云县西南。 ③屯:驻扎。大泽乡:在今安徽省宿县东南。 ④次:编次。行(háng):队伍。 ⑤屯长:下级军吏。 ⑥数(shuò)谏:多次劝谏。 ⑦行卜:占卜吉凶。 ⑧王(wàng):称王。 ⑨罾(zēng):渔网,这里作动词,用网捕捞。 ⑩间:私下。次所:驻地。 ⑪篝(gōu)火:点火。 ⑫指目:指点注视。 ⑬忿恚(huì):使恼怒。 ⑭袒右:解开衣服,露出右臂。 ⑮都尉:比将军低的武官名。

【品读】

陈涉,字胜,小时候曾经被人雇佣耕田。一次,他在田埂上休息,抱怨了很久,对一起的人说:"以后要是富贵了,不要忘了彼此。"其他人听了笑道:"你只是一个给人家耕地的人,哪来的什么富贵?"陈涉叹息说:"哎,燕子、麻雀这些小鸟哪里能知道鸿鹄的志向!"可见,尽管陈涉身份卑微,但他有远大的志向,这在小时候就已经表现出来了。

秦二世元年(前209),陈涉等九百人被发往渔阳戍边,途中驻扎在大泽乡,陈涉、吴广是屯长。恰好遇到大雨,道路不通,大概已经耽误了报到的期限,而逾期未到,按照秦的法律应该被斩。秦法以严苛著名,由此可见一斑。被逼无奈之际,陈胜和吴广就商量,现在逃跑是死,起来反抗干一番事业也是死,反正都是死,还不如为国死。接下来,陈胜就分析怎么起义。他提出了三点；第一，天下人苦于秦的暴政已经很久了。这是大前提，也是说服人、团结人的依据。第二，贤能的公子扶苏被二世杀害，而百姓还不知道。第三，楚将项燕受楚人爱戴，但生死也不定。因此可以借助两人的名号，以显示起义的正当性，同时也可获得更多人的响应，为以后的发展壮大奠定基础。从这样的分析中可以看出，陈胜和普通的老百姓是不同的，他对于当时的政治形势很关注，对于历史也有一定的了解，他之所以能成为起义者的领袖，与他本身的素质是有关的。

　　吴广同意陈胜的看法，便去占卜吉凶，这是古人的普遍做法。占卜的人明白他们的来意，就说："你们的事都能成功。但应该再向鬼神问卜啊！"占卜的人其实是在暗示他们通过鬼神的确认来为自己树立威信。于是他们想了个办法，用朱砂在帛上写上"陈胜王"三个字，然后再把帛放在已经捕捞上来的鱼的肚子里，戍卒买鱼回去吃的时候就发现了里面的帛，都感到很奇怪。这是他们的第一步。第二步是暗地里让吴广到驻所旁的神祠里，晚上点火，学着狐狸叫"大楚兴，陈胜王"。戍卒听到后非常惊恐。第二天，戍卒间在议论这些事时，都偷偷看一眼陈胜。

　　吴广，字叔，平日里和大家关系很好，戍卒们愿意听他的话。有天，将尉喝醉了，吴广故意多次说要逃跑，就是想激怒将尉，让将尉侮辱他，以激怒其他人。将尉果然大怒，鞭打吴广，将尉刚要拔剑时，吴广起身夺走剑，杀了将尉。陈胜也来帮吴广，杀死了两个将尉。然后召集戍卒，讲明利害关系，发出了中国历史上振聋发聩的呼喊："王侯将相宁有种乎？"戍卒都愿意接受陈胜、吴广的领导。于是根据百姓的愿望，冒充是扶苏和项燕，称大楚，筑坛盟誓，以将尉的人头做祭品。陈胜为将军，吴广为都

贾谊

尉。秦末的起义和动乱就此开始，直至刘邦一统天下，建立汉朝。

如果只从司马迁的记载看，或许会认为"揭竿而起"只是一个偶然事件，如陈胜、吴广恰好被同时发往戍边，路中又刚好遇到大雨，不能按期到达等，确实是偶然，但偶然之中又有必然。秦始皇用法严厉，奢侈无度，四处巡游，修建长城，焚书坑儒，赋役繁重，百姓早已怨声载道，苦不堪言。到秦二世时，更为变本加厉，加之秦二世任用赵高，正如陈胜所言是"天下苦秦久矣"，天下已经无法忍受秦王朝的暴政统治，起义推翻秦朝就是必然的。陈胜只是应时而动，顺应了时势，喊出了第一声。就是这一声点燃了世人的愤怒之火，让秦王朝在大火中化为灰烬，历史进入了新的阶段。

【扩展阅读】

导言：秦朝仅二世而亡，新建立的汉朝统治者不得不思考如何避免悲剧的重演，所以在西汉初就有一批反思秦亡的文章，其中最著名的是贾谊的《过秦论》，这里选取与陈涉有关的一部分。

过秦论（节选）

始皇既没，余威震于殊俗。然陈涉瓮牖绳枢之子，氓隶之人，而迁徙之徒也。才能不及中人，非有仲尼、墨翟之贤，陶朱、猗顿之富。蹑足行伍之间，而倔起阡陌之中，率疲弊之卒，将数百之众，转而攻秦。斩木为兵，揭竿为旗，天下云合而响应，赢粮而景从，山东豪俊遂并起而亡秦族矣。（萧统：《六臣注文选·过秦论》卷五十一，中华书局，2012，第953页）

十八、路中大夫不畏死

【题解】

路中大夫在西汉七国之乱中只是一个小人物,但却起着大作用。他带着皇帝的命令回到被兵围数重的临淄,置生死于不顾,向齐王说明了当前的军情态势,才使齐王能继续坚守临淄。

【原文】

齐孝王十一年①,吴王濞、楚王戊反,兴兵西,告诸侯曰"将诛汉贼臣晁错以安宗庙"。胶西、胶东、菑川、济南皆擅发兵应吴楚②。欲与齐,齐孝王狐疑③,城守不听,三国兵共围齐。齐王使路中大夫告于天子④。天子复令路中大夫还告齐王:"善坚守,吾兵今破吴楚矣。"路中大夫至,三国兵围临菑数重,无从入。三国将劫与路中大夫盟,曰:"若反言汉已破矣,齐趣下三国⑤,不且见屠。"路中大夫既许之,至城下,望见齐王,曰:"汉已发兵百万,使太尉周亚夫击破吴楚,方引兵救齐,齐必坚守无下!"三国将诛路中大夫。(《史记·齐悼惠王世家第二十二》卷五十二,第2420页)

【注释】

①齐孝王十一年:公元前154年。 ②胶西、胶东、菑川、济南:国名。汉文帝封给齐悼惠王刘肥四个儿子的封国,刘辟光为济南王,刘贤为菑川王,刘卬为胶西王,刘雄渠为胶东王。 ③狐疑:犹豫不决。 ④路中大夫:姓路,名卬,中大夫是官名。 ⑤趣:通"促",快速,趣下,就是快速投降。

齐孝王十一年即汉景帝三年,爆发了西汉历史上著名的七国之乱,七国分别是吴、楚、赵、胶西、胶东、菑川、济南。最先发起的是吴王刘濞,导致这次叛乱的直接原因是景帝用晁错的建议来削藩,所以叛军打出的口号是"诛晁错,清君侧"。究其原因,则是由于削藩将减弱甚至取消各国国王的权力,他们发起叛乱是希望维护自己的利益,而吴王刘濞野心更大,图谋已久。吴国非常富饶,刘濞招来天下亡命之徒,依铜山铸钱,煮海水为盐,还积极训练军队,聚集粮食,谋划三十多年。吴王趁此机会联合其他诸王,借"诛晁错,清君侧"的名义发动战争,其目的就是要夺取景帝的皇位。

七国发兵二十多万人,还想再联合齐国,但齐王犹豫不决,随着情势越来越紧张,齐国和其他三国暗地里商议过,只是尚未确定。其间齐王就派出路中大夫到长安向皇帝报告。皇帝又让路中大夫返回,告诉齐王,让继续坚守,大军已经攻破了吴、楚。可当路中大夫回来时,发现临淄已经被围了好几重,根本进不去,叛军发现后把他抓起来,还胁迫他盟誓。路中大夫假装答应,到城下看见齐王后,大声喊话让继续坚守。其结果自然是路中大夫被叛军杀死。

路中大夫盟誓而不守约的做法不禁让人想起孔子。孔子离开陈国,经过蒲地时遇到叛乱,孔子被围,蒲人与孔子盟约,孔子不能到卫国去。孔子脱困后,还是到了卫国,弟子子路不解,问老师:"盟约是可以背叛的吗?"孔子答:"受胁迫订立的盟约,神是不会认可的。"路中大夫和孔子一样都是在胁迫之下立的盟约,所以完全可以不遵守。和孔子不同的是,路中大夫所处的环境更危险,而且担负着重要的使命,事关齐国的生死存亡。他在生死之际,能够灵活应对,不顾个人安危,在重重包围的临淄城下,在身后无数寒光闪闪的刀枪剑戟之前,向齐王报告了真实情况,从而使齐王有信心继续坚守,等待援兵的到来,同时也牵制了四国的兵力,使得七国之乱能够早日平定。在整个过程中,路中大夫起到了关键性的作用,功不可没。

像路中大夫这样的中国古代士人,不在少数,但能够进入历史,被人记忆的只是很少的一部分,在已经烟消云散的历史中,他们也永远不会再被人知晓,但这种奋不顾身、舍生取义的士人精神却积淀在了民族的血液之中,滋养着一代代的中国人。

【扩展阅读】

导言:唐代张巡、许远在安史之乱期间坚守睢阳,被围困日久,又等不到救援,就派南霁云去向时任河南节度使的贺兰进明求救,贺兰进明虽然很欣赏南霁云,但并无救援之意,南霁云只好离开再回睢阳,最后张巡、许远、南霁云都被叛军杀害。唐代著名文学家韩愈在《张中丞传后叙》中详细记述了南霁云去求救时的情形,以及张巡、南霁云二人最后宁死不屈的勇士精神。

张中丞传后叙(节选)

愈尝从事于汴、徐二府,屡道于两府间,亲祭于其所谓双庙者①;其老人往往说巡、远时事,云:

南霁云之乞救于贺兰也,贺兰嫉巡、远之声威功绩出己上②,不肯出师救。爱霁云之勇且壮,不听其语,强留之,具食与乐,延霁云坐。霁云慷慨语曰:"云来时,睢阳之人,不食月余日矣!云虽欲独食,义不忍;虽食,且不下咽!"因拔所佩刀,断一指,血淋漓,以示贺兰。一座大惊,皆感激为云泣下。云知贺兰终无为云出师意,即驰去,将出城,抽矢射佛寺浮图③,矢着其上砖半箭,曰:"吾归破贼,必灭贺兰!此矢所以志也!"愈贞元中过泗州,船上人犹指以相语。城陷,贼以刃胁降巡,巡不屈,

韩愈

即牵去,将斩之;又降霁云,云未应,巡呼云曰:"南八,男儿死耳,不可为不义屈!"云笑曰:"欲将以有为也。公有言,云敢不死!"即不屈。(马其昶:《韩昌黎文集校注·张中丞传后叙》卷二,上海古籍出版社,1998,第76页)

十九、萧何自污

【题解】

　　萧何是汉初功臣之首,被汉高祖誉为三杰之一,但刘邦对其仍不能完全放心。萧何为求自保,只好接受门客建议,自污以避祸。

【原文】

　　汉十一年秋①,黥布反,上自将击之,数使使问相国何为。相国为上在军,乃拊循勉力百姓②,悉以所有佐军,如陈豨时。客有说相国曰:"君灭族不久矣。夫君位为相国,功第一,可复加哉?然君初入关中,得百姓心,十余年矣,皆附君,常复孳孳得民和③。上所为数问君者,畏君倾动关中。今君胡不多买田地,贱贳贷以自污?④上心乃安。"于是相国从其计,上乃大说。(《史记·萧相国世家第二十三》卷五十三,第2436页)

萧何

【注释】

　　①汉十一年秋:公元前196年。　②拊循:安抚。　③孳孳(zī):孳通"孜",勤勉。　④贳(shì)贷:借贷。

萧何和汉高祖刘邦都是沛县人,他们在沛县的时候,萧何经常帮助刘邦。刘邦起兵后,萧何就一直追随着刘邦。汉二年(前205),刘邦率军进攻楚军,萧何留守关中,将一切都管理得井井有条,不但稳定了后方,还为大军运送粮草,补充兵员。但刘邦生性多疑,对于萧何也不能完全信任。汉三年(前204),刘邦和项羽在京、索之间对峙,多次派人慰劳萧何。这"慰劳"之中是有深意的,一位姓鲍的人看出了刘邦的心思,就劝萧何把自己的子孙兄弟中能打仗的都派到军队去,这样做,汉王才能安心,也才能完全信任萧何。萧何按照鲍先生的意见办了,果然刘邦很高兴。等到平定天下之后,刘邦论功行赏,认为萧何功劳最大,封为酂侯。有大臣不同意,以为他们武将攻城略地、出生入死,凭什么让一个只会舞文弄墨的人的功劳反在他们之上。刘邦打了一个很好的比喻:"好比打猎,追杀野兽兔子的是猎狗,指示野兽在什么地方的是人。你们的功劳像猎狗,而萧何的功劳像人,况且,萧何全族数十人跟着我,这样的功劳是不能忘记的。"虽然话说得有些难听,但很有说服力,大臣们也就不敢再说什么了。功劳论定之后,还得排位次,大臣们的意见倒是比较统一,推荐平阳侯曹参,但刘邦心里还是想排萧何为第一。这时关内侯鄂千秋向皇帝进言,认为曹参尽管军功卓著,但那只是"一旦之功",而萧何治理关中,在后方一直为前线提供源源不断的补给,以此作为皇帝争夺天下的基础,这是"万世之功",所以萧何应该排第一,曹参第二。鄂千秋的话正是皇帝想听的,所以受到皇帝的赞赏。最后确定萧何第一。

俗话说,"伴君如伴虎",即使居功第一如萧何,也还是受到皇帝的猜疑。汉十一年,陈豨反叛,刘邦亲自领兵征讨,还未罢兵,就传来韩信被吕后用萧何计诛杀的消息,刘邦知道后,派人拜萧何为相国,加封五千户,还派人设立一个有五百士兵和一位都尉的相国卫队,在朝同僚都来祝贺,唯有一个叫召平的人让萧何不仅不要接受赏赐,还要把家财贡献给军队。萧何照办,再次躲过一劫。

萧何有这样一些被猜忌的经历,"自污"也就是可以理解的了。

汉十一年(前196)秋,又有黥布反叛,刘邦亲自率军讨伐,走后,多次派人询问萧何在做什么。作为相国,皇帝在外打仗,他自然就是安抚百姓,拿出财产贡献军队。可此时不同往日,情况又变了。幸亏有人看出了其中的危险,指出皇帝之所以多次问萧何的作为,其实是因为萧何位高权重,又得民心,怕动摇关中。因此,要消除皇帝的疑虑,就只能通过多买田地,发放低利贷款以玷污自己的声誉,从而表明自己并无犯上之心,对皇帝也是忠贞不贰的。萧何听从了建议,皇帝知道后很高兴。

萧何在西汉建立的过程中有很大的功绩,刘邦使其居功臣之首是有道理的,况且已经天下一统,国家初建,更需要像萧何这样能够治国理政的大臣,武将的重要性相对降低,这就更突出了萧何在朝廷中的地位。萧何也没有让刘邦失望,他对各项政治体制的建立和完善,为西汉的稳定和进一步发展奠定了良好的基础。萧何之后的相国曹参,基本上继承了萧何的举措,即所谓的"萧规曹随"。

萧何"自污"实在是无奈之举,只是为了让君主安心,从而保全自己。萧何并不是特例,在他之前就有王翦。

【扩展阅读】

导言:司马迁在《史记·白起王翦列传第十三》中,记载了王翦出征时为了让秦王放心,多次请求赐予良田美宅的事,《白起王翦列传》中虽未用"自污"一词,但目的是一样的。

王翦请园池

于是王翦将兵六十万人,始皇自送至灞上。王翦行,请美田宅园池甚众。始皇曰:"将军行矣,何忧贫乎?"王翦曰:"为大王将,有功终不得封侯,故及大王之向臣,臣亦及时以请园池为子孙业耳。"始皇大笑。王翦既至关,使使还请善田者五辈。或曰:"将军之乞贷,亦已甚矣。"王翦曰:"不然。夫秦王怚而不信人。今空秦国甲士而专委于我,我不多请田宅为子孙业以自坚,顾令秦王坐而疑我邪?"(《史记·白起王翦列传第十三》卷七十三,第2827页)

二十、张良以箸谋天下

【题解】

张良是刘邦的主要谋士之一,深受器重,通晓兵法,眼光长远,能够统观大局。选文中张良以"八不可"驳斥了郦食其的建议,成功阻止了重立六国后人的错误做法。

【原文】

汉三年,项羽急围汉王荥阳①,汉王恐忧,与郦食其谋桡楚权②。食其曰:"昔汤伐桀,封其后于杞③。武王伐纣,封其后于宋④。今秦失德弃义,侵伐诸侯社稷,灭六国之后,使无立锥之地。陛下诚能复立六国后世,毕已受印,此其君臣百姓必皆戴陛下之德,莫不向风慕义,愿为臣妾⑤。德义已行,陛下南乡称霸,楚必敛衽而朝⑥。"汉王曰:"善。趣刻印,先生因行佩之矣。"

张良

食其未行,张良从外来谒。汉王方食⑦,曰:"子房前!客有为我计桡楚权者。"具以郦生语告于子房,曰:"何如?"良曰:"谁为陛下画此计者?陛下事去矣。"汉王曰:"何哉?"张良对曰:

"臣请藉前箸为大王筹之⑧。"曰:"昔者汤伐桀而封其后于杞者,度能制桀之死命也。今陛下能制项籍之死命乎?"曰:"未能也。""其不可一也。武王伐纣封其后于宋者,度能得纣之头也。今陛下能得项籍之头乎?"曰:"未能也。""其不可二也。武王入殷,表商容之闾⑨,释箕子之拘⑩,封比干之墓。今陛下能封圣人之墓,表贤者之闾,式智者之门乎⑪?"曰:"未能也。""其不可三也。发钜桥之粟,散鹿台之钱,以赐贫穷。今陛下能散府库以赐贫穷乎?"曰:"未能也。""其不可四矣。殷事已毕,偃革为轩,倒置干戈,覆以虎皮,以示天下不复用兵。今陛下能偃武行文,不复用兵乎?"曰:"未能也。""其不可五矣。休马华山之阳,示以无所为。今陛下能休马无所用乎?"曰:"未能也。""其不可六矣。放牛桃林之阴,以示不复输积⑫。今陛下能放牛不复输积乎?"曰:"未能也。""其不可七矣。且天下游士离其亲戚,弃坟墓,去故旧,从陛下游者,徒欲日夜望咫尺之地。今复六国,立韩、魏、燕、赵、齐、楚之后,天下游士各归事其主,从其亲戚,反其故旧坟墓,陛下与谁取天下乎? 其不可八矣。且夫楚唯无强,六国立者复桡而从之,陛下焉得而臣之? 诚用客之谋,陛下事去矣。"汉王辍食吐哺,骂曰:"竖儒,几败而公事⑬!"令趣销印。(《史记·留侯世家第二十五》卷五十五,第2464～2466页)

【注释】

①荥阳:地名,在今河南省荥阳东北。 ②郦食其(yìjī):刘邦谋士。桡(náo):削弱。 ③杞:国名,在今河南省杞县。 ④宋:国名,在今河南商丘一带。 ⑤臣妾:这里指臣民百姓。 ⑥敛衽:整理衣襟,表示恭敬。 ⑦方食:正在吃饭。 ⑧藉:通"借";箸:筷子;筹:筹划。 ⑨表商容之闾:商容,商纣王时期的贤人;闾,里巷的门。 ⑩释箕子之拘:箕子,纣王的叔父,向纣王进谏却被囚禁。拘:囚禁。 ⑪式:通"轼",车前的横木。古人乘车遇见尊长者或应表示敬意者,就伏在车前的横木上,凭轼致敬。 ⑫输积:运输和积聚。 ⑬而公:而通"尔",你老子。刘邦没什么文化,说话比较粗俗。

汉元年（前206），项羽把刘邦封到巴蜀，称汉王，后又获得汉中。刘邦在封地休养生息，积聚力量，然后"明修栈道，暗度陈仓"，出其不意，很快平定三秦，从关中出兵，攻打西楚。项羽正在平定齐地，知道后，率三万兵回击，大败刘邦五十多万军队，刘邦仓皇逃走。汉三年，楚围刘邦于荥阳，情势危急，刘邦就与谋士郦食其商量对策。

郦食其，陈留人，是一位落魄书生，当地人都称他为狂生。刘邦率军过陈留时，他就追随刘邦了。他能言善辩，说服陈留投降。之后还游说齐王田广，"伏轼下齐七十城"。韩信攻打齐国，齐王以为是郦食其出卖了自己，就把他给烹杀了。

郦食其给刘邦的建议是重新恢复六国，如此一来，六国的君臣百姓肯定会感恩戴德，服从于汉，到那时，楚国也会来朝拜。刘邦很赞成，就让他赶快去办。郦食其还没出发，恰好张良来拜见刘邦。刘邦正在吃饭，看到张良来了，就把他叫到跟前说了郦食其刚才所提的建议。刘邦对张良是比较尊重的，所以对张良称呼字（张良，字子房），其他臣下一般都是直呼其名。张良听后，以为如果真的这样做，基本上就难成大事了。汉王赶紧问原因，张良将刘邦面前的一根筷子作为道具来说明当前的形势。

张良总共提出了"八不可"，可谓针针见血。综合来看，主要有四个方面：一，从军事实力上讲，汉没有十足的把握灭掉项羽。汤和周武王之所以分封敌国子孙，是因为他们已有足够的实力打败敌人，而汉则不行，甚至还比楚弱，一旦重立了六国后人，力量会更为分散，打败项羽就几不可为。二，从君主的才德方面说，汉王不及周武王。三，从现实情况看，武王灭商之后，可以刀枪入库，马放南山，而汉不可能做到这些。四，从获取人才上看，六国重立，六国的人才就会各自回去，汉岂不成了孤家寡人，没有人再能辅助汉去争夺天下。张良的"八不可"是在知古今不同、明当前形势下提出的，这和郦食其盲目信古、不顾实情形成了对比。

刘邦听后，马上停止吃饭，口中的食物也吐了出来，大骂郦食其，立刻让人销毁准备给六国后人的印。刘邦出身贫寒，没读过什么书，所以后人说"刘邦原来不读书"，因此他说话也就比较粗俗，像选文中就骂郦食其"竖儒"，还自称"而公"。其实郦食其在最初见刘邦时，刘邦就骂过他"竖儒"，可见刘邦对儒生非常看不起，更甚者，他还把那些前来拜见的儒生的帽子解下来，往里面尿尿，与人说话，也经常大骂儒生。统一天下之后，刘邦还是这种观念。陆贾常常在汉高祖面前说《诗经》《尚书》，高祖又是大骂："老子马上得天下，要《诗》《书》有什么用？"陆贾也不客气，反问道："马上能得天下，难道也可以马上治天下吗？"然后又举了很多例子，刘邦虽然不高兴，但听后觉得有理，就让陆贾写出文章，总结秦失天下、汉得天下以及古代国家成败得失的原因，陆贾写出后，高祖称赞不已。

张良是刘邦所称"三杰"之一，刘邦对他的评价是："运筹帷幄之中，决胜千里之外。"所以他在西汉建立的过程中扮演的是军师的角色，深谋远虑，精通兵法，据说他曾在下邳的桥上遇见位老人，从他那里得到了《太公兵法》。天下大定之后，张良基本上处于隐退的状态，但在阻止汉高祖废太子时起了很大的作用。司马迁曾经看到过张良的画像，原以为他长得魁梧伟岸，结果却"状貌类妇人好女"，所以太史公认为还是孔子说得对，不能以貌取人。

【扩展阅读】

导言：中国历史上有很多"吐哺"的人，多用来形容在上位者殷勤待士，刘邦的"吐哺"显然不属于这种，因殷勤待士而吐哺，最著名的是周公。

周公

周公吐哺

周公戒伯禽曰："我文王之子，武王之弟，成王之叔父，我于天下亦不贱矣。然我一沐三捉发，一饭三吐哺，起以待士，犹恐失天下之贤人。子之鲁，慎无以国骄人。"（《史记·鲁周公世家第三》卷三十三，第1224页）

二十一、周亚夫治军严整

【题解】

周亚夫是西汉开国功臣周勃之子,被汉文帝封为条侯,治军有方,有将帅才。七国之乱时,周亚夫以太尉之职率军击败吴、楚等叛军。

【原文】

文帝之后六年①,匈奴大入边②。乃以宗正刘礼为将军,军霸上③;祝兹侯徐厉为将军,军棘门④;以河内守亚夫为将军,军细柳⑤:以备胡。上自劳军。至霸上及棘门军,直驰入,将以下骑送迎。已而之细柳军,军士吏被甲,锐兵刃,彀弓弩⑥,持满。天子先驱至,不得入。先驱曰:"天子且至!"军门都尉曰:"将军令曰'军中闻将军令,不闻天子之诏'。"居无何,上至,又不得入。于是上乃使使持节诏将军:"吾欲入劳军。"亚夫乃传言开壁门。壁门士吏谓从属车骑曰:"将军约,军中不得驱驰。"于是天子乃按辔徐行。至营,将军亚夫持兵揖曰:"介胄之士不拜,请以军礼见。"天子为动,改容式车⑦。使人称谢:"皇帝敬劳将军。"成礼而去。既出军门,群臣皆惊。文帝曰:"嗟乎,此真将军矣!曩者霸上、棘门军⑧,若儿戏耳,其将固可袭而虏也。至于亚夫,可得而犯邪!"称善者久之。月余,三军皆罢。乃拜亚夫为中尉。(《史记·绛侯周勃世家第二十七》卷五十七,第2505~2506页)

【注释】

①文帝之后六年:公元前158年。　②入边:侵犯边境。　③霸上:地名,在今陕西西安市东南。　④棘门:地名,在今陕西咸阳市东北。　⑤细柳:地

名,在今陕西咸阳市西南渭河北岸。 ⑥彀(gòu)弓弩:张满弓弩。 ⑦式车:将身子伏在车前横木上。式通"轼",车前横木。 ⑧曩(nǎng):以往,从前。

【品读】

周亚夫是将门之后,有胆有识,治军严整。公元前158年,匈奴大举入侵边境,汉派刘礼、徐厉、周亚夫三位将军分别驻守霸上、棘门、细柳三地以作防御。皇帝亲自慰劳军队,到刘礼和徐厉的军营时,都是骑马快跑进入,将军和属下也都骑马送迎。等到细柳时,情形就完全不一样了。军中将士身披铠甲,手里握着锋利的兵器,张满着弓弩,天子的前导到了后,根本进不去军营。前导说:"天子马上要到了。"军门都尉的回答是:"将军下令:'军中只听将军军令,不听天子诏令。'"直到皇帝到来,也不得进,只好派使者持诏向将军说明来意后,周亚夫才打开了营门。进门之后,皇帝的从属人员也按照军规,不在军营内乘车马奔跑,文帝控着马缰绳徐徐前进。

从前导到来看到的景象到皇帝进入军营的过程描述,都给人一种肃穆的感觉,气氛非常凝重,而且还突出了一个"静"字。首先是皇帝未来之前,将士披甲执锐,军营自然是十分安静的;皇帝来之后,车马慢行,皇帝也不例外,原先安静的氛围并没有因为天子而被打破。司马迁通过如此肃穆凝重的环境描写,充分展现了周亚夫军队军纪严明的特点,这也和前座军两营形成了对比,使细柳军营更为突出。环境烘托完成之后,就需要人物出场了。

周亚夫出现时,一身戎装而且手持兵器,对皇帝只是拱手施礼,当然他也说明了原因。但有人认为周亚夫的做法是不恰当的,因为在天子未到时,前导不能进入是可以的,但天子已经进入军营,而且又不是临阵对敌的时刻,周亚夫却以军装为由,不行跪拜之礼。幸亏是汉文帝,如果遇到其他容易暴躁的皇帝,恐怕就会祸及自身。这也就是司马迁评价的"守节不逊"。汉文帝不仅没有责备周亚夫,还很感动,表情变得严肃起来,伏在车前横木向军队致敬。劳军的仪式完成后,离开了军营,群臣都很惊讶。皇帝对周亚夫非常赞赏,称其为"真将军"。

汉景帝时,周亚夫率军平定七国之乱,升为丞相。后来,因为他的儿子购买了皇家殉葬用的铠甲盾牌,被人告发,牵连到周亚夫,周亚夫被下监狱治罪,绝食五天,吐血而亡。

【扩展阅读】

导言:周亚夫死于监狱,他的父亲绛侯周勃也曾下狱,险些丧命,薄太后出面相救,才得以不死。

绛侯入狱

岁余,每河东守尉行县至绛,绛侯勃自畏恐诛,常被甲、令家人持兵以见之。其后人有上书告勃欲反,下廷尉。廷尉下其事长安,逮捕勃治之。勃恐,不知置辞。吏稍侵辱之。勃以千金与狱吏,狱吏乃书牍背示之,曰"以公主为证"。公主者,孝文帝女也,勃太子胜之尚之,故狱吏教引为证。勃之益封受赐,尽以予薄昭。及系急,薄昭为言薄太后,太后亦以为无反事。文帝朝,太后以冒絮提文帝,曰:"绛侯绾皇帝玺,将兵于北军,不以此时反,今居一小县,顾欲反邪!"文帝既见绛侯狱辞,乃谢曰:"吏方验而出之。"于是使使持节赦绛侯,复爵邑。绛侯既出,曰:"吾尝将百万军,然安知狱吏之贵乎?"(《史记·绛侯周勃世家第二十七》卷五十七,第2503~2504页)

二十二、伯夷、叔齐不食周粟

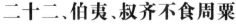

【题解】

列传是记载人臣事迹的。《伯夷列传》是《史记》列传部分的第一篇，文中对伯夷、叔齐的事迹做了简单记述，重在以此阐明作者的观点，其中很多议论都与司马迁自己的人生体验相关。

伯夷、叔齐采薇

【原文】

伯夷、叔齐，孤竹君之二子也①。父欲立叔齐，及父卒，叔齐让伯夷。伯夷曰："父命也。"遂逃去。叔齐亦不肯立而逃之。国人立其中子②。于是伯夷、叔齐闻西伯昌善养老③，盍往归焉。及至，西伯卒，武王载木主④，号为文王，东伐纣。伯夷、叔齐叩马而谏曰："父死不葬，爰及干戈，可谓孝乎？以臣弑君，可谓仁乎？"左右欲兵之。太公曰："此义人也。"扶而去之。武王已平殷乱，天下宗周，而伯夷、叔齐耻之，义不食周粟，隐于首阳山⑤，采薇而食之。及饿且死，作歌。其辞曰："登彼西山兮，采其薇矣。以暴易暴兮，不知其非矣。神农、虞、夏忽焉没兮,我安适归矣?于嗟徂兮,命之衰矣!"遂饿死于首阳山。由此观之,怨耶非耶?

或曰:"天道无亲,常与善人。"若伯夷、叔齐,可谓善人者非耶?积仁洁行如此而饿死。且七十子之徒,仲尼独荐颜渊为好学。然回也屡空⑥,糟糠不厌,而卒早夭。天之报施善人,其何如哉?盗跖日杀不辜⑦,肝人之肉⑧,暴戾恣睢⑨,聚党数千人横行天下,竟以寿终。是遵何德哉?此其尤大彰明较著者也。若至近世,操行不轨,专犯忌讳,而终身逸乐,富厚累世不绝。或择地而蹈之,时然后出言,行不由径,非公正不发愤,而遇祸灾者,不可胜数也。余甚或焉,傥所谓天道,是耶非耶?

子曰"道不同不相为谋"⑩,亦各从其志也。故曰"富贵如可求,虽执鞭之士,吾亦为之。如不可求,从吾所好"⑪。"岁寒,然后知松柏之后凋"⑫。举世混浊,清士乃见。岂以其重若彼,其轻若此哉?

"君子疾没世而名不称焉。"⑬贾子曰⑭:"贪夫徇财⑮,烈士徇名,夸者死权,众庶冯生。""同明相照,同类相求。""云从龙,风从虎,圣人作而万物睹。"⑯伯夷、叔齐虽贤,得夫子而名益彰。颜渊虽笃学,附骥尾而行益显。岩穴之士,趣舍有时若此,类名堙灭而不称⑰,悲夫!闾巷之人,欲砥行立名者,非附青云之士,恶能施于后世哉?(《史记·老子伯夷列传第一》卷六十一,第2569~2574页)

073

【注释】

①孤竹:古国名,在今河北省卢龙县东。　②中子:次子。　③西伯昌:周文王姬昌,商时为西伯侯。　④木主:灵牌。　⑤首阳山:具体所在难以确定,有说在今山西省永济市南,有说在今甘肃省陇西县,等等。　⑥屡空:经常处于贫困之中。　⑦盗跖(zhí):相传为春秋末期鲁国人,是个大盗。　⑧肝:作动词,像吃动物肝脏一样,形容残忍。另有人认为"肝"应作"脍"。脍,切肉成丝。　⑨恣睢:放纵任性。　⑩道不同不相为谋:出自《论语·卫灵公》。　⑪富贵如可求……从吾所好:出自《论语·述而》。　⑫岁寒,然后知松柏之后凋:出自《论语·子罕》。　⑬君子疾没世而名不称焉:出自《论语·卫

灵公》。 ⑭贾子：贾谊。 ⑮徇：同"殉"，为追求某种东西而不惜性命。
⑯贪夫徇财……；同明相照……；云从龙……：出自《易·乾·文言》。 ⑰堙
(yīn)灭：埋没。

【品读】

　　伯夷、叔齐的历史事迹到西汉时应该已经留存不多，但司马迁还是为他们立传并将其放在列传第一篇，其中的深意很耐人寻味。这篇传的写法和通常意义上的列传是不一样的。史书列传的主要内容是对传主一生事迹的叙述，虽然也有评论，却不占主体，而《伯夷列传》恰好相反，叙述是被议论包裹的。孔子曾经评论过伯夷、叔齐："伯夷、叔齐，不念旧恶，怨是用希。""求仁得仁，又何怨乎？"总之，就是他们"无怨"。司马迁对孔子是十分敬仰的，可在这里，太史公持不同的意见，主要是从他们没有收入《诗》的佚诗看出的。为了说明笔者的看法，下面先简要叙述二人的事迹：伯夷、叔齐是孤竹君的两个儿子，父亲本来想立叔齐为君主。父亲去世后，叔齐就想让给哥哥伯夷，因为伯夷是长子，按常理应该是伯夷继承爵位的，但伯夷认为父命如此，不可违背，就逃跑了。叔齐也不肯，也逃跑了。两人听说西伯姬昌能爱贤礼士，敬养老人，所以就去那里了。等他们到的时候，姬昌已死，儿子姬发载着父亲的灵位要去讨伐纣王。当时纣王还是天子，姬发是臣，况且父亲刚死，所以伯夷、叔齐就劝姬发不要去。当然，他们的话不会起什么作用，要不是太公，还险些丧命。周武王打败纣王，天下都归顺了周，但伯夷、叔齐却以之为耻，不吃周的粮食，隐居于首阳山，采野菜作为食物。等他们快要饿死的时候，作了一首歌。这首歌就是司马迁看到的佚诗，大概意思是表示对周的不满，因为在他们看来，周是采取暴力的手段夺取天下的，这是不对的。如今已经没有了神农、虞、夏，他们再也没有归宿了，只能感叹"命之衰矣"。"衰"不仅是说他们的生命即将结束，还暗指天命与世道。

　　司马迁接着问了一句："怨还是不怨呢？"其实已经很清楚了，他们当然怨，而不是孔子所认为的"不怨"。这与司马迁的认识是一致的，他认为《周

易》《春秋》《离骚》《诗经》三百篇等,都是圣贤"发愤"所作,"愤"就是愤怒、愤懑、怨恨,和"怨"的意思接近。

上面是孔子说的,下面又有人说:"天道是公正无私的,常常帮助善人。"如果这个说法有道理,那伯夷、叔齐还是不是善人呢?他们当然是善人,而且品行高洁,结果却是饿死的。天帮助善人了吗?孔子之徒三千,贤者七十二,其中颜渊是最好学的,但却经常处在贫困之中,食不果腹,早早就死了。上天给善人的报答,又是什么呢?读至此,真是让人感到太史公难以自抑的怨愤之情。天不帮助善人,会惩罚恶人吗?司马迁举例来说,盗跖每天都杀无辜的人,吃人肉,残暴至极,聚集数千人横行天下,竟然寿终正寝。这又是什么天理?到了近代(指司马迁所处的时代),那些没有操守、行为不轨、违法犯禁的人终生享受安逸快乐、富贵优厚的生活,世代不绝。而那些走路时选好地才迈步,应该说话的时候才说话,走路不走小道,不公正的事情不努力做的人却遇到了无妄之灾。这些历史上和现实中的事实摆在面前,让司马迁感到困惑了:天道还有是非吗?

司马迁说到的这两类人中的后一类人中,就有他自己。西汉名将李广之孙李陵奉汉武帝之命出征匈奴,但在一次战役中因为寡不敌众而被俘,最后投降。武帝知道后大怒,群臣也都归罪于李陵,武帝问司马迁的意见,司马迁认为李陵非常孝顺,有信义,在国家危难之时常常奋不顾身。而且他以不满五千的步兵独挡匈奴数万军队,英勇杀敌,虽然战败投降,但他之所以不死,可能是想在适当的时候再报答汉朝。可司马迁的仗义执言并没有说服皇帝,反而让自己遭受了腐刑。结合太史公的这段人生经历,就能明白他为什么质疑天道的公正了。

天道既然没有是非可言,那人生还要去追求道义还要坚持原则吗?面对如此的问题,有的人可能就会随波逐流,有的人却依然坚守,尽管代价可能是巨大的。司马迁选择后一种,他从孔子那里寻找到了支持。人各有志,不能勉强,只能各从其志,做好自己。在一个混浊不堪的世界里,高洁之士才被特别凸显,他的价值和意义也更为重大。孔子而外,孟子的话其实也可以支持太史公，孟子说："故天将降大任于斯人也，必先苦其心志，劳其筋骨，饿其体肤，空乏其身，行拂乱其所为，所以动心忍性，曾益其所不能。"(《孟子·告子下》，见杨伯峻：《孟子译注》，中华书局，1960，第276页)《史记》就是司马迁的大任，但他受的苦难还是太重了，在给任安写的信中就说："是以肠一日而九回，居则忽忽若有所亡，出则不知其所往。每念斯耻，汗未尝不发背沾衣也。"(司马迁：《报任少卿书》，见中华书局编辑部：《名家精译古文观止》，中华书局，1993，第199页)其情其景，岂能不让人感慨唏嘘。

司马迁最后还谈到"名"，引《论语》的话说君子痛恨死后名声不能流传。而名声的流传，一方面要君子自身是贤士，另一方面还要有像孔子一样的人称扬，否则也很难美名传于后世。司马迁在《报任少卿书》中解释自己为什么在遭受宫刑这样的奇耻大辱之后，还要苟活于世："所以隐忍苟活，幽于粪土之中而不辞者，恨私心有所不尽，鄙陋没世而文采不表于后世也。"(司马迁：《报任少卿书》，见中华书局编辑部：《名家精译古文观止》，中华书局，1993，第199页)这是希望自己的著作能够流传于后世，而不是随着肉身的死亡消逝在无尽的历史中。忍受痛苦灾难去追求此生此世根本看不到的名声，是为什么呢？

《史记》中有很多司马迁的影子，他在《史记》中写别人的时候，也把自己写进了历史。

【扩展阅读】

导言：伯夷、叔齐在后世常常被人提起，最著名的文章要算韩愈的《伯夷颂》了，在文中韩愈特别赞扬了伯夷"特立独行"的精神。

伯夷颂(节选)

士之特立独行，适于义而已，不顾人之是非，皆豪杰之士，信道笃而自知明者也。

伯夷

一家非之,力行而不惑者寡矣;至于一国一州非之,力行而不惑者,盖天下一人而已矣;若至于举世非之,力行而不惑者,则千百年乃一人而已耳;若伯夷者,穷天地亘万世而不顾者也。昭乎日月不足为明,崒乎泰山不足为高,巍乎天地不足为容也。(马其昶:《韩昌黎文集校注》卷一,上海古籍出版社,1986,第65页)

二十三、司马穰苴斩庄贾

【题解】

司马穰苴被任命为将军后，请求以景公的宠臣庄贾为监军。庄贾未按约定准时到达，司马穰苴不顾景公命令，依军法执行，将庄贾处斩。司马穰苴既严明了军纪，又树立了将军的威信。

【原文】

司马穰苴者，田完之苗裔也①。齐景公时，晋伐阿、甄②，而燕侵河上③，齐师败绩。景公患之。晏婴乃荐田穰苴曰："穰苴虽田氏庶孽④，然其人文能附众，武能威敌，愿君试之。"景公召穰苴，与语兵事，大悦之，以为将军，将兵扞燕晋之师。穰苴曰："臣素卑贱，君擢之闾伍之中，加之大夫之上，士卒未附，百姓不信，人微权轻，愿得君之宠臣国之所尊以监军，乃可。"于是景公许之，使庄贾往。穰苴既辞，与庄贾约曰："旦日日中会于军门。"穰苴先驰至军，立表下漏待贾⑤。贾素骄贵，以为将己之军而己为监，不甚急；亲戚左右送之，留饮。日中而贾不至。穰苴则仆表决漏⑥，入，行军勒兵，申明约束。约束既定，夕时，庄贾乃至。穰苴曰："何后期为？"贾谢曰："不佞大夫亲戚送之，故留。"穰苴曰："将受命之日则忘其家，临军约束则忘其亲，援枹鼓之急则忘其身。今敌国深侵，邦内骚动，士卒暴露于境，君寝不安席，食不甘味，百姓之命皆悬于君，何谓相送乎！"召军正问曰⑦："军法期而后至者云何？"对曰："当斩。"庄贾惧，使人驰报景公，请救。既往，未及反，于是遂斩庄贾以徇三军。三军之士皆振慄⑧。久之，景公遣使者持节赦贾⑨，驰入军中。穰苴曰："将在军，君令有所不受。"问军正曰:"军中不驰,今使者驰,云何?"正曰:"当斩。"使者大惧。穰苴曰:"君之使不可杀之。"乃斩其仆、车之左驸、马之左骖⑩,以徇三军。遣使者还报,然后行。士卒次舍井灶饮食,问疾医药,身自拊循之。(《史记·司马穰苴列传第四》卷六十四,第2611～2612页)

【注释】

①苗裔:后代。 ②阿、甄:地名,阿,在今山东阳谷东北阿城镇;甄(juàn),在今山东鄄城县北。 ③河上:黄河边上。 ④庶孽:姬妾生的孩子。 ⑤立表下漏:都是用来计时的,在太阳下立一根木杆,根据日影计算时间,木杆就叫表。下漏是铜壶滴漏,漏壶中的水下滴以标记时刻。 ⑥仆表决漏:拉倒木表,倒掉铜壶里的水。 ⑦军正:军中司法官。 ⑧振慄:颤抖。 ⑨节:符节。 ⑩驸、骖:驸,古代夹在车轮外旁的直木,每轮二木,用以增加车轮载重支力;骖,古代驾在车前两侧的马。

【品读】

司马穰苴是田完的后代,司马是官名,所以晏婴称他为田穰苴。田穰苴是婢妾所生,出身卑微。他如果想要出人头地,干一番大事业,必须要有特别的机缘,否则很难成功。当然,自身的素质是起决定作用的,也就是说机会是给有准备的人的。田穰苴之所以能被晏婴举荐,就是由于他突出的个人才能。晏婴给他的评价是:"文能附众,武能威敌",是位文武全才。田穰苴被推荐是因为齐国处于危难之中,在和晋、燕的战争中都失败了,齐景公为此而忧愁。当景公知道有这样一位人才时,就急忙把他找来谈论军事,对他的才能很欣赏,立即封他为将军,命其带兵抵御外国军队的侵犯。

由于出身卑贱,即使有君主破格任用,还是没有足够的威信,士卒不依附,百姓不信任,所以他请求景公派一位受君主宠爱的、国人尊重的大臣作监军。景公答应,派宠臣庄贾前往。田穰苴就和庄贾约定第二天日中时在军门前会齐。庄贾是景公宠臣,一贯骄横显贵,根本没把穰苴的话放在心里。第二天庄贾的亲戚朋友为其送行,留他喝酒,时间过了中午。穰苴估计早就料到庄贾不会按时到,所以他提前到了军门,摆上了计时的仪器,等待庄贾。时间一过,穰苴放倒木表,倒掉漏壶里的水,进入军营,开始整顿军队。傍晚的时候,庄贾才到,穰苴询问迟到的原因,庄贾做了简单的解释。在庄贾看来,迟到就迟到,穰苴不可能把他怎样,但结果完全出乎意料。穰苴义正词严的一段话,使庄贾没有辩解的余地。作为军队将领,应该要忘家、忘亲、忘身,岂可以亲戚朋友相送为由而不顾军令;作为大臣,在国家风雨飘摇之时,居然不以大局为重,玩忽职守。如此的行径,按照军法,当斩。庄贾这才害怕了,赶紧派人向景公求救,但还没等报告的人回来,庄贾已经被斩,还用他的人头巡示三军。三军将士看到后,吓得发抖。

田穰苴这么做,从一开始他来到军营计时到斩庄贾示众,都是一种"表演",是给三军将士看的,目的是为了提升自己的威望,让三军将士对他产生敬畏,从而更好地领导军队。

但这还不够,景公也被田穰苴安排在了他的"表演"中。景公派人拿着符节赦免庄贾,使者骑马冲入军营,但穰苴对君令也不听,因为"将在军,君令有所不受"。不仅如此,按照军法,骑马闯入军中也要被斩,但由于是君主的使者,不能杀,然而惩罚不能少,就斩了仆人,砍断了车左边的车杆,杀了左边驾车的马,并向三军展示。整个的"表演"可能都是在穰苴的计划之中的,在斩庄贾之后,再加入代表景公的使者,这就突出了将军在军队中的绝对权威,对于之后战场上军队的调度、军令的执行都是必要的。

三军的将帅,不仅要有威信,还要对士兵展示出仁慈的一面,所谓恩威并用。因此在行军的过程中,田穰苴平易近人,对于士兵的安营、饮食等都亲自过问,还把自己的粮食分给士兵,等到三日后率军前进时,连生病的人都要求跟着军队,争先恐后地要为他去战斗。至此,战前准备已经完成。最后,田穰苴不仅解了齐国之围,还收复了原来的土地。归国后,他被任命为大司马。

【扩展阅读】
　　导言:孙武以兵法著称于世,受到吴王阖庐的接见,吴王问他能否以兵法指挥妇人，孙武说："可以。"吴王就派出了一百八十位宫中美女，起初她们不受约束，吴王的爱姬在队伍中大笑，于是孙武斩杀吴王爱姬，众人震惊，一百多人的队伍很快就操练整齐了。

孙武斩吴王爱姬

于是许之，出宫中美女，得百八十人。孙子分为二队，以王之宠姬二人各为队长，皆令持戟。令之曰："汝知而心与左右手背乎？"妇人曰："知之。"孙子曰："前，则视心；左，视左手；右，视右手；后，即视背。"妇人曰："诺。"约束既布，乃设鈇钺，即三令五申之。于是鼓之右，妇人大笑。孙子曰："约束不明，申令不熟，将之罪也。"复三令五申而鼓之左，妇人复大笑。孙子曰："约束不明，申令不熟，将之罪也。既已明而不如法者，吏士之罪也。"乃欲斩左右队长。吴王从台上观，见且斩爱姬，大骇。趣使使下令曰："寡人已知将军能用兵矣。寡人非此二姬，食不甘味，愿勿斩也。"孙子曰："臣既已受命为将，将在军，君命有所不受。"遂斩队长二人以徇。用其次为队长，于是复鼓之。妇人左右前后跪起皆中规矩绳墨，无敢出声。（《史记·孙子吴起列传第五》卷六十五，第2617～2618页）

《史记》品读 司马穰苴斩庄贾

二十四、马陵之战

【题解】

> 马陵之战是中国古代军事史上的著名战役，孙膑利用庞涓轻敌的心理，在马陵设下伏兵，大败魏国军队。

【原文】

后十三岁①，魏与赵攻韩，韩告急于齐。齐使田忌将而往，直走大梁②。魏将庞涓闻之，去韩而归，齐军既已过而西矣。孙子谓田忌曰："彼三晋之兵素悍勇而轻齐③，齐号为怯，善战者因其势而利导之。兵法，百里而趣利者蹶上将④，五十里而趣利者军半至。使齐军入魏地为十万灶，明日为五万灶，又明日为三万灶。"庞涓行三日，大喜，曰："我固知齐军怯，入吾地三日，士卒亡者过半矣。"乃弃其步军，与其轻锐倍日并行逐之⑤。孙子度其行，暮当至马陵⑥。马陵道陕，而旁多阻隘，可伏兵，乃斫大树白而书之曰："庞涓死于此树之下。"于是令齐军善射者万弩，夹道而伏，期曰"暮见火举而俱发"。庞涓果夜至斫木下，见白书，乃钻火烛之。读其书未毕，齐军万弩俱发，魏军大乱相失。庞涓自知智穷兵败，乃自刭⑦，曰："遂成竖子之名！"齐因乘胜尽破其军，虏魏太子申以归。孙膑以此名显天下，世传其兵法。（《史记·孙子吴起列传第五》卷六十五，第2620～2621页）

【注释】

①后十三岁：南宋黄善夫本作"后十五年"。　②大梁：地名，在今河南省开封市西北。　③三晋：韩、赵、魏三家分晋为三国，史称三晋。　④蹶

(jué)：跌倒，这里指遭受挫折。　⑤倍日并行：两天的路并作一日走。　⑥马陵：地名，有多种说法，如今山东莘县、河北大名县等。　⑦自刭：用刀自割其颈自杀。

【品读】

　　孙膑是孙武的后人，据说曾经和庞涓一起向鬼谷子学习兵法。后来，庞涓到魏国被封为将军，但他因为自己的才能不如孙膑，心中嫉妒，就暗地里派人把孙膑请来，假借罪名，砍断了他的双脚，还在脸上刺字，把他藏起来。齐国的使者到大梁，孙膑以罪犯的身份秘密会见，使者被说服，就偷偷把孙膑带到了齐国。齐国将军田忌很欣赏他，把他当宾客对待。因为在赛马中孙膑的出色表现，田忌就把孙膑举荐给了齐威王，威王向他询问兵法，并尊其为师。

　　公元前354年，魏国攻打赵国，情势危急，赵国向齐国求救，齐威王想任命孙膑为将军，但孙膑以自己是受刑之人推辞，于是威王任命田忌为将军，孙膑为军师，率军去救赵。在孙膑的建议下，齐国军队直逼魏国的大梁，魏军只能急忙撤离赵国国都邯郸，返回救魏，结果与齐国在桂陵展开了大战，魏军战败。这就是有名的桂陵之战，孙膑采取的战法是"围魏救赵"，显示了其高超的军事才能。

　　公元前341年，魏国联合赵国攻打韩国，韩向齐国求救。齐国仍旧以田忌为将，还和十三年前一样，直接进军大梁。庞涓听到消息后，就把军队从韩国撤回来，这时齐国军队已经越过边界向西进发了。庞涓和孙膑早就相识，因此孙膑对庞涓很了解，所用的兵法也都是在知己知彼的情形下使用的。从两国军队的特点上来看，魏军强悍勇猛，齐军被认为胆怯，所以轻视齐军；从兵法上说，急驰百里去争利，主将可能会受挫，急驰五十里去争利，军队只有一半能到。鉴于此，齐军就采取减灶法，迷惑魏军，让他们真的以为齐军胆小，畏惧魏军。庞涓看到这些，非常高兴，因为和他的预料是一致的，所以他没有怀疑齐军是故意如此。事情的发展完全在孙膑的掌握之中。庞涓为了能追上齐军，就带着轻装精锐部队昼夜兼程。孙膑预计庞涓会晚上到马陵，马陵道路狭窄,两旁是险要地带,适合伏兵。于是就让人把大树的树皮去掉,在漏出的白木上写字:"庞涓死于此树之下。"周围埋伏了数以万计的弓箭手,命令他们一看见晚上有人在此点火就射箭。不出所料,庞涓如期而至,点火看树上的字,还没等到他读完,齐军万箭齐发,魏军大乱。庞涓无力回天,兵败在所难免,只好自杀。魏军大败,魏太子被俘虏,孙膑由此扬名天下。

　　分析马陵之战,孙膑运用的其实是所谓的"心理战"。战前,他根据两军的军队状况,提出要因势利导,而其关键就在于心理,为了达成这个目的,他又采取减灶的办法,让庞涓心中对齐军胆怯的原本印象更为深入,这些都完全符合庞涓的心理期待,因此他不会想到这是孙膑的计谋。由于庞涓已经认定齐军不堪一击,所以就率少量军队追赶,而忽略了战争中非常重要的地形,即使是马陵这样极其容易被伏击的地方,他也没有防备,一步步按照孙膑的安排到了大树前。庞涓最后自杀,"智穷兵败"是一方面的原因,此外,他和孙膑之间的恩怨也使得他不得不自杀。

　　发生在历史中的事其实经常会以另外的样子再次出现,生活中我们也会遇到很多事情,本来中间有很多问题需要考虑,但由于它完全符合此时此地人们的心理,而且和过往的印象也是合拍的,导致我们会忽略眼前的事实而去相信心里的感觉,"跟着感觉走",最后带来一些不必要的烦恼,相信"心",结果反而被自己的"心"欺骗了。

【扩展阅读】

　　导言:《战国策·南梁之难》也记载了马陵之战,但重点不同,可以比较阅读。

　　南梁之难,韩氏请救于齐。田侯召大臣而谋曰:"早救之,孰与晚救之便?"张丐对曰:"晚救之,韩且折而入于魏,不如早救之。"田臣思曰:"不可。夫韩、魏之兵未弊,而我救之,我代韩而受魏之兵,顾反听命于韩也。且夫魏有破韩之志,韩见且亡,必东愬于齐。我因阴结韩之亲,而晚承魏之弊,则国可重,利可得,名可尊矣。"田侯曰:"善。"乃阴告韩使者而遣之。韩自以专有齐国,五战五不胜,东愬于齐,齐因起兵击魏,大破之马陵。魏破韩弱,韩、魏之君因田婴北面而朝田侯。(《战国策·齐策》卷八,四部丛刊本)

二十五、赵良见商君

【题解】

> 商鞅变法是秦国历史上的重大事件，影响深远，虽然最后商鞅惨死，但变法却是成功的。选文中秦国隐士赵良劝告商鞅，但由于各种原因，商鞅不听，结果五个月后就大难临头了。

【原文】

商君相秦十年，宗室贵戚多怨望者①。赵良见商君②。商君曰："鞅之得见也，从孟兰皋，今鞅请得交，可乎？"赵良曰："仆弗敢愿也③。孔丘有言曰：'推贤而戴者进④，聚不肖而王者退。'仆不肖，故不敢受命。仆闻之曰：'非其位而居之曰贪位，非其名而有之曰贪名。'仆听君之义，则恐仆贪位贪名也。故不敢闻命。"商君曰："子不说吾治秦与？"赵良曰："反听之谓聪，内视之谓明，自胜之谓强。虞舜有言曰：'自卑也尚矣。'君不若道虞舜之道，无为问仆矣。"商君曰："始秦戎翟之教⑤，父子无别，同室而居。今我更制其教，而为其男女之别，大筑冀阙⑥，营如鲁、卫矣。子观我治秦也，孰与五羖大夫贤⑦？"赵良曰："千羊之皮，不如一狐之掖⑧；千人之诺诺⑨，不如一士之谔谔⑩。武王谔谔以昌，殷纣墨墨以亡⑪。君若不非武王乎，则仆请终日正言而无诛，可乎？"商君曰："语有之矣，貌言华也，至言实也，苦言药也，甘言疾也。夫子果肯终日正言，鞅之药也。鞅将事子，子又何辞焉！"赵良曰："夫五羖大夫，荆之鄙人也⑫。闻秦缪公之贤而愿望见，行而无资，自粥于秦客，被褐食牛。期年，缪公知之，举之牛口之下，而加之百姓之上，秦国莫敢望焉。相秦六七年，而东伐郑,三置晋国之君,一救荆国之祸。发教封内,而巴人致贡;施德诸侯,而八戎来服⑬。由余闻之,款关请见⑭。五羖大夫之相秦也,劳不坐乘,暑不张盖⑮,行于国中,不从车乘,不操干戈,功名藏于府库,德行施于后世。五羖大夫死,秦国男女流涕,童子不歌谣,舂者不相杵⑯。此五羖大夫之德也。今君之见秦王也,因嬖人景监以为主⑰,非所以为名也。相秦不以百姓为事,而大筑冀阙,非所以为功也。刑黥太子之师傅⑱,残伤民以骏刑⑲,是积怨畜祸也。教之化民也深于命,民之效上也捷于令。今君又左建外易⑳,非所以为教也。君又南面而称寡人,日绳秦之贵公子。《诗》曰:'相鼠有体,人而无礼;人而无礼,何不遄死。㉑'以《诗》观之,非所以为寿也。公子虔杜门不出已八年矣,君又杀祝懽而黥公孙贾。《诗》曰:'得人者兴,失人者崩。㉒'此数事者,非所以得人也。君之出也,后车十数,从车载甲,多力而骈胁者为骖乘㉓,持矛而操阘戟者旁车而趋㉔。此一物不具,君固不出。《书》曰:'恃德者昌,恃力者亡。㉕'君之危若朝露,尚将欲延年益寿乎?则何不归十五都,灌园于鄙,劝秦王显岩穴之士,养老存孤,敬父兄,序有功,尊有德,可以少安。君尚将贪商、於之富,宠秦国之教,畜百姓之怨,秦王一旦捐宾客而不立朝㉖,秦国之所以收君者,岂其微哉?亡可翘足而待。"商君弗从。(《史记·商君列传第八》卷六十八,第2700~2701页)

【注释】

①怨望:怨恨。　②赵良:秦国隐士。　③仆:赵良自称。　④戴者:爱民且有才能的人。　⑤戎翟:对少数民族的称谓。翟,通"狄"。　⑥冀阙:古时宫廷外的门阙。　⑦五羖大夫:百里奚。　⑧掖:通"腋",狐狸腋下的皮制成的衣服最轻暖。　⑨诺诺:随声附和。　⑩谔谔:直言争辩。　⑪墨墨:通"默默"。　⑫荆:指楚国。　⑬八戎:泛指当时的少数民族。　⑭款关:叩关。　⑮盖:伞盖。　⑯舂:捣米。　⑰嬖人:君主所宠幸的臣子。　⑱黥:在脸上刺字的刑罚。　⑲骏:通"峻",严峻。　⑳建外易:所建的事和所变的法都是违背道理的。　㉑相鼠有体,人而无礼;人而无礼,何不遄死:出自《诗·鄘风·相鼠》。　㉒得人者兴,失人者崩:《诗经》中现在没有这句,可能是

逸诗。 ㉓骈胁:肋骨相连,这里形容肌肉发达的人。 ㉔鎩(sà):通"铩",短小的矛。 ㉕恃德者昌,恃力者亡:出自《尚书》,但不见于我们现在能看到的《尚书》。 ㉖捐:抛弃。捐宾客是说秦王去世。

【品读】

在秦国的历史上,卫鞅是至关重要的,但他并不是秦国人,他本是卫国人,所以叫卫鞅,姓公孙,又称公孙鞅,后因为封地在商,又叫商鞅。卫鞅年轻时,喜欢刑名法术之学,侍奉魏国相国公叔座做了中庶子的官。公叔座知道卫鞅才能出众,但还没来得及举荐,他自己就病了。魏惠王亲自来探病,并且向他询问谁能够替相国治理国家,公叔座推荐了卫鞅,而且要全国上下都听他的,魏惠王听后沉默不语。惠王要走的时候,公叔座让周围人都下去,只留下惠王,建议他,如果不用卫鞅,就杀了他。惠王答应了。公叔座把这件事告诉了卫鞅,让他赶紧逃走,卫鞅认为魏惠王不会杀他的,没逃。果然,魏惠王以为公叔座病得严重,糊涂了,根本没理睬相国的话。公叔座死后,卫鞅听说秦孝公下令在国中寻找有才能的人,就离开魏国,去了秦国。

卫鞅通过宠臣景监见到了秦孝公,前两次的谈话让秦孝公很不满,第三次时受到了孝公的称赞,但也没任用,等第四次再见孝公时,两人相谈甚欢,说了好几天都不知道疲倦。卫鞅被孝公任用为左庶长,开始实行变法。经过五年的时间,秦国富强,诸侯都来朝贺。

孝公二十一年(前341),马陵之战中魏国大败,秦国乘机进攻魏国,魏国派公子卬率军迎战。卫鞅骗公子卬说要与其订立盟约,但当公子卬来参加会盟时却遭到了秦国军队的突然袭击。秦军俘虏了公子卬,然后攻打魏军,大胜而回。魏国由于先后败给齐、秦,国家已经非常虚弱,就把河西的土地献给了秦国,魏国国都也从安邑迁到了大梁。卫鞅功劳很大,孝公赐给他於、商十五邑,称商君。

商鞅担任秦相十年,变法损害了秦国宗室(国君的亲属)的利益,如变法中有规定:宗室如果没有军功,就不能进入族谱。这使得他们对商鞅充满怨恨。秦国的一位隐士赵良来见商鞅（这并不是他有求于商鞅，而是商鞅想见他，还想和他结交，然而却遭到了赵良的婉拒），商鞅问道："您不满意我治理的秦国吗？"赵良没有直接回答，只是说："能够自问叫作聪，能够反省叫作明，能够克制自己叫作强。"还引用了虞舜的话，强调虚心才能得到人们的尊重。赵良提出这些，说明商鞅没有做到聪、明、强，也不谦虚，下面的内容就能解释赵良为什么说这些话。商鞅紧接着说自己在秦国的功绩，主要有两样：变风俗，筑魏阙，使得秦国更加进步文明。所以他就问："他和五羖大夫百里奚相比，谁更贤能？"

百里奚是秦缪公时的贤臣，因为他是被缪公用五张羊皮换回来的，所以称五羖大夫，他的功绩，赵良做了简短的介绍和评价。赵良在比较商鞅和百里奚之前，特意征求了商鞅的意见，让不要怪罪他的直言。赵良的这两句话虽然只是为后面要说的做铺垫，但确实是很有见地的，在后世经常被人引用："千羊之皮，不如一狐之掖。千人之诺诺，不如一士之谔谔。"赵良比较两人，以百里奚为贤，原因是百里奚有"德"，具体内容是：百里奚在担任秦国的相国期间，秦国偷袭郑国失败，百里奚反对这次战争，三次立晋国的国君，一次阻止了楚国的北上。在国内施行教化，巴国人都来纳贡；德行影响到诸侯，四方夷狄也前来归附。逃到西戎的由余（本是晋国人）听到这个消息后前来投奔。从个人来看，百里奚即使劳累，也不乘车；天气很热的时候也不张伞盖，在都城中行走时，没有跟从的车辆，没有拿着兵器护卫的士兵。他的功名被史书记载，德行流传到后世。他去世后，举国哀痛。可见百里奚不论是在国家还是个人，都以"德"为上。商鞅的做法几乎和百里奚相反，他见秦王，是通过宠臣景监，而不是被秦王发现，因此谈不上什么名望。担任相国之后，不重视百姓的利益，而大筑魏阙，也就说不上功业。对太子的师傅施加刑罚，用严刑峻法残暴地对待百姓，是在积累怨恨，埋下祸端。他的命令超过了君主，还采取一些不正当的手段改变君主的命令，如此一来，还称得上什么教化。此外，商鞅位高权重，用新法制裁秦国贵族，从《诗经》来看，恐怕长寿也谈不上。之后，赵良还指出，商鞅杀祝欢，对公孙贾处墨刑，出门要有护卫，等等。

这些都说明商鞅已经处在危在旦夕的情势下,哪里还谈得上什么延年益寿?赵良建议商鞅归还十五邑,找个僻静的地方种种地,并劝秦王任用隐居的贤士,赡养老人,照顾孤儿,尊敬父兄,叙用有功的人,尊重有德的人,这样做可能会稍微安全些。否则,如果继续贪恋富贵权势,积蓄怨恨,一旦秦王去世,商鞅的死期就不远了。商鞅没有听赵良的忠告。五个月后,秦孝公去世,太子即位,有人告商鞅谋反。商鞅逃跑,但无论是国内还是国外,没人敢收留他,最后落得个五马分尸的下场,他的家人也全部被杀。

赵良的劝告当然是有道理的,商鞅没有听,首先是思想观念不同所导致的。商鞅喜好刑名法术,属于法家人物,治理国家不以古代为法,强调权力的力量,对于道德则不是很重视。赵良在和商鞅的谈话中,提到虞舜、武王、孔子、《诗经》、《尚书》等,又劝商鞅归隐,所以赵良可能信服儒家,还有点道家的观念,因此商鞅是很难听进去赵良的建议的。其次,商鞅也可能确实有贪图名位的想法,看到秦国在自己的治理下非常富强,就不免被成功迷惑,看不到潜在的危险。

对商鞅的评价,司马迁从性格方面分析他,认为他刻薄少恩,最后落得恶名,也是由于此。但不可否认的是,商鞅变法对秦国而言是成功的,秦国的强大直至最后统一天下都有商鞅的功劳,商鞅虽死,但他制定的制度一直延续下去,而且不止于秦朝,所以宋代学者叶适说:“凡行于后世者,增损厚薄,微有不同,大抵皆鞅之遗术也。”(《习学记言序目》卷二十,中华书局,1977,第284页)可见商鞅变法在历史上的影响是多么深远。

【扩展阅读】

导言:先秦变法中,除秦国商鞅变法外,著名的还有楚国吴起变法。楚悼王任用吴起为相,通过一系列改革使楚国强大,但楚国的贵族也对吴起充满怨恨。楚悼王死后,吴起被杀。

吴起变法被杀

楚悼王素闻起贤，至则相楚。明法审令，捐不急之官，废公族疏远者，以抚养战斗之士。要在强兵，破驰说之言从横者。于是南平百越；北并陈、蔡，却三晋；西伐秦。诸侯患楚之强。故楚之贵戚尽欲害吴起。及悼王死，宗室大臣作乱而攻吴起，吴起走之王尸而伏之。击起之徒因射刺吴起，并中悼王。悼王既葬，太子立，乃使令尹尽诛射吴起而并中王尸者。坐射起而夷宗死者七十余家。（《史记·孙子吴起列传第五》卷六十五，第2624～2625页）

二十六、少年甘罗成上卿

【题解】

    十二岁的甘罗自告奋勇去替文信侯说服张唐到燕国出任相国，又对楚王晓以利害，不费吹灰之力取得赵国五城，扩大了秦国在河间地区的领土，立功而返，被封为秦国少卿。

【原文】

    秦始皇帝使刚成君蔡泽于燕，三年而燕王喜使太子丹入质于秦①。秦使张唐往相燕，欲与燕共伐赵以广河间之地②。张唐谓文信侯曰："臣尝为秦昭王伐赵，赵怨臣，曰：'得唐者与百里之地。'今之燕必经赵，臣不可以行。"文信侯不快，未有以强也。甘罗曰："君侯何不快之甚也？"文信侯曰："吾令刚成君蔡泽事燕三年，燕太子丹已入质矣，吾自请张卿相燕而不肯行。"甘罗曰："臣请行之。"文信侯叱曰："去！我身自请之而不肯，女焉能行之？③"甘罗曰："大项橐生七岁为孔子师④。今臣生十二岁于兹矣，君其试臣，何遽叱乎⑤？"于是甘罗见张卿曰："卿之功孰与武安君⑥？"卿曰："武安君南挫强楚，北威燕、赵，战胜攻取，破城堕邑，不知其数，臣之功不如也。"甘罗曰："应侯之用于秦也，孰与文信侯专？"张卿曰："应侯不如文信侯专。"甘罗曰："卿明知其不如文信侯专与⑦？"曰："知之。"甘罗曰："应侯欲攻赵，武安君难之，去咸阳七里而立死于杜邮。今文信侯自请卿相燕而不肯行，臣不知卿所死处矣。"张唐曰："请因孺子行⑧。"令装治行。

    行有日⑨，甘罗谓文信侯曰："借臣车五乘，请为张唐先报赵。"文信侯乃入言之于始皇曰："昔甘茂之孙甘罗，年少耳，然名家之子孙，诸侯皆闻之。今者张唐欲称疾不肯行，甘罗说而行之。今愿先报赵，请许遣之。"始皇召见，使甘罗于赵。赵襄王郊迎甘罗。甘罗说赵王曰："王闻燕太子丹入质秦欤？"曰："闻之。"曰："闻张唐相燕欤？"曰："闻之。""燕太子丹入秦者，燕不欺秦也。张唐相燕者，秦不欺燕也。燕、秦不相欺者，伐赵，危矣。燕、秦不相欺无异故⑩，欲攻赵而广河间⑪，请归燕太子，与强赵攻弱燕。"赵王立自割五城以广河间。秦归燕太子。赵攻燕，得上谷三十城⑫，令秦有十一。

甘罗还报秦，乃封甘罗以为上卿，复以始甘茂田宅赐之。（《史记·樗里子甘茂列传第十一》卷七十一，第2802～2803页）

【注释】

①质：人质。　②河间：地名，在今河北献县一带。　③女：通"汝"，你。　④项橐(tuó)：春秋时代鲁国神童。　⑤遽：立刻，马上。　⑥武安君：秦国名将白起。　⑦与：通"欤"，表疑问。　⑧孺子：小孩子。　⑨有日：预定的日期快到了。　⑩异故：其他的原因。　⑪赍：拿东西送人。　⑫上谷：燕国郡名，在今河北省西北部。

【品读】

甘罗是甘茂的孙子。甘茂本来是秦国的大臣，被人谗言诋毁，到齐国任上卿。在他出使楚国时，秦国想让楚国送回甘茂，楚国出于自身利益没有答应，甘茂最后死于魏国。甘罗可谓名门之后。甘罗十二岁的时候就开始侍奉秦相文信侯吕不韦。吕不韦原来是个大商人，非常富有，他发现秦国公子子楚是姬妾所生，不受喜爱，在赵国做人质。赵国对子楚不以礼相待，日常用度都比较紧缺，吕不韦觉得这是个好机会，所谓"奇货可居"。之后在吕不韦的帮助下，子楚为太子，即位为庄襄王，吕不韦就被任命为丞相，封文信侯，食邑十万户。庄襄王之子秦始皇嬴政即位后，尊吕不韦为相国，号称"仲父"。

秦始皇派蔡泽出使燕国，三年之后，燕王使太子丹到秦国做人质。秦国准备让张唐去燕国当丞相，想与燕国联合讨伐赵国来扩大河间地区。但张唐由于曾经攻打过赵国，与赵国结怨，现在要到燕国就必然经过赵国，所以张唐不愿去。吕不韦尽管不高兴，但也没有勉强。甘罗看到文信侯不高兴，就问因为什么，吕不韦把这件事告诉了甘罗。出人意料的是甘罗自告奋勇，要去劝说张唐到燕国。文信侯一听，大怒。文信侯之所以反应激烈，当然因为他才是个十二岁的孩子，说出这样的话太狂妄自大。甘罗并没有因叱责而退却，他以项橐七岁就当孔子的老师为例，据理力争。吕不韦被说服，于是甘罗就去见张唐。问了两个问题，前一个问题为后一个问题做铺垫，让张唐明白自己的处境。甘罗的说辞其实更像是一种威胁，如果张唐不去燕国，他的结局就有可能和白起一样。可以想象，张唐听罢，估计出了一身冷汗。因此赶紧收拾行李，准备出发。

出发日期快到的时候，甘罗请求文信侯给他五辆车子，他要先去替张唐向赵国通报。文信侯向秦始皇说明了情况，实际是在举荐甘罗，请求皇帝准许甘罗的请求。皇帝召见了甘罗，派他出使赵国。赵王很尊重秦国使者，亲自到郊外迎接。甘罗依旧问了两个问题，这是明知故问，只是为了说出后面的话。甘罗指出，秦、燕联合，其目的是想扩大河间地区。赵王如果送给秦国五个城，扩大了河间一带，秦国就让燕太子回去，然后秦、赵联合进攻燕国。赵王听说后，立即割地给秦国，秦国也如约送回了燕太子。赵国攻打燕国，取得了上谷的三十城，把其中十一城送给了秦国。

甘罗回到秦国，被封为上卿，秦王还把以前他祖父甘茂的田宅赐给了他。

司马迁评价甘罗："虽非笃行之君子，然亦战国之策士也。"可以说非常准确。甘罗说服张唐和赵王其实都是威胁，前者以生命安危，后者以国家安危迫使对方听从。在要求赵王割地给秦国时，燕国被出卖，两个强国的合谋使得燕国丢失了三十城。战国时代是弱肉强食的时代，国与国之间都是利益关系，并无道德可言，我们对甘罗的行事应放在这个时代背景下评价和认识。

　　导言:建功立业、名留青史与年龄没有必然的关系,有的人人生尽管很短暂,好像流星划过天空一样匆忙,但历史仍然会记住他们。夏完淳是明亡后的抗清义士,十四岁时就跟随父亲夏允彝、陈子龙抗清,英勇就义时年仅十七岁。下面选一首他被清兵逮捕时写下的一首诗。

别云间

三年羁旅客,今日又南冠。

无限河山泪,谁言天地宽?

已知泉路近,欲别故乡难。

毅魄归来日,灵旗空际看。

（白坚:《夏完淳集笺校·别云间》卷五,上海古籍出版社,1991,第260页）

二十七、长平之战

【题解】

长平之战是战国时期著名的一场战役，赵国用只会纸上谈兵的赵括代替了名将廉颇，最后大败。秦将白起坑杀了四十万投降士兵，赵国损失惨重，国力大不如前。

【原文】

四十七年^①，秦使左庶长王龁攻韩，取上党^②。上党民走赵。赵军长平^③，以按据上党民^④。四月，龁因攻赵。赵使廉颇将。赵军士卒犯秦斥兵^⑤，秦斥兵斩赵裨将茄^⑥。六月，陷赵军，取二鄣四尉^⑦。七月，赵军筑垒壁而守之。秦又攻其垒，取二尉，败其阵，夺西垒壁。廉颇坚壁以待秦，秦数挑战，赵兵不出。赵王数以为让^⑧。而秦相应侯又使人行千金于赵为反间^⑨，曰："秦之所恶，独畏马服子赵括将耳，廉颇易与^⑩，且降矣。"赵王既怒廉颇军多失亡，军数败，又反坚壁不敢战，而又闻秦反间之言，因使赵括代廉颇将以击秦。秦闻马服子将，乃阴使武安君白起为上将军，而王龁为尉裨将，令军中有敢泄武安君将者斩。赵括至，则出兵击秦军。秦军佯败而走，张二奇兵以劫之^⑪。赵军逐胜，追造秦壁。壁坚拒不得入，而秦奇兵二万五千人绝赵军后，又一军五千骑绝赵壁间，赵军分而为二，粮道绝。而秦出轻兵击之。赵战不利，因筑壁坚守，以待救至。秦王闻赵食道绝，王自之河内^⑫，赐民爵各一级，发年十五以上悉诣长平^⑬，遮绝赵救及粮食。至九月，赵卒不得食四十六日，皆内阴相杀食。来攻秦垒，欲出。为四队，四五复之，不能出。其将军赵括出锐卒自搏战,秦军射杀赵括。括军败,卒四十万人降武安君。武安君计曰:"前秦已拔上党,上党民不乐为秦而归赵。赵卒反覆⑭,非尽杀之,恐为乱。"乃挟诈而尽阬杀之,遗其小者二百四十人归赵。前后斩首虏四十五万人。赵人大震。(《史记·白起王翦列传第十三》卷七十三,第2819~2822页)

【注释】

　　①四十七年:公元前260年。　②上党:地名,在今山西东南部。　③长平:地名,在今山西省高平市西北。　④按据:安抚。　⑤斥兵:侦察兵。⑥裨将:副将。　　⑦鄣、尉:鄣通"障",城堡。尉,低于将军的武官名。⑧让:责备。　⑨反间:进入敌方内部活动,使起内讧。　⑩易与:容易对付。　⑪张:安排。⑫之:到。⑬诣:往。⑭反覆:反复无常。

【品读】

　　长平之战的起因要追溯至秦昭王四十五年。这一年,秦将白起征伐韩国的野王(在今河南省青阳县),野王投降了秦国,导致韩国通往上党的道路断绝了。上党郡守冯亭与百姓商议后,决定归附赵国,如此一来,秦国恼怒,就会攻打赵国。赵国遇到秦国进攻,必定和韩国联合,赵、韩联盟就可以抵挡秦国了。赵国方面,平阳君赵豹认为不能接受,否则会惹祸上身;平原君赵胜以为无故得到一郡,还是接受了好。最终,赵国接受了上党。

　　果然,四十七年的时候,秦国派左庶长王龁进攻韩国,取得了上党。上党的百姓都往赵国跑,赵国军队驻扎在长平安抚百姓。四月,王龁攻打赵国。赵国的将领是廉颇。廉颇是赵国名将,也是率军抵抗秦军最合适的人选,因为此时赵奢已死,蔺相如病重,能够担此重任的也就只有廉颇了。战争的开局对赵国很不利,赵国军队遇到秦军的侦察兵,居然被秦军斩杀了赵军的副将,这使赵军在心理上已经落了下风。六月份,秦军攻入赵军,夺去了两座城,杀了四名尉官。赵军只能采取坚守的战法。秦军又进攻赵军,赵国依旧战败。廉颇坚守不出,秦军多次挑战,赵军也不出战。赵王看到赵国战败多次,廉颇又不敢出兵,所以多次责备廉颇。其实,赵国虽然失败,但并没有太大的损失，主力军队也在。秦军无法再进攻，于是秦相应侯范雎就派人带着千金到赵国实施反间计，散布流言说："秦国憎恨和害怕的只是赵奢之子赵括为将，廉颇容易对付，他快投降了。"赵王本来对廉颇不满，现在又听到这话，就真的让赵括代替了廉颇。赵括的父亲是马服君赵奢，赵奢曾率军大破秦军，在赵国与蔺相如、廉颇地位相等。他的儿子赵括从小时候就开始学兵法，说起来是滔滔不绝，头头是道，但没有实际经验，只是纸上谈兵。秦国知道赵括的情形，所以才想尽办法要赵括当将军。而秦国这边，也悄悄更换了主将，以武安君白起为上将军，为了不使赵国生疑，还规定不能将此事泄露出去。

赵括到达军营后，率军攻打秦军，秦军假装战败逃跑，其实是设下了圈套，等赵括自己进来。赵军追到秦军营垒的时候，攻不下，但这时想撤退已经来不及了，秦军已经断了赵军的后路，还把赵军一分为二，断了赵军的粮道。秦军出兵攻打，赵国难以战胜，于是建造壁垒坚守，等待救援。秦王知道赵军粮道断绝后，亲自到河内，赏赐百姓各一级爵位，征调十五岁以上者都到长平，阻断赵国的救兵和粮食。到九月份，赵军兵卒有四十六天没吃饭，军队中出现了人吃人的情况。赵军为了突围去攻打秦军的营垒，但没能成功。将军赵括亲自出战，被秦军射杀，赵军四十万人投降。白起怕赵军反复无常，就阴谋坑杀了投降士兵，只放回了弱小者二百四十人。长平之战，秦国斩杀俘虏四十五万人，赵国元气大伤，有"赵壮者尽于长平"（赵国的壮丁全部死于长平之战）之说。赵国大败，第二年，秦军兵围都城邯郸，幸亏有楚、魏相救，才得以解围。

长平之战对赵国的打击是毁灭性的，赵国军队的战斗力不如秦，是一方面的原因，另一方面的原因是主将战法的失误。赵括不估计敌方实力，贸然出兵，陷入敌人圈套，之后又束手待毙，一直等到粮食断绝四十多天后又想舍命一搏，结果可想而知，不仅他被杀死，还导致赵国损失四十万军队，险些亡国。另外，赵王不能做到用人不疑，听信谣言，用毫无指挥经验的赵括代替廉颇，更是赵国最大的失误。反观秦国，除了军事上，应侯还使用了反间计，秦王也征调人员堵塞赵国粮道，各种手段互相配合，君臣一心，最后才取得胜利。

【扩展阅读】

　　导言：赵括"纸上谈兵"成了家喻户晓的成语，比喻只会夸夸其谈而不能解决实际的问题。《史记》对此有记载。

纸上谈兵

　　赵括自少时学兵法，言兵事，以天下莫能当。尝与其父奢言兵事，奢不能难，然不谓善。括母问奢其故，奢曰："兵，死地也，而括易言之。使赵不将括即已，若必将之，破赵军者必括也！"（《史记·廉颇蔺相如列传第二十一》卷八十一，第2951页）

二十八、鸡鸣狗盗

【题解】

> "战国四公子"之一的孟尝君被困秦国,生命危在旦夕,幸亏门客中有人能狗盗和鸡鸣,帮他脱离了危险的处境。这个故事在后世被概括为一个成语:鸡鸣狗盗。

【原文】

　　齐湣王二十五年①,复卒使孟尝君入秦②,昭王即以孟尝君为秦相。人或说秦昭王曰:"孟尝君贤,而又齐族也③,今相秦,必先齐而后秦,秦其危矣。"于是秦昭王乃止。囚孟尝君,谋欲杀之。孟尝君使人抵昭王幸姬求解④。幸姬曰:"妾愿得君狐白裘。"此时孟尝君有一狐白裘,直千金⑤,天下无双,入秦献之昭王,更无他裘。孟尝君患之⑥,遍问客,莫能对。最下坐有能为狗盗者⑦,曰:"臣能得狐白裘。"乃夜为狗,以入秦宫臧中⑧,取所献狐白裘至,以献秦王幸姬。幸姬为言昭王,昭王释孟尝君。孟尝君得出,即驰去,更封传⑨,变名姓以出关。夜半至函谷关⑩。秦昭王后悔出孟尝君,求之已去,即使人驰传逐之。孟尝君至关,关法鸡鸣而出客,孟尝君恐追至,客之居下坐者有能为鸡鸣,而鸡齐鸣,遂发传出。出如食顷⑪,秦追果至关,已后。孟尝君出,乃还。始孟尝君列此二人于宾客,宾客尽羞之⑫,及孟尝君有秦难,卒此二人拔之。自是之后,客皆服。(《史记·孟尝君列传第十五》卷七十五,第2849页)

【注释】

　　①齐湣王二十五年:公元前299年。　②卒:终于。　③齐族:齐国的王

族。　④解：解脱。　⑤直：通“值”。　⑥患：担忧。　⑦坐：通“座”，座次。　⑧臧：通“藏”，仓库。　⑨封传：古时官府所发的出境及乘坐传车投宿驿站的凭证。　⑩函谷关：关名，旧址在今河南灵宝境内。　⑪食顷：吃一顿饭所用的时间，形容时间短。　⑫羞：以……为羞。

【品读】

　　孟尝君田文是齐国靖郭君田婴的儿子，田文的母亲是地位卑贱的小妾，而田文又出生在五月五日，所以田婴就让他母亲不要抚养他长大。因为据说五月五日出生的孩子，男孩会危及父亲，女孩会危及母亲。但他母亲不忍心，就悄悄地抚养他长大，最终被田婴接纳，而且由于贤能，还被立为储君。田婴去世后，田文在薛邑接位，就是孟尝君。

　　孟尝君是战国四公子之一，广结宾客，不分贵贱，都予以优厚待遇。他的门下有数千人之多，贤能之名传布天下。秦昭王听说后，想见孟尝君，但宾客们以为秦是虎狼之国，很可能有去无回，所以孟尝君就没去秦国。齐湣王二十五年，孟尝君还是被派到秦国去。秦昭王准备以孟尝君为秦相，但有人劝秦王，以为不可，理由是：孟尝君是齐国王族，担任秦相，必定把齐国的利益放在秦国之前，这样秦国就危险了。秦昭王也觉得有道理，不仅没让孟尝君做秦相，还把他囚禁起来，计划杀了他。在危急情况下，孟尝君只好派人去求昭王宠爱的妃子，期望有什么逃脱的办法。王妃提出了一个条件：要得到孟尝君的白狐皮袍子。孟尝君之前确实有这么一件袍子，价值千金，天下无双，但到秦国时已经献给了秦王，再也没有另外的一件。孟尝君很担忧，宾客们也束手无策。就在此时，座位最末的一位善于偷盗的人，表示他可以把袍子偷出来。晚上，他进入宫中，偷出袍子，然后把它送给了王妃。王妃为孟尝君求情，秦王就放了孟尝君。孟尝君被释放后，连忙快马加鞭地离开，半夜时到达函谷关，但关门已闭，只有等到第二天鸡鸣才会开。秦王后悔放出孟尝君，知道他已经离开后，派人去追。追兵在路上，危险步步紧逼，孟尝君正无可奈何之际，有位居下座的宾客能学鸡叫，他一叫后，全城的鸡跟着叫，然后他们都顺利出城了。追兵很快就赶来了，但看到孟尝君已出城，也就只好返回了。这两位宾客原先被人瞧不起，但紧急关头，却是他们救了孟尝君，此后，其他宾客都很佩服二人。这说明，即使是一些卑下的技能，在某些场合也可能会有意想不到的功用。俗话说："艺多不压身。"多掌握技能，无论在什么时代都是必要的，孔子在后世被称为"圣人"，一般人印象中孔子可能就是在坐而论道或著书立说，实际上，孔子会很多生活技能，如射箭、驾车等，此外，他还学过琴，对音乐有研究。所以不应该像其他宾客一样轻易蔑视别人的某些能力。

"鸡鸣狗盗"在后来成为成语，但被当作贬义词，指微不足道的本领，但就《史记》原文来看，并没有明显的贬义。司马迁写这一段，是为了说明孟尝君"客无所择"，来者不拒，结果就是门客中各色人物都有，即使是一些末流人物也会对孟尝君有所帮助。一些人认为司马迁是借此事讽刺孟尝君，如此看法则是站在道德至上的立场评论的，没有充分考虑当时的情境。试想，如果没有鸡鸣狗盗，哪还有什么孟尝君？

孟尝君虽然贤能，但也有心胸狭隘、残忍的一面。孟尝君经过赵国，赵国平原君接待他，赵国人听说鼎鼎大名的孟尝君来了，都去围观他，其中有人笑着说道："本以为他应该是魁梧高大的，现在一看，原来是这么个矮小的男人。"孟尝君听到后，大怒，和门客一起下来，杀死了几百人，最后灭了一县才离开。

【扩展阅读】
导言：在危难之际，通过敌方君主的后、妃寻找脱围的办法，似乎是人们惯用的，如汉高祖刘邦被匈奴围困在白登山，长达七天。万分紧急时，刘邦派人向单于的阏氏送去重礼，阏氏向单于进言，刘邦才得以逃脱。

白登之围

高帝先至平城，步兵未尽到，冒顿纵精兵四十万骑围高帝于白登，七日，汉兵中外不得相救饷。匈奴骑，其西方尽白马，东方尽青駹马，北方尽乌骊马，南方尽骍马。高帝乃使使间厚遗阏氏，阏氏乃谓冒顿曰："两主不相困。今得汉地，而单于终非能居之也。且汉王亦有神，单于察之。"冒顿与韩王信之将王黄、赵利期，而黄、利兵又不来，疑其与汉有谋，亦取阏氏之言，乃解围之一角。于是高帝令士皆持满傅矢外乡，从解角直出，竟与大军合，而冒顿遂引兵而去。(《史记·匈奴列传第五十》卷一百十，第2477页)

二十九、平原君斩美人

【题解】

平原君赵胜门下有数千宾客,但因为一位躄者被平原君的美人嘲笑,躄者要求平原君斩杀美人,平原君置之不理,结果宾客纷纷离去。直到平原君斩美人并登门向躄者谢罪,宾客们才逐渐返回。小事件反映出,在平原君心中,是士重要还是女色重要的大问题。这关乎士人的尊严。

【原文】

平原君家楼临民家。民家有躄者①,槃散行汲②。平原君美人居楼上,临见,大笑之。明日,躄者至平原君门,请曰:"臣闻君之喜士,士不远千里而至者,以君能贵士而贱妾也。臣不幸有罢癃之病③,而君之后宫临而笑臣,臣愿得笑臣者头。"平原君笑应曰:"诺。"躄者去,平原君笑曰:"观此竖子④,乃欲以一笑之故杀吾美人,不亦甚乎!"终不杀。居岁余,宾客门下舍人稍稍引去者过半。平原君怪之⑤,曰:"胜所以待诸君者未尝敢失礼,而去者何多也?"门下一人前对曰:"以君之不杀笑躄者,以君为爱色而贱士,士即去耳。"于是平原君乃斩笑躄者美人头,自造门进躄者⑥,因谢焉。其后门下乃复稍稍来。(《史记·平原君虞卿列传第十六》卷七十六,第2861~2862页)

【注释】

①躄(bì):跛脚。　②槃散:犹蹒跚。汲:从井里打水。　③罢癃(bàlóng)之病:指跛脚。　④竖子:犹今言"小子",对人的鄙称。　⑤怪:以……为怪,

平原君看到宾客们离去,感到奇怪。　　⑥造门:登门。

【品读】

　　平原君赵胜,是赵武灵王的儿子,赵惠文王的弟弟,在赵国诸公子中是最贤能的,他和孟尝君一样门下也有很多宾客。"养士"在当时是很盛行的,最有名的是"战国四公子":齐国孟尝君、赵国平原君、魏国信陵君、楚国春申君。孟尝君有"食客数千人",平原君也有数千人之多,信陵君、春申君各达三千宾客,宾客们基本上都受到礼遇,如春申君的上等宾客穿的鞋子都缀满了珍珠。对于贤能之士,公子们非常渴慕,如信陵君听说赵国有处士(有才德却不做官的人)毛公隐藏于赌徒之中,薛公隐藏于卖浆人中。信陵君想见两人,但两人躲起来不愿见。信陵君打听到他们的所在之后,亲自前去和两人交游,相谈甚欢。这都说明,"士"并不是权贵们的下人或奴仆,他们虽然要依附权贵取得衣食,但在精神上是独立和自由的。

　　战国时期,兴起养士之风,其实质是各国在积聚力量。在战国这样的动乱时代,两种力量可能最为重要,一是军事,二是人才。军事属于硬实力,重要性显而易见,人才是软实力,其作用表现在多方面。最重要的在于,人才的聚散是一个国家强弱的风向标。士人离散而去,表明国家缺少凝聚力和向心力,衰弱就是不可避免的。从养士者来说,门下来自各地的数千宾客,可以及时提供有用的信息,遇到麻烦时,也能集思广益,采取最优的解决办法。危险情况下,还可能凭借宾客脱险,"鸡鸣狗盗"就是很好的例子。

　　正因为士人重要,而且有尊严,所以才有平原君斩美人的事情发生。平原君家是高楼,在楼上可以看到老百姓家里的情况。一天,平原君的爱妾站在楼上张望,看见有个瘸子正一瘸一拐地去井里打水,觉得很好笑,就大声笑了出来,正好被那人听到。第二天,瘸子来到平原君门前,要求平原君斩杀美人。他的理由是,平原君喜欢士人,而士人也不远千里来追随,主要是因为平原尊重士人,轻视姬妾,但现在姬妾居然嘲笑他是瘸子,使自己受到侮辱,所以应该杀掉平原君的美人。如此的说法,初听,谁都会觉得这个瘸子太小心眼,小题大做,平原君当然也是这么想的。可谁能料到,事情的后果很严重,一年多后,陆陆续续离开的宾客超过了一半,平原君很奇怪,认为在对待宾客上从没失礼之处,怎么离开的人这么多。这时有人上前解释道:"因为您没杀嘲笑瘸子的美人,所以宾客们以为您爱女色而轻视士人,这才离去。"平原君听说后,斩下了美人的头,亲自登门献给被嘲笑的人,顺便向他谢罪。消息传开后,宾客又慢慢回来了。

　　写这样一个故事,旨在说明此时各国养士风气之盛以及如平原君一类的权贵对士人的尊重和礼遇。"士"在中国是比较特殊的,士人阶层在春秋战国时期发展迅速,他们有才能,有文化,受到统治者的重视,在人格、精神上相对独立。秦朝大一统后,士人逐渐官僚化,但独立性并没有完全消失,他们仍然是社会话语权的掌握者和正统文化的代表者,对皇权独裁专制起到了抵制作用。虽然历代对政权有批评者不在少数,但更多情况下士人们表现出一种"以天下为己任"的担当精神,积极参与国家建设,推动社会发展。

【扩展阅读】

　　导言:孟子很强调士人的尊严,标举"富贵不能淫,贫贱不能移,威武不能屈"的大丈夫精神。他认为即使是王公大人,也要对贤士恭敬有礼。

　　孟子曰:"古之贤王好善而忘势;古之贤士何独不然?乐其道而忘人之势,故王公不致敬尽礼,则不得亟见之。见且由不得亟,而况得而臣之乎?"(杨伯峻:《孟子译注》,中华书局,1960,第280页)

三十、毛遂自荐

【题解】

　　秦军兵围邯郸，赵王派平原君出使楚国，想与楚国联盟以解邯郸之围。平原君准备从宾客中选出二十位文武兼备的人和他一同去，但只选出十九位。这时毛遂自荐，凑足人数，二十人和平原君同赴楚国。最终，毛遂出色的表现使得赵国成功地和楚国订立了盟约。

【原文】

　　秦之围邯郸，赵使平原君求救，合从于楚①，约与食客门下有勇力文武备具者二十人偕。平原君曰："使文能取胜②，则善矣。文不能取胜，则歃血于华屋之下，必得定从而还。士不外索③，取于食客门下足矣。"得十九人，余无可取者，无以满二十人。门下有毛遂者，前，自赞于平原君曰④："遂闻君将合从于楚，约与食客门下二十人偕，不外索。今少一人，愿君即以遂备员而行矣⑤。"平原君曰："先生处胜之门下几年于此矣？"毛遂曰："三年于此矣。"平原君曰："夫贤士之处世也，譬若锥之处囊中，其末立见。今先生处胜之门下三年于此矣，左右未有所称诵，胜未有所闻，是先生无所有也。先生不能，先生留。"毛遂曰："臣乃今日请处囊中耳。使遂早得处囊中，乃颖脱而出⑥，非特其末见而已。"平原君竟与毛遂偕。十九人相与目笑之而未废也。

　　毛遂比至楚⑦，与十九人论议，十九人皆服。平原君与楚合从，言其利害，日出而言之，日中不决。十九人谓毛遂曰："先生上。"毛遂按剑历阶而上⑧，谓平原君曰："从之利害，两言而决耳。今日出而言从，日中不决，何也？"楚王谓平原君曰："客何为者也?"平原君曰："是胜之舍人也⑨。"楚王叱曰："胡不下!吾乃与而君言,汝何为者也!"毛遂按剑而前曰："王之所以叱遂者,以楚国之众也。今十步之内,王不得恃楚国之众也,王之命悬于遂手。吾君在前,叱者何也?且遂闻汤以七十里之地王天下,文王以百里之壤而臣诸侯⑩,岂其士卒众多哉,诚能据其势而奋其威。今楚地方五千里,持戟百万,此霸王之资也。以楚之强,天下弗能当⑪。白起,小竖子耳,率数万之众,兴师以与楚战,一战而举鄢郢⑫,再战而烧夷陵⑬,三战而辱王之先人。此百世之怨而赵之所羞,而王弗知恶焉。合从者为楚,非为赵也。吾君在前,叱者何也?"楚王曰："唯唯,诚若先生之言,谨奉社稷而以从⑭。"毛遂曰："从定乎?"楚王曰："定矣。"毛遂谓楚王之左右曰："取鸡狗马之血来。"毛遂奉铜槃而跪进之楚王曰："王当歃血而定从,次者吾君,次者遂。"遂定从于殿上。毛遂左手持槃血而右手招十九人曰："公相与歃此血于堂下。公等录录⑮,所谓因人成事者也。"

平原君已定从而归,归至于赵,曰："胜不敢复相士⑯。胜相士多者千人,寡者百数,自以为不失天下之士,今乃于毛先生而失之也。毛先生一至楚,而使赵重于九鼎大吕⑰。毛先生以三寸之舌,强于百万之师。胜不敢复相士。"遂以为上客。(《史记·平原君虞卿列传第十六》卷七十六,第2862~2864页)

【注释】

①合从:联合。 ②文:和平的方式。 ③索:寻找。 ④自赞:自荐。 ⑤备员:充数。 ⑥颖:此指锥子尖。 ⑦比:及,等到。 ⑧历阶:一步一层台阶。根据当时礼制,上台阶时,一只脚上到台阶后,还要另一只脚也到这层台阶,然后再上高一层。如果一步一层台阶就是失礼的表现,毛遂看事情紧急,就顾不得那么多,直接"历阶而上"。 ⑨舍人:战国及汉初王公贵人私门之官。 ⑩臣:使……臣服。 ⑪当:抵挡。 ⑫鄢郢:春秋楚文王定都于郢,惠王之初曾迁都于鄢,仍号郢。因以"鄢郢"指楚都。 ⑬夷陵:楚先王的坟墓,在今湖北省宜昌市东南。 ⑭社稷:此指国家。 ⑮录录:通"碌碌",平庸无能。 ⑯相士:观察人才。 ⑰九鼎大吕:古传说,夏禹铸九鼎,象

征九州,是夏商周三代的传国之宝;大吕,周庙大钟。

【品读】

长平之战,赵国大败,秦军兵围都城邯郸,情势非常危急,赵王派平原君赵胜出外求救,想与楚国联合。平原君准备从宾客中选出文武兼备的二十人和他一起去。这次出使楚国,意义重大,关系着赵国的生死存亡,因此人员选拔很关键。赵胜在数千宾客中仅选出了十九位,还差一位。此时,毛遂出场,他上前,向平原君自荐,希望凑足二十人之数。平原君对毛遂应该没什么印象,就问道:"您在我门下多少年了?"毛遂答道:"三年。"平原君又说:"贤能的才士处于世间,就好像锥子在布袋中一样,锥子尖会马上显现出来。您在我这里已经三年了,但左右的人从没称赞和谈论过您,我也没听说过,这说明先生没有过人之处,您不能跟我去,您还是留下吧。"平原君对毛遂很尊重,开口必称先生,然而平原君说的话中连用四个否定词"未有、未有、无、不",可见毛遂的才能并不被平原君认可。毛遂接着平原君的比喻,回答说:"我是今天才请求处在布袋中的,假如使我早就在布袋中,不仅是锥子尖露出来,整个锥子头都会出来。"最终平原君还是答应毛遂和他一起去。同行的其他十九人都暗笑毛遂。

毛遂的处境是大部分人的常态,因为绝大部分人不是天才而是普通人,在一个集体中,如果没有特殊的机缘,即使是才能出众,也不见得就会被人发现和重视,以至于一些本来可能有所成就的人最终却一事无成。而所谓机缘,不是天上掉馅饼砸在了谁的头上,这是需要自己本身具备较好的条件,并且敢于去争取才可能得到的,毛遂就是这样一个人。试想,如果毛遂不自荐,他可能就永远被埋没在几千人的宾客队伍之中,没有脱颖而出的机会。正因为毛遂抓住了机会,才会有后面彪炳史册的功绩,这不仅是他人生的转折点,更是为赵国转危为安做出了贡献。

平原君一行人到达了楚国,与楚王和大臣商议订立盟约,但从太阳出来一直谈到中午也没有最终定下来。十九人就让毛遂上,毛遂没有推辞,手握着剑，一步一阶地快速走上去，对平原君说："合纵的利害，两句话就能决定，今天从日出说到日中还没有决断，这是为什么？"毛遂几乎是在质问平原君了。楚王问平原君："这位客人是做什么的？"平原君说是他的家臣。楚王一听，大声呵斥了毛遂。因为毛遂历阶而上已经是不合礼的，上来后又直接质问平原君，其实也是在质问楚王。楚王自恃大国，看到毛遂如此无礼，自然不高兴，呵斥也就是必然的。毛遂听到呵斥后不但毫无退让之意，还"按剑而前"，气势逼人，说话掷地有声。他首先指出，楚王当平原君的面呵斥他，是仗着楚国人多势众，可谓一语中的。然而，就算楚国人多势众，可是在十步之内，楚王的命却在他的手上。短短几句话就灭了楚王的嚣张气焰。"吾君在前，叱者何也？"一句又把无礼指向了楚王。继而以汤和文王为例，说明称王天下不是依靠士卒众多，而是能掌握时势发扬威力。楚国现在的情形是地方五千里，军队数百万，可以说拥有成就霸业的资本。但结果却被秦国的白起率领几万人连续三次打败，第一次攻取了都城，第二次焚烧了楚国先王墓地所在的夷陵，第三次侮辱了楚王的祖先。如此的失败致使秦国和楚国有百世的仇怨，赵国都感到羞耻，可楚王却不觉得羞愧。毛遂的话针针见血，直刺楚王的痛处，三败之说足以让楚王无地自容。一番话让赵、楚的形势发生了变化，本来平原君到楚国是临危受命，希望与楚联合抗秦，并请楚国发兵解邯郸之围，也就说是有求于人，因此对话中是处于劣势的。楚国则相反，以大国自居，有在上者的傲慢。毛遂使楚王的傲慢瞬间崩溃，从楚国的耻辱中指出楚国也不是秦国的敌手，必须和赵国联合。所以毛遂最后得出的结论是"合从者为楚，非为赵也"，把人助己变成了己助人。再补上一句"吾君在前，叱者何也？"就显得义正词严，不容辩驳。司马迁对当时场景的描绘极其生动，仔细品读，人物的形象神态甚至语气都能感受到，如今读来，依旧如在目前。

楚王听完，变得很谦卑了，连声应答，认可了毛遂所说，对毛遂也改口称"先生"。如此一来，双方订立盟约也就水到渠成。订立盟约有一定的仪式，楚王、平原君、毛遂歃血结盟，毛遂左手拿着盛血的铜盘，右手招呼另外十九个人，让他们在堂下歃血，还说："各位碌碌无为，都是依靠别人，坐享其成的人。"这段的结尾和上段形成了对比。当毛遂自荐时,十九人都在暗地里嘲笑他,当现在因毛遂才得以成功订立盟约时,毛遂对他们还以颜色,从其动作"招"到语言都带有轻蔑的意味。

平原君回到赵国,反思了他对人才观察的不足,充分肯定了毛遂的贡献,以毛遂为上客。之后,楚国派春申君率军救赵,魏国信陵君也前往救赵,但邯郸已经非常危急,平原君采取李同的建议,把自己的家财全部赐给了士兵,得到死士三千人,李同率领三千死士与秦军大战,秦军后退三十里,恰好楚、魏的救兵也赶到了,秦军只好撤退,邯郸终于转危为安。

【扩展阅读】

导言:像毛遂这样的才士在春秋战国时代有很多,他们凭借个人的智慧与辩才为所在国家取得利益,其力量有时还超过军队,即平原君所谓的:"以三寸之舌,强于百万之师。"唐雎就是一个著名的例子。秦始皇二十二年(前225),秦灭魏后,又想以"易地"的名义吞并安陵,安陵君不答应,但秦国强大,一旦起兵攻打,安陵根本不是对手,于是就派唐雎出使秦国,唐雎不辱使命,保住了安陵。

唐雎不辱使命(节选)

秦王怫然怒,谓唐雎曰:"公亦尝闻天子之怒乎?"唐雎对曰:"臣未尝闻也。"秦王曰:"天子之怒,伏尸百万,流血千里。"唐雎曰:"大王尝闻布衣之怒乎?"秦王曰:"布衣之怒,亦免冠徒跣,以头抢地耳。"唐雎曰:"此庸夫之怒也,非士之怒也。夫专诸之刺王僚也,彗星袭月;聂政之刺韩傀也,白虹贯日;要离之刺庆忌也,仓鹰击于殿上。此三子者,皆布衣之士也,怀怒未发,休祲降于天,与臣而将四矣。若士必怒,伏尸二人,流血五步,天下缟素,今日是也。"挺剑而起。(《战国策·魏策四》卷二十五,四部丛刊本)

三十一、信陵君窃符救赵

【题解】

在四公子中，魏国信陵君是司马迁最敬重的。所以，在本传中司马迁饱含情感大书其礼贤下士的风范、救赵却秦的功业。"窃符救赵"是全文中最精彩的段落。

【原文】

魏安釐王二十年，秦昭王已破赵长平军，又进兵围邯郸。公子姊为赵惠文王弟平原君夫人，数遗魏王及公子书，请救于魏。魏王使将军晋鄙将十万众救赵。秦王使使者告魏王曰："吾攻赵旦暮且下①，而诸侯敢救者，已拔赵②，必移兵先击之。"魏王恐，使人止晋鄙，留军壁邺③，名为救赵，实持两端以观望。平原君使者冠盖相属于魏④，让魏公子曰⑤："胜所以自附为婚姻者，以公子之高义，为能急人之困。今邯郸旦暮降秦而魏救不至，安在公子能急人之困也！且公子纵轻胜，弃之降秦，独不怜公子姊邪？"公子患之，数请魏王，及宾客辩士说王万端。魏王畏秦，终不听公子。公子自度终不能得之于王⑥，计不独生而令赵亡，乃请宾客，约车骑百余乘，欲以客往赴秦军，与赵俱死。

行过夷门，见侯生，具告所以欲死秦军状。辞决而行，侯生曰："公子勉之矣⑦，老臣不能从。"公子行数里，心不快，曰："吾所以待侯生者备矣，天下莫不闻，今吾且死而侯生曾无一言半辞送我，我岂有所失哉？"复引车还，问侯生。侯生笑曰："臣固知公子之还也。"曰："公子喜士，名闻天下。今有难，无他端而欲赴秦军，譬若以肉投馁虎⑧，何功之有哉？尚安事客？然公子遇臣厚，公子往而臣不送，以是知公子恨之复返也。"公子再拜，因问。侯生乃屏人间语⑨，曰："嬴闻晋鄙之兵符常在王卧内，而如姬最幸，出入王卧内，力能窃之。嬴闻如姬父为人所杀，如姬资之三年⑩，自王以下欲求报其父仇，莫能得。如姬为公子泣，公子使客斩其仇头，敬进如姬。如姬之欲为公子死，无所辞，顾未有路耳。公子诚一开口请如姬，如姬必许诺，则得虎符夺晋鄙军，北救赵而西却秦，此五霸之伐也⑪。"公子从其计，请如姬。如姬果盗晋鄙兵符与公子。

公子行，侯生曰："将在外，主令有所不受，以便国家。公子即合符，而晋鄙不授公子兵而复请之，事必危矣。臣客屠者朱亥可与俱，此人力士。晋鄙听，大善；不听，可使击之。"于是公子泣。侯生曰："公子畏死邪？何泣也？"公子曰："晋鄙嚄唶宿将⑫，往恐不听，必当杀之，是以泣耳，岂畏死哉？"于是公子请朱亥。朱亥笑曰："臣乃市井鼓刀屠者，而公子亲数存之⑬，所以不报谢者，以为小礼无所用。今公子有急，此乃臣效命之秋也。"遂与公子俱。公子过谢侯生。侯生曰："臣宜从，老不能。请数公子行日，以至晋鄙军之日，北乡自刭，以送公子。"公子遂行。

至邺，矫魏王令代晋鄙⑭。晋鄙合符，疑之，举手视公子曰："今吾拥十万之众，屯于境上⑮，国之重任，今单车来代之，何如哉？"欲无听。朱亥袖四十斤铁椎，椎杀晋鄙，公子遂将晋鄙军。勒兵下令军中曰："父子俱在军中，父归；兄弟俱在军中，兄归；独子无兄弟，归养。"得选兵八万人，进兵击秦军。秦军解去，遂救邯郸，存赵。赵王及平原君自迎公子于界，平原君负籣矢为公子先引⑯。赵王再拜曰："自古贤人未有及公子者也。"当此之时，平原君不敢自比于人。公子与侯生决，至军，侯生果北乡自刭⑰。（《史记·信陵君列传第十七》卷七十七，第2877～2879页）

【注释】

①且：将要。　②拔：夺取，攻下。　③壁邺：壁，作动词，驻扎；邺，地名，在今河北省临漳县西南。　④冠盖相属：形容来往的人络绎不绝。属（zhǔ），连缀，接连。　⑤让：责备。　⑥度（duó）：推测。　⑦勉：努力。　⑧馁：饥饿。　⑨间语：密谈。　⑩资：积蓄。　⑪伐：功业。　⑫嚄唶（huòzé）：大声

呼叫,形容勇悍。　⑬存:慰问。　⑭矫:假托。　⑮屯:驻扎。　⑯韊(lán):
用皮革制的盛弩和箭的袋子。　⑰乡:通"向"。

【品读】

　　信陵君魏无忌是魏昭王之子,魏安釐王同父异母的弟弟。在"四公子"
中,司马迁最敬重的是信陵君。本传开篇的介绍就和他人不同,如《平原君虞
卿列传》是称"平原君赵胜者",而《魏公子列传》则称"魏公子无忌者"。传中
共称"公子"一百四十七次,可见其在太史公心目中的地位。正如明代茅坤所
言,"信陵君是太史公胸中得意人,故本传亦太史公得意文。"

　　信陵君一生大事为救赵却秦二事,选文中讲述的是他窃符救赵之事,司
马迁写得非常详细。此事又是因长平之战赵国战败而起。秦军兵围邯郸,平
原君多次派人向魏王和信陵君求救。平原君和信陵君还有亲戚的关系,信陵
君的姐姐是平原君的妻子,有这层关系在,信陵君就不得不想办法解邯郸之
围。魏王本来已经派将军晋鄙率十万军队前去救赵,但秦王派使者恐吓魏王
说:"诸侯有敢出兵相救的,我攻下赵国后,一定先进攻他。"魏王一听很害怕,
怕惹祸上身,就命令晋鄙驻扎在邺,持观望的态度,并不急着去解围。但邯郸
等不了,平原君一次次派使者到魏国,还责备信陵君说:"我赵胜之所以高攀
和您结亲,是由于您高尚讲道义,能解救别人的困难。可如今邯郸早晚就要
投降秦国了,而魏国的救兵不到,哪里能看见您解救别人的困难呢? 况且,就
算您轻视我,让我去投降秦国,难道您也不可怜可怜您的姐姐吗?"这段话让
信陵君很难受,他多次请求魏王,宾客也以各种理由劝说,魏王因为畏惧秦
国,就是不同意。信陵君无奈,决定不能自己苟活而看着赵国灭亡,于是就请
宾客准备了一百多辆马车,想带着这些人马与秦军一战,与赵国人同死。从
信陵君的所思所想、所作所为能够看出,他确实是位忠厚重义之人,竟然不惜
生命,要与赵国共存亡。

　　信陵君出发经过夷门,见到了一位侯生,告诉了他的计划,说完要离开
了,侯生只是说:"公子您好好努力,老臣不能和您一起去。"这位侯生何许人

国学经典书系

也？他本是魏国的隐士，叫侯嬴，已经七十多岁，在大梁夷门看守大门。信陵君听说他很贤能，前去慰问，准备送给他丰厚的财物，但侯嬴拒绝了。于是信陵君摆酒大会宾客，客人坐定后，他带着马车，空出左边尊贵的位置，亲自去迎接侯嬴，侯嬴穿得破破烂烂，也没客气，就直接上了车子。侯生又说他还有个朋友朱亥，希望借车子去拜访他。信陵君对他所说的一一照做。到了地方，侯生下去和朱亥说话，故意说得很久，看信陵君的反应，信陵君依旧很谦和。侯嬴到公子家后，信陵君请侯嬴坐在上座，向他一一介绍宾客。大家喝酒正尽心的时候，信陵君起身，向侯嬴敬酒，侯嬴于是说出了他这么做的原因：

今日嬴之为公子亦足矣。嬴乃夷门抱关者也，而公子亲枉车骑，自迎嬴于众人广坐之中，不宜有所过，今公子故过之。然嬴欲就公子之名，故久立公子车骑市中，过客以观公子，公子愈恭。市人皆以嬴为小人，而以公子为长者能下士也。

酒宴结束后，侯生就成了信陵君的上宾。

信陵君如此厚待的一位长者，怎么在可能是生死诀别之际，没有说其他的，只是应付了信陵君一句，信陵君走出了数里，心里一直不痛快，觉得是不是他哪里犯了什么过错。于是信陵君又返回，询问侯生原因。其实侯嬴知道信陵君一定会回来再找他，才故意这么做的。那问题来了，他既然迟早都要说，为什么要等到信陵君返回后再说出他的意见呢？原因是这样的：信陵君率领人马经过夷门时可能已经抱了必死的决心，如果侯嬴此时向他提出不同的意见，说他这样做必然无功，信陵君听取的概率估计不会太高。如果这样，就是看着信陵君去送死。然而，侯嬴的策略是故意不说，让信陵君自己察觉到之后，再返回询问，到时信陵君接受他的意见的可能性就大得多了。当然，这只是一种推测，不是定论。侯生在解释完"往而不送"后，和信陵君密谈。侯生的计策是盗取兵符夺取晋鄙的军队，然后救赵却秦。盗兵符的关键人物是如姬，信陵君按照侯嬴所说帮如姬报了父仇，如姬果然盗出兵符交给了信陵君。快出发时，侯嬴向信陵君举荐了朱亥，并告诫信陵君，如果晋鄙不听，就让朱亥击杀晋鄙。朱亥表示愿意效命。侯嬴最后还说，他会在预计信陵君到达晋鄙军队后，面向北方割颈自杀，以报答信陵君之恩。

果然如侯生所料，晋鄙没有痛快地交出兵权，而且起了疑心，认为自己率领十万大军在边境，魏王却让信陵君一人前来代替，这是怎么回事？所以不打算把军队给信陵君。身边的朱亥早已在袖子里藏了四十斤的铁椎，及时杀死了晋鄙，信陵君顺利掌握了晋鄙的军队。出于仁慈之心，也因为要稳固军心，信陵君下令："父子都在军中，父亲回家；兄弟都在军中，兄长回家；独生子回家奉养父母。"总共选出了八万人，率军进攻秦军，邯郸之围遂解。赵王和平原君亲自到邯郸城郊迎接信陵君，平原君更是背着箭袋为信陵君引路，赵王一再称赞信陵君是自古未有的贤人。

根据《史记·平原君虞卿列传》的记载，魏军应该没有和秦军正面交战，因为当魏军赶到时，平原君已经听取李同的建议选出了三千人的敢死队，和秦军大战，秦军后退了三十里，魏军到达时楚军也到了。面对三国军队，秦国就只好撤军了，但是魏、楚的军队也确实是起到作用的。试想，如果没有两国的援兵，三千人恐怕支撑不了多久，邯郸迟早会被攻破。司马迁在这里没有说明这个情况，一方面是前面已经写过，另一方面也是为了显示信陵君救赵的功绩之大。

侯生信守承诺，面向北方自杀。信陵君盗兵符，杀晋鄙，致使魏王大怒，不可能再回魏国，就留在了赵国长达十年。秦国知道信陵君在赵，日夜出兵进攻魏国，魏王派人请信陵君回国，但信陵君怕魏王还在怨恨自己，不想回也不敢回，后经人劝说，才敢回去解救魏国。魏王任命信陵君为上将军，各国听说后，都派兵来援救，信陵君率领五国的军队，打败了秦军。秦王害怕了，派人到魏国实施反间计，魏王听信谗言，废弃信陵君不用。信陵君被毁谤又被废弃，心中郁闷可想而知，四年里日夜寻欢作乐，"竟病酒而卒"（饮酒过度而亡）。李晚芳评价道："'竟病酒而卒'五字，太史公痛惜之声，泪溢笔下。"（李晚芳：《读史管见·信陵君列传》卷二，见《历代名家评〈史记〉》，北京师范大学出版社，1986，第597页）仔细体会，确实能感受到司马迁流露于笔端的情感。

　　导言:这里介绍了一位清代广东的才女李晚芳(1692—1767)。她饱读诗书,十五岁时就开始写作《读史管见》(大概在1707—1710完成),对《史记》有非常精深的研究,下面选取一段她对《魏公子列传》的评论,既能看到李晚芳的才情和见识,也能通过评论对本传有更深的理解,同时可以初步了解我国古代史学批评的一些特点。

　　篇中摹写其下交贫贱,一种虚衷折节,自在心性中流出。太史公以秀逸之笔,曲曲传之,不特传其事,而并传其神。迄今读之,犹觉数贤人倾心相得之神,尽心尽策之致,活现纸上,真化工笔也。盖贤士在泥涂中,不知几经阅历,练成满腹知微知彰之学,本无求于人,非其人,即求之亦不吐也。有抱璞终耳,惟遇当世之贤,中心好之,忘势而笃岩穴之交,隆礼而敦道德之好,于是不得不以知己许之,许以知己,则为之献谋,为之捐躯,亦不惜矣。此修身洁行之侯生,不得不为信陵死,匿迹末业之毛薛,不得不为信陵用。为之用者贤,则用之者之贤愈见,故不特当时诸侯重之,即隔代帝王亦重之。高祖所以为之置守冢,而令民四时奉祠不绝也。茅鹿门先生谓,信陵君是太史公胸中得意人,故本传亦太史公得意文,信哉!(李晚芳:《读史管见·信陵君列传》卷二,见《历代名家评〈史记〉》,北京师范大学出版社,1986,第597~598页)

三十二、李园杀春申君

【题解】

春申君是战国四公子之一,在任楚相期间,楚国国力恢复,日渐强大。后因不听门客朱英的建议,在楚考烈王逝世后,被李园在棘门内所杀。

【原文】

春申君相二十五年,楚考烈王病。朱英谓春申君曰:"世有毋望之福①,又有毋望之祸。今君处毋望之世,事毋望之主,安可以无毋望之人乎?"春申君曰:"何谓毋望之福?"曰:"君相楚二十余年矣,虽名相国,实楚王也。今楚王病,且暮且卒,而君相少主,因而代立当国,如伊尹、周公②,王长而反政,不即遂南面称孤而有楚国?此所谓毋望之福也。"春申君曰:"何谓毋望之祸?"曰:"李园不治国而君之仇也,不为兵而养死士之日久矣,楚王卒,李园必先入据权而杀君以灭口③。此所谓毋望之祸也。"春申君曰:"何谓毋望之人?"对曰:"君置臣郎中,楚王卒,李园必先入,臣为君杀李园。此所谓毋望之人也。"春申君曰:"足下置之④,李园,弱人也,仆又善之,且又何至此!"朱英知言不用,恐祸及身,乃亡去。

后十七日,楚考烈王卒,李园果先入,伏死士于棘门之内⑤。春申君入棘门,园死士侠刺春申君,斩其头,投之棘门外。于是遂使吏尽灭春申君之家。而李园女弟初幸春申君有身而入之王所生子者遂立⑥,是为楚幽王。(《史记·春申君列传第十八》卷七十八,第2895~2897页)

①毋望:不期而至,出乎意外。　②伊尹:商汤大臣,名伊,一名挚,尹是官名。　③据权:夺取权力。　④足下:对同辈、朋友的敬称,古时也用于对上。　⑤棘门:古代帝王外出,在止宿处插戟为门,称"棘门"。棘,通"戟"。　⑥女弟:妹妹。

【品读】

　　楚国春申君,姓黄名歇。他博学多闻,受到楚顷襄王的重视,由于辩才出众,顷襄王派他出使秦国。楚怀王被秦国欺骗囚禁于秦,死于秦,顷襄王是怀王的儿子,秦国很轻视他,黄歇担心秦国出兵会灭了楚国,就向秦王上书企图阻止秦国再次攻打楚,秦昭王同意了他的意见,把已经派出的军队收了回来,还和楚国结成了盟国。黄歇接受条约回到楚国,楚王又派他和太子到秦国做人质,待了几年。听说顷襄王病重,但太子不能归国,黄歇利用太子和应侯范睢的关系说服应侯,请他向秦王建议送太子回楚,但秦王只是允许让太子之傅先回去打探楚王病情。黄歇又为太子谋划,让太子先逃出秦国,自己留下来。黄歇预计太子已经跑远之后,就向秦王说明此事,秦王大怒,但有应侯为其求情,黄歇被遣送回楚国。到达楚国三个月后,顷襄王去世,太子即位,为考烈王。黄歇和考烈王可谓生死之交,而且在太子归国中起了关键作用,所以考烈王元年,黄歇任楚相,封为春申君。在春申君的治理下,楚国逐渐强大起来。

　　楚国的一个大问题是考烈王无子,春申君一直很担心。赵人李园的妹妹受到春申君宠幸,怀有身孕,于是她说服春申君把她献给楚王,如此一来,将来的楚王就是春申君之子,黄歇确实这么做了。李园妹妹进宫后,生下男孩,被立为太子,她也被立为王后。李园受楚王重用,掌握大权,他害怕春申君泄露秘密,就暗地里养了死士准备杀了春申君。这件事情,尽管有人知道,但春申君不相信,后面的悲剧已经在此埋下了伏笔。

　　在春申君为相二十五年时,考烈王病,门客朱英指出世间有所谓的"毋望之福"和"毋望之祸",并说春申君现在处在"毋望之世",辅佐着"毋望之主",

《史记》品读　李园杀春申君

119

所以需要"毋望之人"。春申君询问其中缘由,朱英逐一解释。"毋望之福"就是春申君在考烈王逝世后,辅助幼主,犹如伊尹、周公一样,名为臣而实为君;"毋望之祸"指李园,李园早有杀春申君的想法,并做好了准备,一旦楚王去世,他就会动手;要消除李园这个灾祸,需要"毋望之人",即朱英自己,他可以先替春申君杀死李园。朱英的分析是很有道理的,但春申君没有听进去,主要原因是春申君自以为是,且小看了李园,没有感知到危险,心里可能认为以自己在楚国的实力和威望,李园能奈他何? 朱英知道他的建议没有被听取,怕惹祸上身,就逃走了。十七天后,考烈王去世,李园果然率先进入,在棘门埋伏了死士,春申君对此毫无察觉,等他进入后,被埋伏的人杀死,斩下了头颅。他的家人也未能幸免,全家被杀。

春申君身死家灭,以悲剧收场,关键在于他没有听朱英的建议,所以司马迁引"当断不断,反受其乱"的俗语作评价,但之所以"不断"的原因是自以为是。此外,对比本传和《魏公子列传》可以看出,尽管春申君和信陵君两人都拥有众多的宾客,但在宾客的任用上差别很大。春申君三千多宾客,上客穿的鞋子上都缀有珍珠,极尽奢华,似乎宾客在春申君这里只是作为装饰而已,宾客的才能没有得到发挥,因此本传中提到的宾客很少,只有朱英一人。信陵君则不然,他真的是礼贤下士,侯嬴就是最突出的一个例子。在信陵君人生最重要的两件事上,宾客几乎是起到了决定性的作用,窃符救赵是侯嬴的建议,返魏却秦是听取了毛公、薛公的意见。可以说,在每件大事中都集中了宾客的智慧。两人相比,还有一点不同,信陵君不怀私心,一心为魏;而春申君看到考烈王无子,尽管也很担忧,但在听了李园妹妹的计划后,"大然之",且予以实施,实在有违臣子的道义。

【扩展阅读】

导言:历史上的英雄人物往往成为后人怀念的对象,不同的人在不同的情境中记忆起相同的人,写成各具特色的诗篇,表达着自己的情感。春申君在唐代被好几位诗人提起,较为著名的有张继和杜牧。

春申君祠

张继

春申祠宇空山里，古柏阴阴石泉水。

日暮江南无主人，弥令过客思公子。

萧条寒景傍山村，寂寞谁知楚相尊。

当时珠履三千客，赵使怀惭不敢言。

（《全唐诗》卷二百四十二，中华书局，1960，第2724页）

春申君

杜牧

烈士思酬国士恩，春申谁与快冤魂。

三千宾客总珠履，欲使何人杀李园。

（《全唐诗》卷五百二十一，中华书局，1960，第5955页）

三十三、范雎见须贾

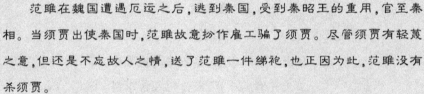

【题解】

　　范雎在魏国遭遇厄运之后，逃到秦国，受到秦昭王的重用，官至秦相。当须贾出使秦国时，范雎故意扮作雇工骗了须贾。尽管须贾有轻蔑之意，但还是不忘故人之情，送了范雎一件绨袍，也正因为此，范雎没有杀须贾。

【原文】

　　范雎既相秦，秦号曰张禄，而魏不知，以为范雎已死久矣。魏闻秦且东伐韩、魏，魏使须贾于秦。范雎闻之，为微行①，敝衣间步之邸②，见须贾。须贾见之而惊曰："范叔固无恙乎！③"范雎曰："然。"须贾笑曰："范叔有说于秦邪？"曰："不也。雎前日得过于魏相④，故亡逃至此，安敢说乎！"须贾曰："今叔何事？"范雎曰："臣为人庸赁⑤。"须贾意哀之，留与坐饮食，曰："范叔一寒如此哉！"乃取其一绨袍以赐之⑥。须贾因问曰："秦相张君，公知之乎？吾闻幸于王，天下之事皆决于相君。今吾事之去留在张君。孺子岂有客习于相君者哉？⑦"范雎曰："主人翁习知之⑧。唯雎亦得谒，雎请为见君于张君。"须贾曰："吾马病，车轴折，非大车驷马⑨，吾固不出。"范雎曰："原为君借大车驷马于主人翁。"

　　范雎归取大车驷马，为须贾御之⑩，入秦相府。府中望见，有识者皆避匿。须贾怪之。至相舍门，谓须贾曰："待我，我为君先入通于相君⑪。"须贾待门下，持车良久⑫，问门下曰："范叔不出，何也？"门下曰："无范叔。"须贾曰：

"向者与我载而入者。"门下曰："乃吾相张君也。"须贾大惊,自知见卖⑬,乃肉袒膝行,因门下人谢罪⑭。于是范雎盛帷帐,侍者甚众,见之。须贾顿首言死罪⑮,曰："贾不意君能自致于青云之上,贾不敢复读天下之书,不敢复与天下之事⑯。贾有汤镬之罪⑰,请自屏于胡貉之地⑱,唯君死生之!"范雎曰："汝罪有几?"曰："擢贾之发以续贾之罪,尚未足。"范雎曰："汝罪有三耳。昔者楚昭王时而申包胥为楚却吴军,楚王封之以荆五千户,包胥辞不受,为丘墓之寄于荆也⑲。今雎之先人丘墓亦在魏,公前以雎为有外心于齐而恶雎于魏齐,公之罪一也。当魏齐辱我于厕中,公不止,罪二也。更醉而溺我,公其何忍乎?罪三矣。然公之所以得无死者,以绨袍恋恋⑳,有故人之意,故释公。"乃谢罢。入言之昭王,罢归须贾。(《史记·范雎蔡泽列传第十九》卷七十九,第2913~2915页)

【注释】

①微行:旧时称帝王或有权势者隐匿身份,易服出行或私访。　②邸:招待宾客的馆舍。　③无恙:多作问候语,没有疾病、忧患等。　④得过:得罪。　⑤庸赁:受雇而为人劳作。　⑥绨(tí)袍:厚缯制成的袍子。　⑦孺子:同"小子、竖子"之义,有藐视、轻蔑的意思。　⑧主人翁:主人。　⑨驷马:指显贵者所乘的驾四匹马的高车。　⑩御:驾车。　⑪通:通报。　⑫持车:停车。　⑬见卖:上当。　⑭因:通过。　⑮顿首:叩头。　⑯与:参与。　⑰汤镬(huò):煮着滚水的大锅。古代常作刑具,用来烹煮罪人。　⑱胡貉(mò):古代称北方各民族。　⑲丘墓:坟墓。　⑳恋恋:留恋,顾念。

【品读】

范雎,字叔,本是魏国人,先在魏国中大夫须贾门下,曾跟须贾出使齐国,齐襄王听说范雎辩才出众,就派人送去了十斤黄金和牛肉、美酒,范雎推辞不敢接受。须贾知道后,以为是范雎向齐国泄密,非常生气,回到魏国后就告诉了魏相魏齐。魏齐听后大怒,使人痛打范雎。范雎几乎被打死,之后又被丢在厕所中。喝醉的宾客故意在他身上撒尿,侮辱他。范雎逃出后,被魏国人郑安平收留,更名为张禄。就在这段时间,秦国派王稽到魏国,郑安平向王稽引见了范雎，王稽以为是人才，就悄悄带回了秦国。

　　到达秦国后，秦昭王并没有见他，于是范雎上书，希望秦王能够召见他。果然，秦王见到上书后大悦，召见了范雎，并向他虚心求教。范雎指出，秦国国力强大，拥有王者之地和勇猛的军队，但却十五年闭关自守，不能向东开拓，是由于穰侯魏冉没有尽心为国，秦王自己的计策也有所失误。穰侯魏冉是昭王母亲宣太后的弟弟，任秦相，在秦国势力极大。此外，还有宣太后的同父弟弟华阳君、昭王同母弟泾阳君、高陵君，三人受到太后宠幸，轮流担任将军，还有封地，因此他们的私人财产比王室还要多。范雎提出的计策简单来说就是"远交近攻"，矛头指向韩、魏两国。秦昭王接受了范雎的建议，之后秦国的政治军事政策基本按照范雎的计划实施。

　　范雎很受秦王的信任，几年后，范雎乘机向昭王建议废掉穰侯、华阳君、高陵君、泾阳君这四贵，秦王按照他的意见做了，"废太后，逐穰侯、高陵、华阳、泾阳君于关外"。于是，范雎任秦相，封地在应，号为应侯。

　　范雎在逃出魏国前就改了名字，到秦国也一直称张禄，但魏国人不知道，还以为范雎早已经死了。魏国听说秦国要出兵讨伐韩、魏，就派范雎曾经的故人须贾到秦国，范雎知道后，故意穿得破破烂烂去见须贾。范雎这么做，就是为了看看时隔多年后，须贾对依旧贫困无为的故人是什么态度，须贾的态度决定着接下来他对须贾的态度，甚至决定着须贾的生死。须贾见到范雎后，自然是非常惊讶，问道："范叔固无恙乎！"惊讶中或许还有点惊喜。须贾还问了范雎是不是到秦国游说，范雎说他是得罪了魏相，逃到秦国的。须贾又问他现在做什么，范雎说他受雇给人家做工。看到范雎处境如此艰难，须贾心生怜悯，留他一起吃饭，感叹道："范叔竟然如此贫困！"于是取出一件绨袍赐给了范雎。须贾此行的目的，是要使秦国取消攻打魏国的计划，他知道，当前秦国的事情主要由秦相张禄决定，就问范雎认不认识张禄。须贾称范雎为"孺子"，有轻蔑的意思。范雎说他愿意把须贾介绍给张君。须贾的马、车有问题，他要有四匹马驾的大车才肯出去，范雎让他如愿以偿，找来了四匹马驾的大车，并亲自为须贾赶车进入秦相府。府中有认识的都避开了，须贾感到奇怪。到相国房舍时，车停下来，范雎让须贾在此等他，他先进去通报。但等了好长时间不见范雎出来，须贾问看门的人，可看门人回答说府里没范雎这人，须贾又说，就是那个刚和"我"坐车进来的人。结果，答案让须贾瞠目结舌，昔日的范叔竟然是现在的秦相张禄，他不但毫无察觉，还以"孺子"称呼，其惊恐之状可以想见。于是，须贾脱衣露体，一路跪着前行，来到范府门前请求谢罪。范雎这时才以秦相的真身份见他。须贾自知罪过，请范雎处置。范雎问："你有几条罪状？"须贾没有直面回答，可能是情急之下反应不过来，或者是有意回避，用了很夸张的说法回答道："拔下我的头发来数我的罪过，都还不够。"范雎指出，须贾有三罪：第一，怀疑他私通齐国并向魏齐说他的坏话；第二，魏齐把他打伤扔在厕所，而须贾没有阻止；第三，宾客喝醉在他身上撒尿，须贾居然忍心看着自己受辱。但范雎没有杀须贾的原因在于一件绨袍，说明须贾还念故人之情。范雎向昭王报告了此事，打发须贾回去。我们可以推测，范雎不杀须贾，是因为当初须贾对他有知遇之恩，范雎"一饭之德必偿"，更不用说此知遇大恩。然而范雎也是"睚眦之怨必报"，怎么会让须贾就这样离开呢？所以，须贾去向范雎辞行时，范雎大摆筵席，宴请各国使节，而把须贾安排在堂下，给他吃的是牲畜的饲料，极尽羞辱，并数落须贾，让他告诉魏王，赶紧把魏齐的头送来，否则就屠杀魏国都城大梁。

范雎在秦权势熏天，其政治巅峰应该是，他用反间计促使秦国在长平之战中大获全胜之时，但到达顶点的同时也是下落的开始，所谓盛极而衰。在应侯之后，担任秦相的是受范雎举荐的蔡泽。

这篇传是《史记》中最精彩的篇章，后人评价"闳深奥衍，壮丽奇博"（李晚芳：《历代名家评〈史记〉》，北京师范大学出版社，1986，第601页），"其大处，则天空海阔，叠嶂层峦；其丽处，则璇室瑶台，珠帘画栋，洋洋乎大观也。"（李晚芳：《历代名家评〈史记〉·读史管见》卷二，北京师范大学出版社，1986，第602页）读者可以找出本传全文，仔细体会古人的评价。

《史记》和后代集体编写的史书不同之处在于，它有很强的个人色彩。司马迁用文章写出了历史人物的精神面貌以及整个时代的恢宏场景，而在历史书写的过程中,司马迁把"自己"写进了过去的历史中,当然也写进了未来的历史中。

在选文中,当读到"公不止""公其何忍乎?",能听见的不仅是范雎的声音,似乎还有司马迁自己的控诉声。司马迁因李陵之祸下狱时,"交游莫救,左右亲近不为一言"(《报任安书》),没有人出来为他辩护。难道他们就忍心看着司马迁遭受宫刑? 作为后代读者,真想替太史公也问那些人一句,"公其何忍乎?"上面这些只是一些联想,甚至可能是附会,但笔者想说明的是,阅读《史记》要注意体会作者的精神,不能只停留在故事的层面。

【扩展阅读】

导言:汉代朱买臣被免官待诏时,曾经在会稽郡守卫官邸的人那里借住吃饭,当他被任命为会稽太守后,就穿着原来的衣服,带着官印,步行到官邸,之后的场面很有现场感,寥寥几字精确传神地表现了当时人的反应:不视、怪、惊、大呼、疾呼。朱买臣和范雎一样,是个知恩图报的人,他当上太守后,找来以前的熟人,与他们一同吃饭,对那些于己有恩的人,也都一一报答。

初,买臣免,待诏,常从会稽守邸者寄居饭食。拜为太守,买臣衣故衣,怀其印绶,步归郡邸。直上计时,会稽吏方相与群饮,不视买臣。买臣入室中,守邸与共食,食且饱,少见其绶,守邸怪之,前引其绶,视其印,会稽太守章也。守邸惊,出语上计掾吏。皆醉,大呼曰:"妄诞耳!"守邸曰:"试来视之。"其故人素轻买臣者入内视之,还走,疾呼曰:"实然!"坐中惊骇,白守丞,相推排陈列中庭拜谒。买臣徐出户。有顷,长安厩吏乘驷马车来迎,买臣遂乘传去。会稽闻太守且至,发民除道,县长吏并送迎,车百余乘。(班固:《汉书·朱买臣传》卷六十四上,中华书局,1962,第2792~2793页)

三十四、完璧归赵

【题解】

　　蔺相如奉命出使秦国，答复和氏璧之事。当他面对秦王时，毫无惧色，能见机行事，既保护和氏璧被安全送回，又使秦王自觉理亏，不出兵攻打赵国。本文充分表现了蔺相如智勇兼备的特点。

【原文】

　　赵惠文王时，得楚和氏璧。秦昭王闻之，使人遗赵王书①，愿以十五城请易璧②。赵王与大将军廉颇诸大臣谋：欲予秦，秦城恐不可得，徒见欺；欲勿予，即患秦兵之来。计未定，求人可使报秦者③，未得。宦者令缪贤曰：“臣舍人蔺相如可使。”王问："何以知之？"对曰："臣尝有罪，窃计欲亡走燕，臣舍人相如止臣，曰：'君何以知燕王？'臣语曰：'臣尝从大王与燕王会境上④，燕王私握臣手，曰'愿结友'。以此知之，故欲往。'相如谓臣曰：'夫赵强而燕弱，而君幸于赵王⑤，故燕王欲结于君。今君乃亡赵走燕，燕畏赵，其势必不敢留君，而束君归赵矣⑥。君不如肉袒伏斧质请罪，则幸得脱矣。'臣从其计，大王亦幸赦臣。臣窃以为其人勇士，有智谋，宜可使。"于是王召见，问蔺相如曰："秦王以十五城请易寡人之璧，可予不？"相如曰："秦强而赵弱，不可不许。"王曰："取吾璧，不予我城，奈何？"相如曰："秦以城求璧而赵不许，曲在赵⑦。赵予璧而秦不予赵城，曲在秦。均之二策，宁许以负秦曲⑧。"王曰："谁可使者？"相如曰："王必无人，臣愿奉璧往使⑨。城入赵，而璧留秦；城不入，臣请完璧归赵。"赵王于是遂遣相如奉璧西入秦。

秦王坐章台见相如⑩，相如奉璧奏秦王。秦王大喜，传以示美人及左右，左右皆呼万岁。相如视秦王无意偿赵城⑪，乃前曰："璧有瑕，请指示王。"王授璧，相如因持璧却立⑫，倚柱，怒发上冲冠，谓秦王曰："大王欲得璧，使人发书至赵王，赵王悉召群臣议⑬，皆曰'秦贪，负其强，以空言求璧，偿城恐不可得'。议不欲予秦璧。臣以为布衣之交尚不相欺，况大国乎！且以一璧之故逆强秦之欢⑭，不可。于是赵王乃斋戒五日，使臣奉璧，拜送书于庭。何者？严大国之威以修敬也⑮。今臣至，大王见臣列观，礼节甚倨⑯；得璧，传之美人，以戏弄臣。臣观大王无意偿赵王城邑，故臣复取璧。大王必欲急臣，臣头今与璧俱碎于柱矣！"相如持其璧睨柱⑰，欲以击柱。秦王恐其破璧，乃辞谢固请，召有司案图⑱，指从此以往十五都予赵。相如度秦王特以诈详为予赵城⑲，实不可得，乃谓秦王曰："和氏璧，天下所共传宝也，赵王恐，不敢不献。赵王送璧时，斋戒五日，今大王亦宜斋戒五日，设九宾于廷⑳，臣乃敢上璧。"秦王度之㉑，终不可强夺，遂许斋五日，舍相如广成传㉒。相如度秦王虽斋，决负约不偿城，乃使其从者衣褐，怀其璧，从径道亡㉓，归璧于赵。

　　秦王斋五日后，乃设九宾礼于廷，引赵使者蔺相如。相如至，谓秦王曰："秦自缪公以来二十余君，未尝有坚明约束者也㉔。臣诚恐见欺于王而负赵，故令人持璧归，间至赵矣㉕。且秦强而赵弱，大王遣一介之使至赵，赵立奉璧来。今以秦之强而先割十五都予赵，赵岂敢留璧而得罪于大王乎？臣知欺大王之罪当诛，臣请就汤镬，唯大王与群臣孰计议之。"秦王与群臣相视而嘻㉖。左右或欲引相如去，秦王因曰："今杀相如，终不能得璧也，而绝秦赵之欢，不如因而厚遇之，使归赵，赵王岂以一璧之故欺秦邪！"卒廷见相如，毕礼而归之。（《史记·廉颇蔺相如列传第二十一》卷八十一，第2943～2946页）

【注释】

　　①遗：送交。　②易：交换。　③报：回答。　④境上：赵国边境。　⑤幸：宠幸。　⑥束：捆绑。　⑦曲：理亏。　⑧负：担负。　⑨奉：恭敬地用手捧着。　⑩章台：战国时秦宫中台名。　⑪偿：偿还。　⑫却：退。

⑬悉：尽，全。　⑭逆：违背。　⑮严：尊重。　⑯倨：傲慢。　⑰睨：斜视。　⑱案图：查看图册。　⑲详：通"佯"装作。　⑳九宾：古代外交上最隆重的礼节，有九个迎宾赞礼的官员延引上殿。　㉑度：推测。　㉒舍相如广成传：安排相如住在广成宾馆中。　㉓径道：小路。　㉔坚明约束：坚守盟约。　㉕间：一会儿。　㉖嘻：惊呼声。

【品读】

　　赵惠文王得到了稀世珍宝和氏璧，秦昭王听说后，就派人送去书信，表示愿意以十五座城交换。秦昭王的反应说明和氏璧确实非同一般，既然如此，赵王当然也不会轻易就送出去的。尽管秦王表示愿意用十五座城交换，但秦国一向被认为狡诈多变，而且又十分强大，一旦秦王拿到了和氏璧而不兑现承诺，赵国也无力讨伐，只能哑巴吃黄连，有苦说不出，所以赵王找来大将军廉颇及其他大臣商量对策。他们也是左右为难，送给秦王，十五城可能得不到；不给，又担心秦国出兵攻打。谁也没有好的办法，连一个去答复秦国的使者也找不到。这时，缪贤举荐了一人，就是他的门客蔺相如。事关重大，赵王就问为什么他可以担此重任。缪贤现身说法，说有一次，他犯了罪，打算逃到燕国去，但被蔺相如阻止了。他之所以要逃到燕国，是因为在赵王和燕王会面时，燕王曾经私下握着他的手说愿意交个朋友。缪贤信以为真，但蔺相如认为不可行，分析道："当时赵强燕弱，您又受赵王宠幸，所以燕王才想和您结交。如今，您是逃出赵国去燕国，燕国害怕赵国，所以他们不但不会收留您，还会把您捆绑了送回赵国。"蔺相如还提出建议，要缪贤主动请罪。缪贤照着做了，果然得到了赵王的赦免。缪贤举例来说明蔺相如是有智慧的，可以出使秦国。赵王召见蔺相如，把难题抛给他，看他如何解决。蔺相如提出曲和不曲的解释，觉得以给为上，因为如果秦王不守信，那秦国就在道义上落败，而且赵国也不用担忧秦国的攻打。赵王问谁能担任使者，蔺相如自荐并保证道：如果得到城，他就将和氏璧留在秦国；如果得不到城，他就将和氏璧完好送回。

　　蔺相如到达秦国，秦王坐在章台接见。章台在离宫之中，而离宫是正宫

《史记》品读　完璧归赵

129

之外供帝王出巡时居住的宫室。秦王在章台接见,表明了秦王对赵国使者的轻视。秦王拿到和氏璧后,十分高兴,传给妃嫔和左右的人看,完全没有提到十五座城的事。蔺相如早就看出来了,上前说道:"璧上有个小斑点,请让我指给大王看看。"秦王没有多想,就给了蔺相如。蔺相如拿到和氏璧,后退几步,靠柱子站着,怒发冲冠,向秦王说明他取回和氏璧的原因。分析蔺相如的话,主要是指斥秦国无礼,不信守承诺。与秦国的无礼相对照,赵国则礼义兼备,首先表现在赵王极其重视,召集大臣商议。本来决定不给秦国了,但蔺相如认为,平民之间的交往都不会相互欺骗,更何况是大国,况且这么做还使秦国不高兴;其次是赵国谨守礼节,赵王斋戒五日,派使者回复,如此做,是尊重大国,表示敬意。秦王的做法与赵国完全相反,首先是在章台接见,其次又把璧传给妃嫔看,戏弄使者,更重要的是没有用十五座城拿来交换之意。于是,蔺相如威胁说:"如果大王您逼我,我的头与和氏璧今天就一起撞碎在柱子上!"于是蔺相如手持和氏璧,斜看着柱子,要往上撞。秦王害怕真撞碎了,赶紧道歉请求不要撞,让官员拿来地图,指出了许给赵国的十五座城。蔺相如心里明白,这显然是权宜之计,不会真给。于是,他将计就计,请求秦王斋戒五日,在朝堂以九宾大礼接见。唯有如此,他才敢献上和氏璧。蔺相如实际上是在拖延时间,秦王知道不可能强夺,也就答应了。蔺相如到住处后,派人悄悄地把和氏璧送回了赵国。

秦王斋戒五日后,设九宾礼接见蔺相如。蔺相如如实相告并指出,秦国的历代国君,没有能够坚守盟约的。他怕被秦国欺骗而有负于赵国,所以已经派人送回去了,最后又说以秦国的强大,如果先割给了赵国十五城,赵国哪里还敢留下和氏璧。蔺相如言下之意是:不是赵国违约,而是秦国一向的做法难以让人相信,所以他才出此下策。秦王和大臣听完此话后面面相觑,发出惊呼声。左右的人要把蔺相如拉下去处死,秦王制止了。秦王觉得,就算杀了蔺相如,终究还是得不到和氏璧,也会破坏两国关系。于是,在朝堂上接见蔺相如,礼节完毕后,让他回国了。

蔺相如后来被拜为上卿,在大将廉颇之上。廉颇对此不满,想要羞辱他,蔺相如故意躲着不见。最后，廉颇听说蔺相如不见他，并不是因为怕他，而是"先国家之急而后私仇也"，感到非常惭愧，就负荆前往请罪。从此，两人成为刎颈之交，共同辅助赵王。

　　在整个完璧归赵的过程中，充分显示了蔺相如的"智谋"。他察言观色，知道秦王无意交换时，果断采取措施拿回和氏璧。他的一番话有理有据、义正词严，不仅让秦国无可辩驳，还使之处于失礼的境地。秦国的气势被蔺相如一人压倒。之后，他又让人暗中送回和氏璧，不顾生死前去面对秦王，朝堂之上毫无畏惧，可见蔺相如不仅"智"，而且"勇"，他以一人之力保存了和氏璧，也维护了赵国的尊严。

【扩展阅读】

　　导言："和氏璧"的名称有其来由，最早的记载应该是《韩非子》。因为是楚人和氏发现的，所以被命名为"和氏之璧"，但和氏璧被认定为宝玉的过程中，和氏付出了惨重的代价，被砍掉了两足。和氏璧最初在楚国，它是如何到的赵国，不得而知。

和氏璧

　　楚人和氏得玉璞楚山中，奉而献之厉王。厉王使玉人相之，玉人曰："石也。"王以和为诳，而刖其左足。及厉王薨，武王即位，和又奉其璞而献之武王。武王使玉人相之，又曰："石也。"王又以和为诳，而刖其右足。武王薨，文王即位。和乃抱其璞而哭于楚山之下，三日三夜，泪尽而继之以血。王闻之，使人问其故，曰："天下之刖者多矣，子奚哭之悲也？"和曰："吾非悲刖也，悲夫宝玉而题之以石，贞士而名之以诳，此吾所以悲也。"王乃使玉人理其璞而得宝焉，遂命曰："和氏之璧。"（王先慎：《韩非子集解·和氏第十三》卷四，中华书局，2003，第95页）

三十五、田单复齐

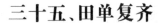

【题解】

燕国任用乐毅率领五国之兵进攻齐国，齐国战败，齐湣王逃到莒，后被淖齿所杀。乐毅在齐五年，只剩下莒和即墨两城，即墨由田单率人坚守。燕惠王以骑劫替换了乐毅，田单乘机采取各种策略，使燕军松懈，最终打败燕军，恢复了齐国的城邑。

【原文】

乐毅因归赵，燕人士卒忿①。而田单乃令城中人食必祭其先祖于庭，飞鸟悉翔舞城中下食。燕人怪之②。田单因宣言曰："神来下教我。"乃令城中人曰："当有神人为我师。"有一卒曰："臣可以为师乎？"因反走③。田单乃起，引还，东向坐，师事之。卒曰："臣欺君，诚无能也。"田单曰："子勿言也！"因师之。每出约束④，必称神师。乃宣言曰："吾唯惧燕军之劓所得齐卒⑤，置之前行，与我战，即墨败矣⑥。"燕人闻之，如其言。城中人见齐诸降者尽劓，皆怒，坚守，唯恐见得。单又纵反间曰："吾惧燕人掘吾城外冢墓，僇先人⑦，可为寒心。"燕军尽掘垄墓，烧死人。即墨人从城上望见，皆涕泣，俱欲出战，怒自十倍。

田单知士卒之可用，乃身操版插⑧，与士卒分功，妻妾编于行伍之间，尽散饮食飨士。令甲卒皆伏，使老弱女子乘城⑨，遣使约降于燕，燕军皆呼万岁。田单又收民金，得千溢⑩，令即墨富豪遗燕将，曰："即墨即降，愿无虏掠吾族家妻妾，令安堵⑪。"燕将大喜，许之。燕军由此益懈。

田单乃收城中得千余牛,为绛缯衣[12],画以五彩龙文,束兵刃于其角,而灌脂束苇于尾[13],烧其端。凿城数十穴,夜纵牛,壮士五千人随其后。牛尾热,怒而奔燕军,燕军夜大惊。牛尾炬火光明炫耀,燕军视之皆龙文,所触尽死伤。五千人因衔枚击之[14],而城中鼓**譟**从之,老弱皆击铜器为声,声动天地。燕军大骇,败走。齐人遂夷杀其将骑劫[15]。燕军扰乱奔走,齐人追亡逐北,所过城邑皆畔燕而归田单[16],兵日益多,乘胜,燕日败亡,卒至河上[17],而齐七十余城皆复为齐。乃迎襄王于莒[18],入临菑而听政[19]。(《史记·田单列传第二十二》卷八十二,第2960~2962页)

【注释】

①忿:生气,恨。 ②怪:以……为怪。 ③反走:转身跑。 ④约束:号令。⑤劓:古代割掉鼻子的一种酷刑。 ⑥即墨:在今山东省平度市东南。⑦僇(lù):侮辱。 ⑧版插:泛指建筑用具。版,筑墙器具。插,同"锸",起土器具。 ⑨乘:登上。 ⑩溢:通"镒",古代重量单位。 ⑪安堵:安居。⑫绛缯衣:大红色薄绢所制的被服。 ⑬脂:油脂。 ⑭衔枚:古代军队秘密行动时,让兵士口中横衔着枚(像筷子的东西),防止说话,以免敌人发觉。⑮夷:平。 ⑯畔:通"叛"。 ⑰河上:黄河边。 ⑱莒:在今山东省莒县。 ⑲临菑:即"临淄",齐国都城,在今山东省淄博市东北。

【品读】

燕、齐两国之间的这场战争要追溯至燕王哙。当初,燕王哙听信鹿毛寿之言,把燕国让于燕相子之,子之执政三年,国家大乱,将军市被和太子平攻打子之,但没有成功,市被战死。齐湣王乘机进攻燕国,此时的燕国已经基本没有战斗力,结果燕王哙死,齐军大胜。后来,燕人拥立太子平为王,这就是燕昭王。昭王即位后大力征求贤士,想要找齐国报仇。恰好乐毅为魏国出使燕,燕王以客礼接待他,乐毅推辞,请求为臣。于是,燕王以乐毅为亚卿。

燕昭王屈身下士,在后代引发不少感慨,成为那些怀才不遇之人怀念的对象,其中最有名的要算唐代陈子昂了。武则天万岁通天元年(696),由于契丹攻陷营州，武后令武攸宜率军征讨，陈子昂在武攸宜幕府中，也随军出征。面对兵败的情形，陈子昂向武攸宜进谏，不仅没有被采纳，还被降职，心中的郁闷难解可想而知。某一天他登上燕昭王为招纳贤士所建立的蓟北楼，无限感慨，写下了千古绝唱《登幽州台歌》："前不见古人，后不见来者。念天地之悠悠，独怆然而涕下。"后人对此诗给予了高度评价，如黄周星《唐诗快》卷二："胸中自有万古，眼底更无一人。古今诗人多矣，从未有道及此者。此二十二字，真可以泣鬼。"

与燕国的弱小相比，齐国非常强大。齐湣王时代，在南边打败了楚国，西边打败了魏、赵，又与韩、魏一起进攻秦国，帮助赵国灭了中山，击破了宋国，国土扩大了一千多里。但齐湣王骄横残暴，齐国百姓不能忍受。于是燕昭王就向乐毅询问伐齐的事。乐毅的意见是，齐国强大，以燕国一国之力不可能战胜，必须联合赵、楚、魏三国。燕昭王就派乐毅等分别出使三国，各国诸侯也因为齐湣王骄横残暴，所以争着要与燕国讨伐齐国。于是乐毅率领赵、楚、韩、魏、燕五国军队讨伐齐国，在济水以西大败齐军。其他四国罢兵返回，乐毅继续追击，到达临淄，齐湣王逃走，到了莒。乐毅攻入临淄，把齐国的宝物、财产、礼器等都运送回了燕国，燕昭王大喜，终于得以报仇，封乐毅为昌国君，要他继续带兵平定还没投降的齐国城邑。乐毅在齐五年，平定七十多城，唯独莒、即墨攻不下。这时，燕昭王去世，燕惠王立，惠王在当太子时就和乐毅有矛盾。齐国田单知道此事，派间谍到燕国实行反间计，传言称莒、即墨之所以久攻不下，是因为乐毅想称王。还说即墨最怕的就是燕国派其他的将军攻打。燕王果然听信谣言，派骑劫替换了乐毅，乐毅只好去了赵国。

田单是田氏王族的旁支亲属，不受齐湣王重用，燕军攻破临淄时，田单逃走，后来被人推举为将军，坚守即墨，乐毅一直攻不下。田单这时的军事实力不可能和燕军正面对战，他采取的方法首先是反间，让燕王换掉乐毅。这一步至关重要，因为乐毅贤能，通晓兵法，又在齐国停留五年时间，应当非常熟悉齐国各方面的情况。所以，如果乐毅在，田单后面的计谋就可能被识破，胜利的概率太小。而一旦乐毅被替换，新来的将领很难比乐毅更贤能，又不十分了解战争情况,相比乐毅更好对付。此外,乐毅离燕赴赵,引起了燕人的不满,军心受到了影响。因此,第一次反间为后续的计谋开展奠定了基础。

田单采取的又一个办法是借助"神力"。他让人吃饭时,必须到庭院里祭祀祖先,祭祀的食物吸引了很多鸟雀,燕人感到很奇怪。田单借这个现象说:"有神人下来教我。"还下令使全城人都知道有神人要来做军师。结果有个士兵问:"我能做军师吗?"估计怕触怒田单,说完转身就跑,田单派人把他找回来,以师礼对待。虽然兵卒承认自己不是,但田单让他不要说。之后,每次都是以神师的名义发出号令。田单宣扬说他们最怕燕军把俘虏的齐兵割去鼻子然后放在前列,如果这样,即墨肯定战败。燕人听说后,居然就按照齐人的说法做了。城中的人见到被俘虏的士兵都被割了鼻子,自然很愤怒,更加坚定了守城的决心。田单安排神师有两方面的作用:一是用来说明即墨城受到神的保护,以此激励士气;另一方面,对燕军也能起到震慑的作用。

田单再次使用"反间",说:"我们最害怕燕人挖掘城外的祖先坟墓,侮辱我们的先祖,那太让人寒心了。"燕军对齐的计谋依旧毫无察觉,去挖了坟墓,烧了尸体,即墨人在城上看到后,痛哭流涕,愤怒不已,都请求出城战斗。田单明白时机已经成熟,于是与士兵一起劳作,妻妾也编入队伍中,兵卒都藏起来,使老弱女子登城,然后派人和燕军约定投降。为了不使燕军生疑,又搜集大量金银,让即墨的富豪送给燕军将领,求燕军进城后不要掳掠他们。经过这些之后,燕军更加松懈,等待着即将到手的胜利果实。

但实际上到来的不是胜利的狂欢,而是失败的血泪。田单给城中的一千多头牛套上画着五彩龙纹的红色被服,牛角上绑着兵刃,牛尾上捆着灌满油脂的芦苇。将牛尾上的芦尾点燃后,在城墙上凿出十个出口,把牛放出去,后面跟着五千壮士。牛尾被烧后,一千多头牛冲向燕军,燕军猝不及防,死伤无数。五千壮士随后攻击,城中兵喊马嘶。随后,城里的老者、弱者及女子敲起了铜器,在原本寂静的夜晚造成如此大的动静,天地为之震动。燕军面对来势凶猛的攻击,毫无招架之力,只能逃跑。将军骑劫被齐人所杀。被燕国攻占的齐国城邑也都背叛燕国,归顺了田单,齐军实力大增。齐国乘胜追击,一直追到黄河边上，最终使七十多座城再次回归齐国。齐湣王在莒被淖齿所杀，齐人立湣王之子田法章为王，即齐襄王。田单从莒迎回襄王，在临淄处理政事。

七十多座城又被齐国夺回，燕国兵败将亡。燕惠王后悔用骑劫代替了乐毅，但又怨恨乐毅到赵国，同时害怕赵国任用乐毅，乘燕新败而攻打燕国，就派人责备乐毅，还向他表示歉意。虽然没有明说，但实际上是希望乐毅能回燕国。乐毅给惠王回了一封信做解释，但没有再回燕，最后死在了赵国。

田单复齐是在极为艰难的处境中完成的，战法多变，出人意表，积极主动进行战略谋划；燕军则粗心大意，完全被田单牵着鼻子走。两相对比，齐军岂有不胜之理。

【扩展阅读】

导言：战争的胜利，军事实力固然重要，但计谋的作用决不可忽视，田单能战胜燕军，"反间计"的运用很关键。中国古代著名的军事著作《孙子兵法》有"用间篇"，系统阐述了使用间谍的五种方法。

用间五法

故用间有五：有因间，有内间，有反间，有死间，有生间。五间俱起，莫知其道，是谓神纪，人君之宝也。因间者，因其乡人而用之。内间者，因其官人而用之。反间者，因其敌间而用之。死间者，为诳事于外，令吾间知之，而传于敌间也。生间者，反报也。

故三军之事，莫亲于间，赏莫厚于间，事莫密于间。非圣智不能用间，非仁义不能使间，非微妙不能得间之实。微哉！微哉！无所不用间也。间事未发，而先闻者，间与所告者皆死。(《孙子兵法新注·用间篇》，中华书局，1977，第136～139页)

三十六、鲁仲连辞封轻金

【题解】

　　赵国都城邯郸被秦军围困,魏王派新垣衍潜入城内劝说赵王尊秦为帝。在平原君犹豫不决之际,鲁仲连出面说服新垣衍,秦军退却五十里。解围后,平原君封赏鲁仲连,鲁仲连辞封轻金,终身不再见平原君。

【原文】

　　于是平原君欲封鲁连①,鲁连辞让者三,终不肯受。平原君乃置酒②,酒酣,起,前以千金为鲁连寿③。鲁连笑曰:"所谓贵于天下之士者,为人排患释难解纷乱而无取也。即有取者④,是商贾之事也,而连不忍为也。"遂辞平原君而去,终身不复见。(《史记·鲁仲连邹阳列传第二十三》卷八十三,第2974页)

豫士高鲁

鲁仲连

【注释】

　　①封:封赏。　②置酒:安排酒宴。　③寿:向人祝酒或以财物赠人。　④取:收取(财物)。

　　长平之战后,秦军兵围邯郸,魏王本来已经派晋鄙率军去救援,但害怕秦国,停留在荡阴观望。魏王又使新垣衍悄悄潜入邯郸,劝赵王尊秦昭王为帝来解邯郸之围。平原君犹豫未决。此时鲁仲连恰好在赵国,听说此事后,去见平原君,问道:"这件事该怎么办?"平原君对长平之战损失四十万军队还难以释怀,只能以"胜也何敢言事?"作答,还告诉了新垣衍的来意。于是,鲁仲连见到了新垣衍,说他要帮助赵国。具体办法是使魏、燕、齐、楚都帮助赵,新垣衍认为请燕国助赵,他相信,但自己就是魏人,鲁仲连又怎么能让魏助赵呢? 鲁仲连以为魏之所以不助赵,是因为魏没有认识到秦国称帝的危害。所以他先援引历史上的齐威王、九侯、鄂侯、周文王、齐湣王、邹鲁臣子等例子,最后才说到魏。魏国和秦国一样,都是拥有万乘的大国,但魏一见到秦国打了一场胜仗,就要屈从秦国尊秦王为帝,这还不如邹鲁的奴婢。一旦秦王称帝,他就可以为所欲为,到时候魏王不得安宁,像新垣衍这些大臣要得到原来的宠信也不可能。

　　新垣衍听后肃然起敬,向鲁仲连道歉,请求离开赵国,再也不说尊秦为帝的事了。秦国将军听到这件事后,退后了五十里,刚好魏国信陵君也率军赶到,秦国于是退兵。《史记》在此所记"却军五十里"是为了突出鲁仲连的才能,但不符合事实。因为《平原君虞卿列传》中明确记载了秦军退却是由于李同率三千敢死之士与秦军大战的结果,《魏公子列传》说是信陵君夺取晋鄙军后,选出八万人攻击秦军,秦军才撤走的。再者,仅以常理推断,也不现实,鲁仲连最多让新垣衍心服口服地离开赵国,怎么能让秦军后退五十里呢?

　　秦军退军后,平原君要封赏鲁仲连,鲁仲连再三推辞,不肯接受。平原君又摆下酒宴,正喝得尽兴痛快时,平原君起身,献上千金为谢礼,鲁仲连淡然一笑,拒绝千金,以为士就是为人排除祸患、解除灾难、化解纠纷的。如果接受酬劳,那和商人有什么区别。古代有所谓士、农、工、商,商人地位很低,鲁仲连自诩为士,当然不会和商人一样。于是辞别平原君,终身不再见。鲁仲连辞封轻金,从根本上说,是他重义轻利。"义"是古人非常看重的,《论语》中孔子就有"君子喻于义,小人喻于利"(杨伯峻:《论语译注》,中华书局,2009,第38页)的说法。孟子更是特别强调,在《孟子·告子上》中说:"鱼,我所欲也,熊掌亦我所欲也;二者不可得兼,舍鱼而取熊掌者也。生亦我所欲也,义亦我所欲也;二者不可得兼,舍生而取义者也。"(杨伯峻:《孟子译注》,中华书局,1960,第245页)在孟子的观念里,"义"比生命还重要。《孟子·梁惠王上》中还有一段关于义的记载让司马迁感叹不已。

　　孟子见梁惠王。王曰:"叟不远千里而来,亦将有以利吾国乎?"孟子对曰:"王何必曰利? 亦有仁义而已矣。王曰:'何以利吾国?'大夫曰:'何以利吾家?'士庶人曰:'何以利吾身?'上下交征利而国危矣。万乘之国弑其君者,必千乘之家;千乘之国弑其君者,必百乘之家。万取千焉,千取百焉,不为不多矣。苟为后义而先利,不夺不餍。未有仁而遗其亲者也,未有义而后其君者也。王亦曰仁义而已矣,何必曰利?"(杨伯峻:《孟子译注》,中华书局,1960,第1~2页)

　　孟子指出,只言利,对于个人和国家都有危害,而孟子如此重"义",正是因为当时天下唯利是图。司马迁在《孟子荀卿列传》(卷七十四)一开始就以"太史公曰"发表议论:"余读孟子书,至梁惠王问'何以利吾国',未尝不废书而叹也。曰:嗟乎,利诚乱之始也! 夫子罕言利者,常防其原也。故曰'放于利而行,多怨'。自天子至于庶人,好利之弊何以异哉!"太史公对孟子的这段话"废书而叹",是有切身体会的。在李陵之祸中,当李陵未出征之前,好多人与他来往,似乎交情很深,可李陵被俘后,没有一人出面为李陵解释,甚至还有人落井下石。司马迁和李陵并没有过多的交情,只是觉得李陵有国士之风,在战场上能够英勇奋战,所以他仗义执言。但汉武帝认为,司马迁是为李陵游说,败坏李广利。司马迁因此而被下狱,以至于遭受宫刑。当然,司马迁时代重利轻义的人与事应该也很多,但感受最深的恐怕就是此事了。

　　选文中还有一点须要注意。那就是"笑",笑是个含义非常丰富的行为,光从笑组成的词就能看出,随便列几个就有:欢笑、嘲笑、傻笑、微笑、苦笑、冷笑等等,鲁连之笑中带有嘲讽轻蔑的意味,嘲讽大名鼎鼎的平原君居然是个重利之人,除此之外,似乎还有苦涩的味道,因为"士"并不被上位者理解。正是由于这两点,鲁仲连才终身不再见平原君。

【扩展阅读】

导言:现代人有"偶像"和"粉丝",古人也有,只不过不这样称呼。李白是后代诗人的偶像,而李白的偶像之一就是鲁仲连。在李白的诗里经常提到鲁仲连,表达着他自己对鲁仲连的敬仰之情。下面举一首为例。

古风(其十)

齐有倜傥生,鲁连特高妙。明月出海底,一朝开光曜。却秦振英声,后世仰末照。意轻千金赠,顾向平原笑。吾亦澹荡人,拂衣可同调。(《李太白全集》卷二,中华书局,1977,第101页)

三十七、司马迁论《离骚》

【题解】

　　司马迁对屈原非常同情，所以在本传记的写作中融入了自己的感情，对屈原的代表作《离骚》评价很高（基本借用了刘安的《离骚传叙》），特别推崇屈原高洁的品质，认为可与日月争辉。

【原文】

屈原

　　屈平疾王听之不聪也①，谗谄之蔽明也②，邪曲之害公也，方正之不容也，故忧愁幽思而作《离骚》。离骚者，犹离忧也③。夫天者，人之始也；父母者，人之本也。人穷则反本④，故劳苦倦极，未尝不呼天也；疾痛惨怛⑤，未尝不呼父母也。屈平正道直行，竭忠尽智以事其君，谗人间之，可谓穷矣。信而见疑，忠而被谤⑥，能无怨乎？屈平之作《离骚》，盖自怨生也。《国风》好色而不淫⑦，《小雅》怨诽而不乱⑧。若《离骚》者，可谓兼之矣。上称帝喾⑨，下道

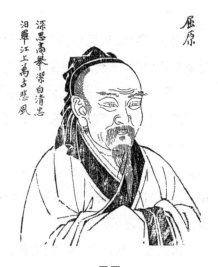
深思高举洁白清忠
汨罗江工万古悲风

屈原

齐桓⑩，中述汤武⑪，以刺世事⑫。明道德之广崇，治乱之条贯，靡不毕见。其文约，其辞微，其志洁，其行廉⑬，其称文小而其指极大⑭，举类迩而见义远⑮。其

141

志洁,故其称物芳。其行廉,故死而不容。自疏濯淖污泥之中⑯,蝉蜕于浊秽,以浮游尘埃之外,不获世之滋垢⑰,皭然泥而不滓者也⑱。推此志也,虽与日月争光可也。(《史记·屈原贾生列传第二十四》卷八十四,第2994页)

【注释】

①疾:憎恨。聪:听觉灵敏。 ②谗谄:说他人坏话以巴结奉承别人的人。 ③离忧:遭遇忧患。离,通"罹",遭遇。 ④穷:处境恶劣。 ⑤惨怛(dá):悲痛忧伤。 ⑥谤:恶意攻击别人,说别人的坏话。 ⑦《国风》:《诗经》分为风、雅、颂三部分,风即《国风》。淫,过分。 ⑧《小雅》:《诗经》的"雅"分大、小雅。 ⑨帝喾(kù):上古帝王,黄帝曾孙。 ⑩齐桓:齐桓公,春秋时齐国君主。 ⑪汤武:商汤和周武王。 ⑫刺:讽刺。 ⑬廉:品行方正。 ⑭指:通"旨",意义。 ⑮迩:近。 ⑯濯淖(nào):濯淖污泥四字同义,都是污秽之物。 ⑰滋:黑、浊。 ⑱皭(jiào):洁白;洁净。

【品读】

屈原,名平,原是字,和楚王同族,学者根据《离骚》中"摄提贞于孟陬兮,惟庚寅吾以降"推断,屈原生于公元342年夏历正月二十六日。楚怀王时任左徒,深受怀王的信任,加之屈原才能出众,引起了上官大夫靳尚的嫉妒。怀王令屈原制定法令,刚完成草稿,还没最终确定时,靳尚看见就想夺走,屈原不给,于是靳尚就向怀王进谗言,说:"大王命屈原制定法令,没有人不知道,他每颁布一道法令,就夸耀自己的功劳,并认为'除了我没有人能做'。"怀王听说后很生气,自此疏远了屈原。这是《史记》屈原本传中记载的《离骚》创作背景,即被怀王疏远之后而作。

选文是司马迁对《离骚》的评论,他首先指出屈原作《离骚》的原因是:痛心怀王不明辨是非,受人蒙蔽,致使奸邪之人陷害公正之人,方正的人无所容身,所以屈原在忧愁深思中写了《离骚》,并解释离骚的意思是"离忧",离忧可以作两种解释,一是遭遇忧患;二是忧愁。班固认可第一种,但东汉的王逸在《楚辞章句》中另有解释:"离,别也;骚,愁也。"无论是哪种说法都可以讲得

国学经典书系

通，何况二者之间的差异也不是太大。司马迁如此解释《离骚》的写作原因是有根据的，如在《离骚》中能看到这样的句子："何桀纣之猖披兮，夫唯捷径以窘步。唯夫党人之偷乐兮，路幽昧以险隘。""世混浊而不分兮，好蔽美而嫉妒。"之后，司马迁又写到屈原的"穷"和"怨"。论"穷"从天、父母开始，当人们劳苦疲倦达到极致时，没有不呼喊上天的；极端痛苦时，没有不喊父母的。屈原正道直行、竭忠尽智却因人进谗言而被疏远，可谓是穷了。再者，屈原诚信却遭怀疑，忠正却被毁谤，处在这样一种境地中，怎么能没有怨恨呢？怨恨的表达就是写作《离骚》。以上的部分都是在说明《离骚》的创作原因。

接下来是论述《离骚》的特点。《离骚》兼有《国风》《小雅》的特色。《诗经》中有十五国风，虽然喜好描写美色但不过分，《小雅》中尽管有怨恨讽刺，但没有暴乱。用《论语》里孔子的话说是："《诗》三百，一言以蔽之，曰'思无邪'。"司马迁对《离骚》二者兼有的评论是很准确的，在《离骚》原文中都可以看到。至于它的内容，上古提到了帝喾，近代涉及了齐桓公，中古说到了商汤、周武王，用历史来讽刺当时的事情。说明道德的广大崇高，政治治乱的条理与系统，都是非常详明的。具体到文辞上，文字精练，语词微妙，人物形象则是品格高洁，品行方正。所述内容看似细小，但它的含义却极其广博，所举的例子都是身边的事物，但却能看到其背后的深远意义。再从作者来分析，正因为屈原自身志向高洁，所以他称赏的物品都是芳香的，因为他品行方正，所以到死也不为奸邪所容。《离骚》中有香草（植物）、恶草的区别，香草借指贤人君子，恶草借指奸邪小人，所以《离骚》中的主人公都是佩戴着香草，如"扈江离与辟芷兮，纫秋兰以为佩"。甚至要以荷花等为衣裳："制芰荷以为衣兮，集芙蓉以为裳。"而那些奸邪小人正好相反，他们"户服艾以盈要兮，谓幽兰其不可佩！"（艾，蒿艾，恶草）面对污浊的世界，他远离而去，犹如蝉脱壳于污秽之中，浮游在尘世之外，不被尘世的污浊所玷污，保持高洁的品质，出淤泥而不染。这是屈原的志向，是可以与日月争辉的。由此可见，司马迁对屈原的崇敬之情已无可比拟。

屈原高洁的品质还可以从他沉江之前与渔夫的对答中看出。屈原被顷襄王放逐后,来到江边,渔夫见到他披头散发,憔悴不堪,问:"您不是三闾大夫吗? 怎么成了这样?"屈原答:"举世混浊而我独清,众人皆醉而我独醒。所以才被放逐。"渔夫又说你为什么不随波逐流,何必一定要坚持操守以至于被放逐,屈原有自己的坚守,宁肯赴江葬身鱼腹也不愿被世俗所污染。最终,他怀抱石头自沉汨罗江而死,以一人之高洁与举世之污浊相抗衡,付出了生命的代价,他永眠在了江底的清白世界。

司马迁对屈原很同情,在本传末的"太史公曰"直接做了说明:"余读《离骚》《天问》《招魂》《哀郢》,悲其志。适长沙,观屈原所自沈渊,未尝不垂涕,想见其为人。"司马迁"想见其为人"是把屈原当作了千载难遇的知音。读到本传,不由会想到《伯夷列传》,这两篇传的共同特点——夹叙夹议,其中司马迁自己的情感表现很明显。李晚芳就指出:"司马迁作《屈原传》,是自抒其一肚皮愤懑牢骚之气,满纸俱是怨辞。"(李晚芳:《历代名家评〈史记〉》,北京师范大学出版社,1986,第615页)真是一语中的。

屈原在文学史上至关重要,他的《离骚》等作品使得中国文学在发展初期就灿烂无比、光彩夺目,取得了极高的成就,同时也为后代文学的发展奠定了良好的基础,提供了丰富的经验,所谓"其衣被词人,非一代也"(刘勰:《文心雕龙·辨骚》,见范文澜:《文心雕龙注》,人民文学,1958,第47页)。

对于《离骚》等作品,一方面要从文学方面理解和欣赏,另一方面要汲取屈原的精神力量,以充实提高我们自身的品质,完善自身的人格,这一点尤为重要。

【扩展阅读】

导言:《离骚》全文过长,下面是节选的段落。

离骚(节选)

余既滋兰之九畹兮,又树蕙之百亩。畦留夷与揭车兮,杂度蘅与方芷。冀枝叶之峻茂兮,愿竢时乎吾将刈。虽萎绝其亦何伤兮,哀众芳之芜秽。

众皆竞进以贪婪兮,凭不厌乎求索。羌内恕己以量人兮,各兴心而嫉妒。忽驰骛以追逐兮,非余心之所急。老冉冉其将至兮,恐修名之不立。朝饮木兰之坠露兮,夕餐秋菊之落英。苟余情其信姱以练要兮,长顑颔亦何伤。揽木根以结茝兮,贯薜荔之落蕊。矫菌桂以纫蕙兮,索胡绳之纚纚。謇吾法夫前修兮,非世俗之所服。虽不周于今之人兮,愿依彭咸之遗则!(洪兴祖:《楚辞补注·离骚经第一》,中华书局,1983,第10~13页)

三十八、奇货可居

【题解】

> 吕不韦原本只是一个商人，但他眼光长远，而且有勇气，有魄力，认为在赵国做人质的子楚"奇货可居"。这一想法和决定使他从一位商人转变为秦国丞相。他的事迹因此成为历史上人们津津乐道的话题。

【原文】

子楚，秦诸庶孽孙①，质于诸侯②，车乘进用不饶，居处困，不得意。吕不韦贾邯郸③，见而怜之，曰"此奇货可居"。乃往见子楚，说曰："吾能大子之门。"子楚笑曰："且自大君之门，而乃大吾门！"吕不韦曰："子不知也，吾门待子门而大。"子楚心知所谓，乃引与坐，深语④。吕不韦曰："秦王老矣，安国君得为太子。窃闻安国君爱幸华阳夫人，华阳夫人无子，能立嫡嗣者独华阳夫人耳。今子兄弟二十余人，子又居中，不甚见幸⑤，久质诸侯。即大王薨，安国君立为王，则子无几得与长子及诸子旦暮在前者争为太子矣。"子楚曰："然。为之奈何？"吕不韦曰："子贫，客于此，非有以奉献于亲及结宾客也。不韦虽贫，请以千金为子西游，事安国君及华阳夫人，立子为嫡嗣。"子楚乃顿首曰："必如君策，请得分秦国与君共之。"

吕不韦乃以五百金与子楚，为进用，结宾客⑥；而复以五百金买奇物玩好，自奉而西游秦，求见华阳夫人姊，而皆以其物献华阳夫人。因言子楚贤智，结诸侯宾客遍天下，常曰："楚也以夫人为天，日夜泣思太子及夫人。"夫人大喜。不韦因使其姊说夫人曰："吾闻之，以色事人者，色衰而爱弛⑦。今夫人事太子,甚爱而无子,不以此时早自结于诸子中贤孝者,举立以为嫡而子之,夫在则重尊,夫百岁之后,所子者为王,终不失势,此所谓一言而万世之利也。不以繁华时树本,即色衰爱弛后,虽欲开一语,尚可得乎? 今子楚贤,而自知中男也,次不得为嫡,其母又不得幸,自附夫人⑧,夫人诚以此时拔以为嫡,夫人则竟世有宠于秦矣⑨。"华阳夫人以为然,承太子间,从容言子楚质于赵者绝贤,来往者皆称誉之。乃因涕泣曰:"妾幸得充后宫,不幸无子,愿得子楚立以为嫡嗣,以托妾身⑩。"安国君许之,乃与夫人刻玉符,约以为嫡嗣。安国君及夫人因厚馈遗子楚⑪,而请吕不韦傅之⑫,子楚以此名誉益盛于诸侯。(《史记·吕不韦列传第二十五》卷八十五,第3026～3028页)

【注释】

①孽孙:姬妾所生的子孙。　②质:做人质。　③邯郸:赵国都城,在今河北省邯郸市西南　④深语:深谈。　⑤幸:宠爱。　⑥结:结交。　⑦弛:减退,解除。　⑧附:依附。　⑨竟世:终生。　⑩托:托付。　⑪馈遗:赠送财物。　⑫傅:教导。

【品读】

吕不韦是个做生意的大富豪,但商人的地位在当时很低,估计他对此也很苦恼。秦昭王四十年,太子死,过了两年,又立次子安国君为太子。安国君二十多个儿子中排行居中的是子楚,他的母亲是夏姬,不受宠爱,安国君最喜爱的是华阳夫人,但华阳夫人无子。子楚被派到赵国做人质,而秦国多次攻打赵国,所以赵国对子楚也不以礼相待,以至于他的车马用度都不够,生活比较困难,自然是不得意的。

吕不韦到邯郸做生意,见子楚后,觉得很可怜,说:"这是个稀有的货物,值得囤积起来。"果然是个商人! 他观察事物,思考问题,都是从经商的经验出发的,但不得不承认,他很有眼光和远见,从这一步开始也决定了他之后的人生走向。他见到子楚后,就说:"我能光大您的门庭。"子楚笑了,前面提到过,笑是个意味深长的表情。子楚的笑是轻蔑甚至嘲笑,可能在想:你一个商人，居然不自量力要来光大我秦国公子的门第，岂不可笑？所以他回答道："你还是先去光大你自己的门庭吧，然后再来光大我的门庭。"吕不韦解释说："您不知道，我的门庭要等您的门庭光大了才能光大。"子楚也是聪明人，明白了吕不韦的意思，就和吕不韦坐下深谈。吕不韦先为子楚分析秦国的现状和子楚的处境：秦昭王年老，太子为安国君，华阳夫人最受宠爱，而华阳夫人没有儿子，她最有能力选立嫡子；子楚在安国君二十多个儿子中没有一点优势，不受安国君重视，又长期在赵国做人质，一旦秦王去世，安国君即位，子楚是不可能和长子以及其他日夜在秦王前侍奉的兄弟竞争王位的。子楚同意他的分析，但这些都是既成的事实，能怎么办呢？吕不韦提出了他的对策：分头行动，他为子楚提供财物的支持，让子楚结交宾客，扩大影响力；他自己西游秦国，拜见安国君和华阳夫人，想办法让他们立子楚为继承人。子楚听后，十分感激，许诺说，如果真如吕不韦所言，他愿意和吕不韦共享秦国。

一切都按照预定的计划展开。吕不韦留五百金给子楚，用于广结宾客，自己用五百金买了珍贵奇巧的物品，到了秦国。他先见到了华阳夫人的姐姐，通过她把带来的宝物都献给了华阳夫人，并向她说明了子楚的情况。吕不韦的话包括两个方面，子楚本身贤能有智慧，结交宾客遍天下，这一点从"公"方面来说，子楚是值得华阳夫人重视和扶植的；从"情感"方面来说，子楚把华阳夫人看成天，日夜哭泣思念太子和华阳夫人；从"私"方面来说，如果子楚被立为继承人，将对无子的华阳夫人有利。吕不韦仅一句话就包含了非常丰富的意思，而且完全符合华阳夫人的心意，难怪夫人听后"大喜"，但还不足以使华阳夫人已经决定立子楚。所以吕不韦又让华阳夫人的姐姐去劝说，由于是姐妹之间的私人谈话，可以不必顾忌什么国家、道义之类的，只需要考虑自身利益即可，因此华阳夫人姐姐的说辞也都是从"利"出发的。在她们所处的时代，女子几乎不可能有政治权力，必须依附男性，主要是丈夫和儿子。安国君的后妃肯定不少，华阳夫人虽然现在受宠爱，但是年老色衰后再要想和原先一样是比较困难的。人老不可避免，要享有长久的尊贵地位，唯一的办法是自己的儿子即位，而华阳夫人没有儿子，怎么办呢？子楚的出现恰逢其时,华阳夫人的姐姐介绍了子楚的处境,建议华阳夫人帮助立他为继承人,等子楚即位,华阳夫人就是太后,尊贵的地位将永远不会改变。华阳夫人完全同意姐姐的意见,找机会向太子推荐子楚,希望立子楚为继承人,安国君答应了,还与她刻玉符作为凭证。于是太子和夫人送给子楚很多财物,请吕不韦做老师,从此子楚的名声在诸侯中盛传。

子楚后来从赵国逃脱,回到了秦国,秦昭王五十六年,昭王去世,太子安国君即位(孝文王),华阳夫人为王后,子楚为太子。一年后孝文王去世,子楚即位,是为庄襄王,任命吕不韦为丞相,封文信侯。庄襄王即位三年去世,太子嬴政即位,这就是秦始皇。据《史记》记载,子楚当时在邯郸时对吕不韦的一位善歌舞的爱姬有意,请求送给他,尽管吕不韦当时很生气,但想想家产已经因为子楚花费了很多,目的又是要去钓取奇货,所以还是献给了子楚。但在此之前,这位姬妾已经怀孕,可子楚并不知情,后来生下的就是嬴政。嬴政即位后,尊吕不韦为相国,号称"仲父"。

吕不韦是一位具有远见卓识的商人,他把商业原理运用到人事政治上,取得了很大的成功,从一位地位不高的商人一跃而为强国之相,这笔"买卖"真是古今罕有。

【扩展阅读】

导言:吕不韦"奇货可居"的故事在《战国策》中也有记载,但和《史记》有不同之处:首先,人物的言辞不同;其次,《史记》中吕不韦是通过华阳夫人的姐姐说服华阳夫人的,但《战国策》中则是华阳夫人的弟弟阳泉君;第三,《史记》中子楚离开赵国是因为秦军围困邯郸,赵国准备杀子楚,吕不韦以六百金贿赂看守的人,他们才逃跑的,《战国策》中则是吕不韦说服赵国放子楚归秦。二者之间的不同可能是作者依据的史料不同,可以对比阅读。

乃说秦王后弟阳泉君曰:"君之罪至死,君知之乎? 君之门下无不居高尊位,太子门下无贵者。君之府藏珍珠宝玉,君之骏马盈外厩,美女充后庭。王之春秋高,一日山陵崩,太子用事,君危于累卵,而不寿于朝生。说有可以一切而使君富贵千万岁,其宁于太山四维,必无危亡之患矣。"阳泉君避席,曰:"请闻其说。"不韦曰:"王年高矣,王后无子,子傒有承国之业,士仓又辅之。王一日山陵崩,子立,士仓用事,王后之门必生蓬蒿。子异人贤材也,弃在于赵,无母于内,引领西望,而愿一得归。王后诚请而立之,是子异人无国而有国,王后无子而有子也。"阳泉君曰:"然。"入说王后,王后乃请赵而归之。(《战国策·秦策五》卷七,四部丛刊本)

三十九、士为知己者死

【题解】

　　晋国人豫让在智伯死后，不惜一切代价为其报仇，其原因在于智伯将豫让引以为知己，有知遇之恩，并且待之以国士。虽然豫让最后报仇未能成功，但其忠肝义胆、知恩图报的侠义精神让人感动。

【原文】

　　豫让者，晋人也，故尝事范氏及中行氏①，而无所知名。去而事智伯②，智伯甚尊宠之。及智伯伐赵襄子③，赵襄子与韩、魏合谋灭智伯，灭智伯之后而三分其地④。赵襄子最怨智伯，漆其头以为饮器。豫让遁逃山中，曰："嗟乎！士为知己者死，女为悦己者容。今智伯知我⑤，我必为报仇而死，以报智伯，则吾魂魄不愧矣。"乃变名姓为刑人⑥，入宫涂厕，中挟匕首，欲以刺襄子。襄子如厕，心动⑦，执问涂厕之刑人，则豫让，内持刀兵，曰："欲为智伯报仇！"左右欲诛之。襄子曰："彼义人也，吾谨避之耳。且智伯亡无后，而其臣欲为报仇，此天下之贤人也。"卒醳去之⑧。

　　居顷之，豫让又漆身为厉⑨，吞炭为哑，使形状不可知，行乞于市。其妻不识也。行见其友，其友识之，曰："汝非豫让邪？"曰："我是也。"其友为泣曰："以子之才，委质而臣事襄子，襄子必近幸子⑩。近幸子，乃为所欲，顾不易邪⑪？何乃残身苦形，欲以求报襄子，不亦难乎！"豫让曰："既已委质臣事人，而求杀之，是怀二心以事其君也。且吾所为者极难耳！然所以为此者，将以愧天下后世之为人臣怀二心以事其君者也⑫。"

既去,顷之,襄子当出,豫让伏于所当过之桥下。襄子至桥,马惊,襄子曰:"此必是豫让也。"使人问之,果豫让也。于是襄子乃数豫让曰[13]:"子不尝事范、中行氏乎?智伯尽灭之,而子不为报仇,而反委质臣于智伯。智伯亦已死矣,而子独何以为之报仇之深也?"豫让曰:"臣事范、中行氏,范、中行氏皆众人遇我[14],我故众人报之。至于智伯,国士遇我[15],我故国士报之。"襄子喟然叹息而泣曰:"嗟乎豫子。子之为智伯,名既成矣,而寡人赦子,亦已足矣。子其自为计,寡人不复释子!"使兵围之。豫让曰:"臣闻明主不掩人之美,而忠臣有死名之义。前君已宽赦臣,天下莫不称君之贤。今日之事,臣固伏诛,然愿请君之衣而击之,焉以致报仇之意[16],则虽死不恨。非所敢望也,敢布腹心[17]!"于是襄子大义之,乃使使持衣与豫让。豫让拔剑三跃而击之,曰:"吾可以下报智伯矣!"遂伏剑自杀。死之日,赵国志士闻之,皆为涕泣。(《史记·刺客列传第二十六》卷八十六,第3041～3044页)

【注释】

①范氏及中行氏:范氏指晋国大夫范吉射,中行氏指中行寅,他们与智氏、韩氏、赵氏、魏氏共同执政,称为六卿。 ②智伯:智襄子,六卿中势力最大。 ③赵襄子:晋国大夫赵毋衈。 ④三分其地:韩、赵、魏三家分晋。⑤知:知己。 ⑥刑人:受过刑罚的人。 ⑦心动:指心跳,突感不安。⑧醳(shì):通"释",释放。 ⑨厉:通"癞"(lài)。恶疮。 ⑩近幸:宠爱,受信任。 ⑪顾:文言连词,反而。 ⑫愧:使……羞愧。 ⑬数:责备,列举过错。 ⑭遇:对待。 ⑮国士:一国中才能最优秀的人物。 ⑯焉:于是。⑰敢布腹心:字面意思是说敢于剖开我的肚子和心脏,比喻冒昧地说出自己的心里话。

【品读】

豫让是晋国人,春秋末期时晋国实际掌权的是六卿:智氏、中行氏、范氏、韩氏、赵氏、魏氏,先是智氏打败了中行氏和范氏,剩下了四家,智襄子又向韩、赵、魏三家请求土地,韩康子、魏桓子都按要求交出了土地,但赵襄子不给,于是智氏大怒,率领包括韩、魏士兵在内的军队攻打赵襄子,可由于韩、魏害怕赵襄子被灭后,他们就危险了,所以背叛智氏,为赵襄子做内应,里应外合,水淹智伯军,杀死智伯,灭其宗族。之后就是历史上著名的"三家分晋",他们还请求周烈王封他们为诸侯,由此韩、赵、魏与秦、齐、楚、燕构成了"战国七雄",所以说"三家分晋"也被认为是春秋战国的分水岭。

豫让起初在范氏和中行氏那里做事,但不受重视,没有什么名声,所以他又去智伯门下,很受智伯的尊敬和宠信。智伯是怎样一个人呢?当初,智宣子选继承人的时候,中意智瑶(即智伯),但智果反对,他认为智瑶贤于他人的有五点,也有一个短处。贤能之处在于:一是留着美丽的长胡须,身材高大;二是善于射箭和驾车;三是技艺超群;四是能言善辩;五是坚强果断。缺点在于他没有仁德之心,他用五种贤能欺压别人,再用不仁之心去实行,谁都受不了。所以一旦他被立为继承人,智氏宗族必定会灭亡。智宣子没听智果的意见,还是立了智瑶。北宋司马光在《资治通鉴》中对智伯也有评价。司马光认为应该区分才与德,不能笼统称作贤,然后依据才德把人分为四类:"才德全尽谓之圣人,才德兼亡谓之愚人,德胜才谓之君子,才胜德谓之小人。"(《资治通鉴》卷一,中华书局,1956,第14页)而智伯灭亡,是由于"才胜德",言下之意是智伯只是个小人而已。然而,不论智伯不仁或者是个小人,他对豫让却非常尊重。

韩、赵、魏灭智伯后,瓜分了智氏土地,但赵襄子由于对智伯极其怨恨,把智伯的头颅涂上油漆作为饮酒器。豫让侥幸逃脱,藏在山里,感叹:"士为知己者死,女为悦己者容。"下定决心要为智伯报仇,之所以如此坚定,是因为"智伯知我"。一个"知"就值得不顾性命为其报仇吗?这里的"知"有知己、知遇的意思,古人是非常看重的。可以举两个例子。诸葛亮是三国时蜀汉的丞相,但他最初只是一介布衣,在南阳耕地种田,刘邦听说他贤能之后,三顾茅庐,请诸葛亮出山,君臣合力,三分天下有其一。刘邦临终前又以诸葛亮为顾命大臣,诸葛亮临危受命,辅佐新君刘禅,鞠躬尽瘁,死而后已。刘邦对诸葛亮是有知遇之恩的,所以他才尽心竭力,不敢丝毫懈怠。另一个是《三国演义》(人民出版社,1979,第77页)中所写,由于原文简单,这里直接引用:"正饮宴间，忽有人报曰：'董卓暴尸于市，忽有一人伏其尸而大哭。'允怒曰：'董卓伏诛，士民莫不称贺；此何人，独敢哭耶！'遂唤武士：'与吾擒来！'须臾擒至。众官见之，无不惊骇：原来那人不是别人，乃侍中蔡邕也，允叱曰：'董卓逆贼，今日伏诛，国之大幸。汝为汉臣，乃不为国庆，反为贼哭，何也？'邕伏罪曰：'邕虽不才，亦知大义，岂肯背国而向卓？只因一时知遇之感，不觉为之一哭，自知罪大。愿公见原；倘得黥首刖足，使续成汉史，以赎其辜，邕之幸也。'"（第九回）蔡邕为残忍嗜杀的董卓痛哭，"只因一时知遇之感。"蔡邕口中的知遇之感就是，当初蔡邕在十常侍被消灭后，回家赋闲，董卓为了笼络人心，就派人请蔡邕，蔡邕无奈，只得答应。董卓对蔡邕很优待，官位不断升迁，后封高阳乡侯。这两个例子不仅可以说明古人对知遇之恩的看重，也可见出豫让的举动并不是独一无二的，不同之处在于豫让的行为更加极端。

豫让报仇总共两次。第一次他变换姓名假装为受过刑罚的人，进入赵襄子宫中修整厕所，准备伺机刺杀。赵襄子上厕所时，心跳得厉害，便抓住修整厕所的人询问，原来是豫让，衣服里还夹带着兵器。豫让明言："我要为智伯报仇！"周围的人想杀了他，但赵襄子觉得豫让是位深明大义之人，智伯死后没有子嗣，他作为臣下能为智伯报仇，是天下的贤人，就把豫让放了。第一次以失败告终，而且赵襄子和周围的人都已经见过他，再想接近去报仇，难度更大了。没过多久，开始了第二次计划。这次豫让付出的代价真是太大，他往身上涂漆，漆有毒，致使全身都长满恶疮，面目全非，使人看不出来，又吞下火炭把声音弄得沙哑，使别人听不出是他，然后在街市上乞讨，就连他的妻子都认不出来了。他的一个朋友认出他来，不禁为之流泪，还给他建议说，他可以先侍奉赵襄子，得到信任后便可以为所欲为，何必为了报仇残害身体，这样岂不是更难了。豫让当然有他的理由：第一，如果自己去侍奉赵襄子了，就是赵襄子的臣下，又想着杀他，这是以二心侍奉君主；第二，他采取如此艰难的办法，是为了使后世怀有二心侍奉君主的人感到羞愧。豫让是位义士，不会做卑鄙无耻的事情，士人的操守可见一斑。

赵襄子外出，必然要经过一座桥，所以豫让就藏在桥下。等赵襄子到桥上时，马受到惊吓，赵襄子已经猜到是豫让，派人一问，果然是。上次赵襄子放过豫让一次，这次又见到，显然发怒了，他责问豫让："你不是也侍奉过范氏和中行氏吗？智伯灭了他们，你不为他们报仇，反而去做智伯的臣子。现在智伯也死了，你为什么一定要为他报仇？"豫让当时就以众人和国士的区别作答。"以众人对待我，我就以众人报答；以国士对待我，我以国士报答。"前者是范氏和中行氏，后者是智伯。赵襄子感慨叹息，甚至感动得流下了眼泪，但不能再放豫让了，因为谁也不知道如果有下次他还会做出什么，考虑到自身的安全，赵襄子派士兵围住了豫让。豫让知道死已经是不可避免的，但大仇未报，怎能甘心？然而，此时此刻，杀赵襄子根本不可能，唯有以赵襄子的衣服代替他，砍杀衣服来完成他报仇的心愿，如此，才能死而无憾。赵襄子对他的一番话非常感动，派人把衣服给了豫让。于是豫让拔出剑，跳起来三次刺衣服，并说道："我可以报答智伯于地下了！"然后自杀。死的那天，赵国有正义感的有志之士听说后，都为他流泪哭泣。

豫让誓死为智伯报仇，有人认为是豫让不忘智伯对他的优厚待遇，如此说法似乎对古人缺乏应有的理解和同情，豫让强调的是"智伯知我""士为知己者死"，根本在于智伯以国士对待他，知遇之恩大于利禄之厚。如果豫让只是念念不忘利禄，他有必要"漆身为厉，吞炭为哑"吗？他投靠赵襄子可能会获得更大更多的利禄，但他没有，而且还鄙夷那些怀二心的人。此外，人们或许还会问一个问题："豫让是愚忠吗？"有人可能回答是，有人觉得不是。如果分析一下就可以看出，豫让不是愚忠。首先，他最初跟随范氏和中行氏，因不受重视，又到智伯那里，他并不是死守一人；其次，智伯已经被杀，又无后人，作为臣子为君报仇是天经地义的。总之，所谓"愚忠"只是贴给一些人的标签，并没有确定的意义，设想如果甲乙两国，甲国被乙国所灭，那些至死不愿投降的甲国臣子就被冠以"愚忠"的称号，而事先投降乙国的人则可能被认为识时务的俊杰，反之，在甲国人眼里誓死抵抗的人才是英雄、忠臣，而那些投降的人就是叛徒。但因为乙国是胜利者，所以有命名的权力，历史上这样的事例不在少数。

导言:中国古代有所谓的五种人伦关系,即五伦:君臣、父子、兄弟、夫妇、朋友。君臣关系极为重要,因此如何处理君臣关系也就是必须要考虑的,和豫让"众人国士"相类似的是孟子的说法,都强调彼此之间的互动关系,而不仅仅是臣子对君主的单向服从。

君臣之间

孟子告齐宣王曰:"君之视臣如手足,则臣视君如腹心;君之视臣如犬马,则臣视君如国人;君之视臣如土芥,则臣视君如寇仇。"王曰:"礼,为旧君有服,何如斯可为服矣?"曰:"谏行言听,膏泽下于民;有故而去,则君使人导之出疆,又先于其所往;去三年不反,然后收其田里。此之谓三有礼焉。如此则为之服矣。今也为臣,谏则不行,言则不听,膏泽不下于民;有故而去,则君搏执之,又极之于其所往;去之日,遂收其田里。此之谓寇仇,寇仇何服之有!"

(杨伯峻:《孟子译注》,中华书局,1960,第171页)

四十、荆轲刺秦王

【题解】

荆轲被人推荐给燕太子丹,太子厚待荆轲。荆轲答应出使秦国,胁迫或刺杀秦王,为燕国争取生存的机会。但最终刺杀没有成功,荆轲也被杀死。

【原文】

于是太子豫求天下之利匕首①,得赵人徐夫人匕首,取之百金,使工以药焠之②,以试人,血濡缕③,人无不立死者。乃装为遣荆卿④。燕国有勇士秦舞阳,年十三,杀人,人不敢忤视⑤。乃令秦舞阳为副。荆轲有所待⑥,欲与俱;其人居远未来,而为治行⑦。顷之,未发,太子迟之⑧,疑其改悔,乃复请曰:"日已尽矣,荆卿岂有意哉⑨?丹请得先遣秦舞阳。"荆轲怒,叱太子曰:"何太子之遣?往而不返者,竖子也!且提一匕首入不测之强秦,仆所以留者,待吾客与俱。今太子迟之,请辞决矣!"遂发。

太子及宾客知其事者,皆白衣冠以送之。至易水之上,既祖⑩,取道,高渐离击筑⑪,荆轲和而歌,为变徵之声⑫,士皆垂泪涕泣。又前而为歌曰:"风萧萧兮易水寒,壮士一去兮不复还!"复为羽声忼慨⑬,士皆瞋目,发尽上指冠。于是荆轲就车而去,终已不顾。

遂至秦,持千金之资币物,厚遗秦王宠臣中庶子蒙嘉⑭。嘉为先言于秦王曰:"燕王诚振怖大王之威⑮,不敢举兵以逆军吏,愿举国为内臣,比诸侯之列,给贡职如郡县,而得奉守先王之宗庙。恐惧不敢自陈,谨斩樊于期之头,及献燕督亢之地图⑯,函封,燕王拜送于庭,使使以闻大王,唯大王命之。"秦王闻之,大喜,乃朝服,设九宾,见燕使者咸阳宫⑰。荆轲奉樊于期头函,而秦舞阳奉地图柙,以次进⑱。至陛,秦舞阳色变振恐,群臣怪之。荆轲顾笑舞阳,前谢曰:"北蕃蛮夷之鄙人,未尝见天子,故振慴。愿大王少假借之,使得毕使于前。"秦王谓轲曰:"取舞阳所持地图。"轲既取图奏之秦王,发图,图穷而匕首见。因左手把秦王之袖,而右手持匕首揕之⑲。未至身,秦王惊,自引而起,袖绝。拔剑,剑长,操其室⑳。时惶急,剑坚㉑,故不可立拔。荆轲逐秦王,秦王环柱而走。群臣皆愕㉒,卒起不意,尽失其度。而秦法,群臣侍殿上者不得持尺寸之兵;诸郎中执兵皆陈殿下,非有诏召不得上。方急时,不及召下兵,以故荆轲乃逐秦王。而卒惶急,无以击轲,而以手共搏之。是时侍医夏无且以其所奉药囊提荆轲也㉓。秦王方环柱走,卒惶急,不知所为,左右乃曰:"王负剑㉔!"负剑,遂拔以击荆轲,断其左股㉕。荆轲废,乃引其匕首以擿秦王㉖,不中,中桐柱。秦王复击轲,轲被八创。轲自知事不就,倚柱而笑,箕踞以骂

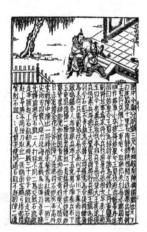

《荆轲刺秦王》书影

曰㉗:"事所以不成者,以欲生劫之,必得约契以报太子也。"于是左右既前杀轲,秦王不怡者良久㉘。(《史记·刺客列传第二十六》卷八十六,第3057～3059页)

【注释】

①豫求:豫通"预",预先访求。 ②烊:通"淬",染。 ③血濡缕:(只要)一点血渗出来。 ④装:整理行装。 ⑤忤视:正面看,对视。 ⑥待:指等待的人。 ⑦治行:准备行装。 ⑧迟之:嫌他迟了。 ⑨有意哉:有出发的意

思吗？　⑩祖：古人远行时祭祀路神。　⑪筑：古代弦乐器，形似琴，有十三弦。演奏时，左手按弦的一端，右手执竹尺击弦发音。　⑫变徵之声：古代音律分为宫、商、角、变徵、徵、羽、变宫七声，变徵适合悲歌。　⑬羽声：羽声比较高亢。　⑭中庶子：官名，掌管公族事务。　⑮振怖：惧怕。　⑯督亢：燕国南边的肥沃土地，在今河北省涿州市、定兴、新城、固安一带。　⑰咸阳宫：秦孝公时所筑的宫殿。　⑱以次进：按照次序前进。　⑲揕(zhèn)：用刀剑等刺。　⑳室：剑鞘。　㉑坚：指剑插在剑鞘很紧。　㉒愕：惊讶。　㉓提(dǐ)：投掷。　㉔负剑：把剑背在背上。　㉕左股：左腿。　㉖擿(zhì)：通同"掷"，投掷。　㉗箕踞：一种轻慢、不拘礼节的坐姿。即随意张开两腿坐着，形似簸箕。　㉘怡：高兴。

【品读】

　　燕太子丹曾经在赵国做人质，嬴政（秦始皇）也出生在赵国，小时候和燕太子丹关系很好。嬴政之后继承了王位，燕太子丹又在秦国做人质，但秦王待燕太子丹并不好，所以燕太子丹心怀怨恨，逃回了燕国。秦国日渐强大，出兵攻打齐、楚、韩、赵、魏，它们的领土被秦国慢慢吞并，就快要到燕国了，燕太子丹很担心，询问他的老师鞠武，鞠武也没有应对之策。没过多久，秦国将军樊於期得罪了秦王，跑到燕国，尽管鞠武反对，但燕太子丹还是接受了他。鞠武又向太子推荐了田光，然而田光年老，所以田光又向太子荐举了荆轲。荆轲是卫国人，喜欢读书和剑术，后来迁到了燕国，和杀狗的屠夫高渐离交情深厚。高渐离擅长击筑，他们二人经常在燕市喝酒，喝得尽兴后，高渐离开始击筑，荆轲伴着唱歌，一会儿高兴大笑，一会相对哭泣，旁若无人。由此可以看出，两人都是性情中人，光明磊落，但心中必定积聚着很多无奈和辛酸，才会有这样发泄情绪的场面。燕国的处士田光先生厚待荆轲，知道他不是平庸之辈。

　　荆轲见到太子，太子描述了目前燕国的处境，认为突破现有困境的唯一办法是派一位勇士前往秦国，胁迫秦王归还诸侯的土地，如果不行，就刺杀他。如此一来，秦国必然大乱，然后诸侯联合一定能打败秦国。在太子的执意请求下，荆轲答应了。太子尊荆轲为上卿，对荆轲的待遇极其优厚。过了很长时间，荆轲还没有走的意思，而秦国已经打败赵国，军队都到了燕国南部边境了，太子很恐惧，又向荆轲提起此事，荆轲答应，但需要两样东西：樊於期的人头和督亢的地图。因为有这两样东西，才能取得秦王的信任，才有面见秦王的机会。地图没什么问题，但太子不忍心杀樊於期，希望荆轲另想办法。荆轲知道太子不忍心，于是私自去见樊於期，说明来由，樊於期自杀。

　　刺杀秦王的准备工作大概完成，最后还需要一把利器，太子寻到了赵人徐夫人的匕首，上面焠上了剧毒。又为荆轲找了一位帮手秦舞阳，十三岁，即使杀了人，别人都不敢用反抗的眼光看他，是位勇猛的壮士。到该出发的时候了，荆轲还在等一位朋友，因为那位朋友住得远没赶到，但是荆轲早就收拾好行李准备出发了。太子却有些不满意，嫌他迟了，怀疑是不是荆轲反悔不想去了，于是再次请求出发。荆轲一听大怒，呵斥太子，说明了迟迟不走的原因。既然太子发话了，荆轲也不再等朋友来，就出发了。从燕太子丹的表现能看出，他对荆轲不是完全信任，而且就刺杀秦王本身来说，也考虑得太简单，仅凭一个荆轲就想在众目睽睽之下刺杀秦王，几乎是不可能的。这或许也是在无可奈何之中做的最后挣扎，其结果是可以想见的。

　　太子和知道此事的宾客们都穿着白衣戴着白帽来送行。因为谁都知道，这一去必然有去无回，说是送别其实是诀别。到易水边上，祭祀了路神，准备上路。荆轲的好友高渐离也在场，高渐离击筑，荆轲唱歌，声音苍凉悲戚，人人流泪。荆轲往前走唱出了："风萧萧兮易水寒，壮士一去兮不复还！"声音变得慷慨激昂，不是悲伤而是悲壮，其他人听到后感同身受，当即眼睛大睁，头发直立。荆轲登上车离去后，再也没有回头。这段文字真是令人拍案叫绝，我们似乎还能感受到当时的情景，尤其是那慷慨悲凉的歌声，在寥廓的天空久久回荡。在众人的注视下，荆轲扬长而去，直到他渐渐消失在易水面上。

　　到达秦国后，先用价值千金的礼物贿赂秦王的宠臣中庶子蒙嘉，蒙嘉提前向秦王介绍了荆轲等燕国使臣的来意，主要是献上樊於期的人头和督亢的地图,目的当然是希望秦国不要攻打燕国,燕国愿意俯首称臣。秦王听后,很高兴,在咸阳宫隆重地接待荆轲等人。荆轲捧着装人头的匣子,秦舞阳捧着地图匣子,按次序进入宫殿。走到殿前的台阶时,秦舞阳脸色大变,显得很惊恐,全身发抖,秦国的大臣感到奇怪。司马迁这里其实用了侧面烘托的笔法,前面提过秦舞阳杀人都不在话下,但在即将进殿时被吓得战栗,可见当时的氛围是多么紧张。荆轲的表现和秦舞阳不同,他很冷静,还回头笑着看了下秦舞阳,并向群臣道歉,解释说,因为他们是来自北方蛮夷的没见过世面的人,没见过天子,所以很害怕。在如此几乎让人窒息的氛围中,荆轲沉着应对,谈笑自若,非一般人可及。秦王没有怀疑,让荆轲把地图拿上来,秦王逐渐展开地图,地图打开时,匕首露了出来。于是荆轲左手一把抓住秦王的袖子,右手拿起匕首刺过去,还没刺到,秦王惊起,扯断了袖子,然后立即拔剑,可秦王惊慌,剑太长,抓住的是剑鞘,没拔出来。荆轲冲过去追逐秦王,秦王绕着柱子躲避。由于事发突然,群臣不知所措,手忙脚乱,而按照秦法的规定,上殿的大臣不能带兵器,有武器的侍卫都在殿下,但没有皇帝诏令不能上殿,慌乱之际,竟然没有武器击杀荆轲,只能用手抵挡。旁边的侍医夏无且情急之下把药袋子扔过去打荆轲。秦王只顾绕着柱子逃命,都忘了他自己的佩剑,周围的人提醒他把剑背在背上,这样就能抽出剑了,于是秦王才拔出剑,砍断了荆轲的左腿,荆轲倒下,把匕首投向秦王,但打在了铜柱上,秦王再来砍杀荆轲,荆轲被砍伤八处。事已至此,再无希望了,荆轲背靠着柱子大笑,张开双腿骂秦王,周围的人过来杀死了荆轲。事后,秦王对群臣赏功罚过,特别以黄金二百镒重赏夏无且。

　　《史记》的一个突出特点是场景描写和氛围渲染,乱作一团的场面也能写得条理井然,词语的运用能够充分展现人物和环境的特征,浑然一体。如选文中写秦王面对突然刺过来的匕首时,用的全是短句,在阅读时给人一种急促的感觉,那种慌张危急的情形就通过句子的节奏表现出来了。因此,在学习古文时最好能大声读出来,注意从语句的声音节奏中体会作者的情感或文章所写的氛围。古文如此,古诗词等韵文就更应该发声吟诵,就好像现在的流行歌曲,如果只看歌词,估计大部分人也觉得没意思。

此外,读者或许还有个疑问,勇士秦舞阳哪去了? 他不是杀了人,别人都不敢看他吗? 怎么只有荆轲一人在殿上追逐秦王? 这个问题当然人们早就发现了,比如明清之际的大诗人钱谦益就问了:"不知秦王环柱时,舞阳在前何所为。"由于司马迁没有明确记载,后人也无法知晓,但肯定也被杀了。从文章中可以看出,由于秦舞阳大惊失色,荆轲请求秦王让他上前完成使命,但秦王只让荆轲一人把地图拿上来,也就是说,秦舞阳可能还在宫殿的台阶下,根本没有接近秦王,所以很可能在事发时,就已经被杀了,没有刺杀秦王的机会。

虽然荆轲刺秦王失败,对燕国没有任何的帮助,但他不为私利、勇于献身的精神值得后人感念,评价历史人物不应以成败为标准,要带着同情之心去看待他们。因为我们每一个人都将是历史,阅读历史其实就是在理解我们自己。

【扩展阅读】

导言:荆轲的故事流传久远,历史上曾有很多人想起他。著名诗人陶渊明就曾经写过有关荆轲的诗歌。

咏荆轲

燕丹善养士,志在报强嬴。招集百夫良,岁暮得荆卿。

君子死知己,提剑出燕京。素骥鸣广陌,慷慨送我行。

雄发指危冠,猛气充长缨。饮饯易水上,四座列群英。

渐离击悲筑,宋意唱高声。萧萧哀风逝,淡淡寒波生。

商音更流涕,羽奏壮士惊。公知去不归,且有后世名。

登车何时顾,飞盖入秦庭。凌厉越万里,逶迤过千城。

图穷事自至,豪主正怔营。惜哉剑术疏,奇功遂不成。

其人虽已没,千载有余情。

(袁行霈《陶渊明集笺注》卷四,中华书局,2011,第267~268页)

四十一、养卒救赵王

【题解】

赵王被燕军囚禁,派使者交涉,都被杀死,张耳、陈余十分担心,但无计可施。结果,一名炊事兵前往燕军,说服燕将放回了赵王。

【原文】

韩广至燕,燕人因立广为燕王。赵王乃与张耳、陈余北略地燕界①。赵王间出②,为燕军所得。燕将囚之,欲与分赵地半,乃归王。使者往,燕辄杀之以求地。张耳、陈余患之。有厮养卒谢其舍中曰③:"吾为公说燕,与赵王载归。"舍中皆笑曰:"使者往十余辈,辄死,若何以能得王④?"乃走燕壁⑤。燕将见之,问燕将曰:"知臣何欲?"燕将曰:"若欲得赵王耳。"曰:"君知张耳、陈余何如人也?"燕将曰:"贤人也。"曰:"知其志何欲?"曰:"欲得其王耳。"赵养卒乃笑曰:"君未知此两人所欲也。夫武臣、张耳、陈余杖马箠下赵数十城⑥,此亦各欲南面而王,岂欲为卿相终己邪?夫臣与主岂可同日而道哉,顾其势初定,未敢参分而王⑦,且以少长先立武臣为王,以持赵心⑧。今赵地已服,此两人亦欲分赵而王,时未可耳。今君乃囚赵王。此两人名为求赵王,实欲燕杀之,此两人分赵自立。夫以一赵尚易燕⑨,况以两贤王左提右挈⑩,而责杀王之罪,灭燕易矣。"燕将以为然,乃归赵王,养卒为御而归⑪。(《史记·张耳陈余列传第二十九》卷八十九,第3109页)

【注释】

①略:掠夺。 ②间出:空闲时私自外出。 ③厮养卒:裴骃《〈史记〉集

解》引韦昭曰："析薪为厮,炊烹为养。"大致相当于炊事兵。 ④若:你。 ⑤
燕壁:燕军军营的墙壁。 ⑥马箠(chuí):马鞭。 ⑦参:通"三"。 ⑧持:维
持稳定。 ⑨易:看轻。 ⑩左提右挈:相互扶持,左右辅佐。 ⑪御:驾车。

【品读】

　　张耳、陈余都是大梁人,陈余比张耳年轻,所以就像对待父辈一样对张
耳,两人成了"刎颈交",也就是生死之交。秦灭魏国后,重金悬赏捉拿二人,
他们逃到了陈(在今河南省东部)。陈涉起兵反抗暴秦,经过陈,张耳和陈余
去拜见陈涉,陈涉早闻他们的大名,见到他们很高兴。陈涉自立为王后,陈余
请求派他率军向北攻占赵地,陈涉同意,但武臣为将军,张耳、陈余为校尉,率
领三千人去攻占赵地。武臣率军攻占了数十座城,自立为赵王,陈余为大将
军,张耳为右丞相。陈涉知道后,大怒,但为了借助他们的兵力,也只能同意,
并派使者祝贺,令赵王派兵向关中进军,而张耳、陈余认为,武臣为王,并非陈
涉愿意看到的,一旦灭掉秦国,他就会攻打赵国,所以不能出兵。于是赵王接
受他们的建议,派韩广攻取燕地,李良攻取常山,张黡攻取上党。

　　韩广到燕地后,被燕人立为燕王。这估计是张耳、陈余没想到的,所以他
们与赵王率军向北进攻燕地的边界。此时,天下大乱,占有一方土地者都想
自立为王,韩广和武臣都一样。赵王私自外出,但遇到了燕军,被抓了,燕军
以此要挟,想分走赵的一半领土。派往燕军的使者全被杀了,他们只要求割
地,没有谈判的机会。张耳、陈余一筹莫展,没有好的办法。可就在另一处,
一个炊事兵扬言他能说服燕军,与赵王一同驾车回来。毫无疑问,他被其他
人无情地嘲笑,因为去的使者有十多批,都是有去无回,一个小小的炊事兵怎
么可能迎回赵王? 事情的发展往往出人意料,他果真去了燕军,见到燕将,问
了三个问题,第一、第三个问题都指向赵王,第二个问题是关于燕军如何评价
张耳、陈余的,最终的指向和其他两个问题相同。燕将自以为问题的答案太
明显,所以脱口而出,而炊事兵的回答和他们想的完全不一样,炊事兵没有把
张耳、陈余和赵王看作一伙儿的。相反,他们实际上是相互对立的,他分析的

出发点是个人私欲：武臣、张耳、陈余本来同为臣子，他们都有称王的野心，谁也不愿意终身只做卿相，主与臣之间的差异不可同日而语，之所以他们没有三分为王，是考虑到局势刚刚稳定，暂且让年长的武臣为王。现在赵地已经顺服，张耳、陈余正打算分赵地称王，结果燕军恰在此时囚禁赵王，反而无形之中帮了他们的忙。张耳、陈余表面是在救赵王，内心却是想燕军杀死赵王。如果真的这样，对燕军大为不利，因为一个赵王都轻视燕，何况两位贤能的赵王互相扶持，再以杀王的罪过为借口，肯定会灭燕的。燕将听完他的话后，觉得有道理，放了赵王，炊事兵就驾车载着赵王一起回去了。炊事兵很机智，说话有技巧，他使自己站在燕军的立场考虑问题，也就是所谓"换位思考"，把双方敌对的意识取消，燕军在心理上就更容易接受他的意见，继而晓以利害，说明如果不放赵王的严重后果。

　　整个说法看似有理，但仔细分析会发现存在不少问题。首先三人都要称王只是猜测，其次是假设张耳、陈余称王会比武臣更难对付并且他们一定会互相扶持。这些都只是一个炊事兵的推测，而燕将却相信了，关键在于炊事兵的话符合燕将的心理预设，所以他没有去想三人都称王不仅不会增加赵的实力，反而可能使赵的力量分散，三王或张耳、陈余之间说不定还会起矛盾，等等。当时的形势是燕的实力不如赵，对于赵有畏惧的心理，再者张耳、陈余是有名的贤士，也给了燕军不小的压力。在这种情况下，听说燕军囚禁赵王实际是在帮张耳、陈余，赵不仅不会被削弱，还可能更强，燕将出于自身利益，也就只能放了赵王。

　　历史是由人物和事件构成的，史书中记载的多是一些大人物，特别是中国的正史，被认为是帝王将相的家史，因此，应该明白历史记载不等于历史本身。当然，历史记载是通向历史的必经之路，舍去记载，我们将一无所知。这个炊事兵是幸运的，他以聪明智慧让自己进入历史，尽管后人并不知道他的姓名，在《史记》中的其他地方也没有再提及他，估计后来没有其他作为。司马迁在《张耳陈余列传》中记载这件事，目的是为了突出二人的贤能，"其宾客厮役，莫非天下俊杰"，主公就可想而知了。但也说明即使是再贤明的人，也有办不到的事,而一些身份低微、默默无闻的小人物,则会在关键时刻起到意想不到的作用。

【扩展阅读】

　　导言:很多英雄人物并没有高贵的出身,都是从小人物开始一步步建功立业的。关羽在《三国演义》中是位大英雄,而他温酒斩华雄时,还只是一个马弓手。所以,当他提出要应战华雄时,就被袁绍大声呵斥,幸亏得到曹操的支持,关羽才有机会一显身手。

温酒斩华雄

　　言未毕,阶下一人大呼出曰:"小将愿往斩华雄头,献于帐下!"众视之,见其人身长九尺,髯长二尺,丹凤眼,卧蚕眉,面如重枣,声如巨钟,立于帐前。绍问何人。公孙瓒曰:"此刘玄德之弟关羽也。"绍问现居何职。瓒曰:"跟随刘玄德充马弓手。"帐上袁术大喝曰:"汝欺吾众诸侯无大将耶? 量一弓手,安敢乱言! 与我打出!"曹操急止之曰:"公路息怒。此人既出大言,必有勇略;试教出马,如其不胜,责之未迟。"袁绍曰:"使一弓手出战,必被华雄所笑。"操曰:"此人仪表不俗,华雄安知他是弓手?"关公曰:"如不胜,请斩某头。"操教酾热酒一杯,与关公饮了上马。关公曰:"酒且斟下,某去便来。"出帐提刀,飞身上马。众诸侯听得关外鼓声大振,喊声大举,如天摧地塌,岳撼山崩,众皆失惊。正欲探听,鸾铃响处,马到中军,云长提华雄之头,掷于地上。其酒尚温。(罗贯中:《三国演义·第五回》,人民文学出版社,1979,第44~45页)

四十二、陈余张耳生郤

【题解】

张耳和陈余是刎颈之交，但张耳和赵王被围困巨鹿时，向陈余求救，陈余以自己兵少为由，未出兵相救。张耳出巨鹿城后，以此事责备陈余，陈余大怒，解下将军印绶推给张耳，张耳在宾客的劝说下佩带其印，收编了陈余的军队。自此两人之间的关系出现了裂痕。

【原文】

于是赵王歇、张耳乃得出巨鹿①，谢诸侯。张耳与陈余相见，责让陈余以不肯救赵，及问张黡、陈泽所在。陈余怒曰："张黡、陈泽以必死责臣，臣使将五千人先尝秦军②，皆没不出。"张耳不信，以为杀之，数问陈余。陈余怒曰："不意君之望臣深也③！岂以臣为重去将哉④？"乃脱解印绶⑤，推予张耳。张耳亦愕不受⑥。陈余起如厕。客有说张耳曰："臣闻'天与不取，反受其咎'。今陈将军与君印，君不受，反天不祥。急取之！"张耳乃佩其印，收其麾下⑦。而陈余还，亦望张耳不让，遂趋出⑧。张耳遂收其兵。陈余独与麾下所善数百人之河上泽中渔猎。由此陈余、张耳遂有郤⑨。（《史记·张耳陈余列传第二十九》卷八十九，第3112页）

【注释】

①巨鹿：在今河北省平乡县西南。　②尝：尝试，试探。　③望：埋怨，责备。　④去将：舍弃将军的职位。　⑤印绶：印信和系印信的丝带。　⑥愕：惊讶。　⑦麾下：部下。　⑧趋：快走。　⑨郤：通"隙"，指感情上的裂痕。

武臣派李良攻取常山，平定之后，又派他攻取太原，但到石邑（在今河北省石家庄市西南）时，秦军已经占领井陉（关名，今河北省井陉县井陉关）。秦军将领伪造秦二世书信送给李良，希望他反赵归秦。李良心存怀疑，没有理会。李良回到邯郸，请求增兵，在路上遇见赵王的姐姐，赵王的姐姐对李良不够尊敬，加之旁边的人煽风点火，李良反叛，追杀赵王姐姐，率军进攻邯郸，杀死了赵王武臣和左丞相邵骚。张耳、陈余因为在赵耳目众多，得以逃脱。于是张耳立赵国王族后代赵歇为王。李良攻打陈余，被陈余打败，李良投靠了秦将章邯。张耳和赵王逃到巨鹿城，被秦将王离团团围住。秦军兵强马壮，粮草充沛，巨鹿城已经危在旦夕。张耳多次派人请陈余相救，但陈余兵少，不敢与秦军开战。如此僵持有数月之久，张耳大怒，派张黡、陈泽前去责问陈余，陈余自有解释，认为他与秦军力量悬殊，就算前去也无济于事，犹如以卵击石，肉委饿虎，实际上没有任何帮助，白白消耗了赵的实力。张黡、陈泽坚持要派军去救，陈余就派了五千人给二人，结果有去无回，全军覆没。

燕、齐、楚等听说赵王被围困，都派人来救，但不敢出兵与秦军一战，皆作壁上观，幸亏项羽破釜沉舟，大败秦军，俘虏了秦将王离，张耳和赵王才活下来。张耳一见到陈余就责问他为什么不肯救赵，以及张黡、陈泽何在。陈余也很生气，对为什么不救赵没有解释，只是说了张黡、陈泽全军覆没的事。然而张耳不相信陈余的话，以为是陈余杀了他们，连续追问了好几次。陈余本来已经心生怒气，张耳的不信任，更是火上浇油，陈余愤怒不已，解下印信推给了张耳，张耳没敢接受，陈余去上厕所。在这一段时间中，张耳接受门客的建议，拿走了印信，接管了陈余的军队。陈余回来，知道此事后，也怨恨张耳，但事已至此，无可挽回。陈余只带着手下几百个亲信去黄河边捕鱼打猎了。曾经的生死之交，关系完全破裂，直至最后发展成了水火不容，陈余必杀张耳而后快。

张耳、陈余两人关系破裂，仅从救赵这一件事看，是源于彼此的不信任、不理解，张耳不理解陈余的难处，一味要求陈余冒死相救，陈余的做法虽然显得没有情义,但根据当时的实际情况分析,陈余是有道理的。张耳从巨鹿出来后,责问陈余也是人之常情,而陈余不理解张耳在城中的艰难和危险,一旦被张耳责问,他就极为愤怒,使得两人没有和解的机会。张耳对陈余也不信任,又加深了彼此的怨恨。总之,两人的所言所行都非君子所为,气量狭小,不为对方着想,只关心自己的利益,所谓"刎颈交"徒有虚名,其本质不过是司马迁说的"势力交"而已。在"太史公曰"中司马迁把他们和太伯、季札相比,认为张耳、陈余"名誉虽高,宾客虽盛,所由殆与太伯、延陵季子异矣。"太伯是吴太伯,周太王的长子,季历的兄长,周太王想传位给季历,然后由季历传给其子昌(即后来的周文王姬昌)。太伯心知此事,就逃到了荆蛮,把继承权让给了季历。延陵季子即季札也是以让国为世所称,他们和张耳、陈余"据国争权"完全相反。

【扩展阅读】

导言:张耳、陈余虽然在当时是世人称赞的贤人,两人的交情也被许为"刎颈交",但从巨鹿之战中能看到他们彼此之间缺乏理解和信任。这和历史上有名的管鲍之交相比较,会看得更为清楚。

管鲍之交

管仲曰:"吾始困时,尝与鲍叔贾,分财利多自与,鲍叔不以我为贪,知我贫也。吾尝为鲍叔谋事而更穷困,鲍叔不以我为愚,知时有利不利也。吾尝三仕三见逐于君,鲍叔不以我为不肖,知我不遭时也。吾尝三战三走,鲍叔不以我为怯,知我有老母也。公子纠败,召忽死之,吾幽囚受辱,鲍叔不以我为无耻,知我不羞小节而耻功名不显于天下也。生我者父母,知我者鲍子也。"

鲍叔既进管仲,以身下之。子孙世禄于齐,有封邑者十余世,常为名大夫。天下不多管仲之贤而多鲍叔能知人也。(《史记·管晏列传第二》卷六十二,第2580页)

169

四十三、背水一战

【题解】

> 韩信、张耳率军准备进攻赵国,赵王和陈余在井陉口聚兵二十万备战。陈余没能听取李左车的建议,放汉军通过了井陉道,结果韩信背水一战,大败赵军,斩杀陈余,活捉赵王。

【原文】

信与张耳以兵数万,欲东下井陉击赵①。赵王、成安君陈余闻汉且袭之也,聚兵井陉口,号称二十万。广武君李左车说成安君曰:"闻汉将韩信涉西河②,虏魏王,禽夏说,新喋血阏与③,今乃辅以张耳,议欲下赵,此乘胜而去国远斗,其锋不可当。臣闻千里馈粮④,士有饥色,樵苏后爨,师不宿饱⑤。今井陉之道,车不得方轨⑥,骑不得成列,行数百里,其势粮食必在其后。愿足下假臣奇兵三万人,从间道绝其辎重⑦;足下深沟高垒,坚营勿与战。彼前不得斗,退不得还,吾奇兵绝其后,使野无所掠,不至十日,而两将之头可致于戏下⑧。愿君留意臣之计。否,必为二子所禽矣。"成安君,儒者也⑨,常称义兵不用诈谋奇计,曰:"吾闻兵法十则围之,倍则战。今韩信兵号数万,其实不过数千。能千里而袭我,亦已罢极⑩。今如此避而不击,后有大者,何以加之! 则诸侯谓吾怯,而轻来伐我。"不听广武君策,广武君策不用。

韩信使人间视⑪,知其不用,还报,则大喜,乃敢引兵遂下。未至井陉口三十里,止舍⑫。夜半传发,选轻骑二千人,人持一赤帜,从间道萆山而望赵军⑬,诫曰:"赵见我走,必空壁逐我,若疾入赵壁,拔赵帜,立汉赤帜。"令其裨将传飧⑭，曰："今日破赵会食！"诸将皆莫信，详应曰："诺。"谓军吏曰："赵已先据便地为壁，且彼未见吾大将旗鼓，未肯击前行，恐吾至阻险而还。"信乃使万人先行，出，背水陈。赵军望见而大笑。平旦，信建大将之旗鼓，鼓行出井陉口，赵开壁击之，大战良久。于是信、张耳详弃鼓旗，走水上军。水上军开入之，复疾战。赵果空壁争汉鼓旗，逐韩信、张耳。韩信、张耳已入水上军，军皆殊死战⑮，不可败。信所出奇兵二千骑，共候赵空壁逐利，则驰入赵壁，皆拔赵旗，立汉赤帜二千。赵军已不胜，不能得信等，欲还归壁，壁皆汉赤帜，而大惊，以为汉皆已得赵王将矣，兵遂乱，遁走⑯，赵将虽斩之，不能禁也。于是汉兵夹击，大破虏赵军，斩成安君泜水上⑰，禽赵王歇。

　　信乃令军中毋杀广武君，有能生得者购千金。于是有缚广武君而致戏下者，信乃解其缚⑱，东向坐，西向对，师事之。

　　诸将效首虏⑲，毕贺，因问信曰："兵法右背山陵，前左水泽，今者将军令臣等反背水陈，曰破赵会食，臣等不服。然竟以胜，此何术也？"信曰："此在兵法，顾诸君不察耳。兵法不曰'陷之死地而后生，置之亡地而后存'？且信非得素拊循士大夫也⑳，此所谓'驱市人而战之'㉑，其势非置之死地，使人人自为战；今予之生地，皆走，宁尚可得而用之乎！"诸将皆服曰："善。非臣所及也。"

（《史记·淮阴侯列传第三十二》卷九十二，第3153～3156页）

　　①井陉（xíng）：在今河北省井陉县东北的井陉山上。　②涉：渡。③喋血：形容血流遍地，指杀人很多，也作"蹀血"。阏与：地名。战国时韩邑，后属赵。在今山西省和顺县西北。　④馈：运送。　⑤樵苏后爨，师不宿饱：樵，打柴；苏，取草，采集柴草。爨：炊。师，军队。宿饱：经常吃饱。大意为，靠打柴取草来烧火做饭不能使军队经常吃饱。　⑥方轨：两车并行。　⑦间道：偏僻的小路。　⑧戏下：在主帅的旌麾之下。戏，通"麾"。　⑨儒者：书生，这里有迂腐不知变通的意思。　⑩罢极：罢通"疲"，疲惫至极。　⑪间视：探听。　⑫止舍：停下来扎营。　⑬草（bì）山：在山上隐蔽。草通"蔽"。　⑭传飧（sūn）：传达开饭的命令。飧，晚饭。　⑮殊死战：决心拼死

作战。　⑯遁走：逃走。　⑰泜（zhī）水：在今河北省，是滏阳河支流。　⑱缚：捆绑。　⑲效首虏：献上首级和俘虏。　⑳拊循：安抚，训练。　㉑市人：集市或城中街道上的人，指没有受过训练的士兵。

【品读】

　　韩信年轻时，家里穷，品行也不大好，基本上靠乞讨为生，受人侮辱，但与众人不同的是，他喜欢佩带刀剑，志向高远。项梁起兵之后，韩信就追随他，项梁战败被杀，韩信又跟着项羽，并没有被重用。刘邦入蜀，韩信离楚入汉，然而不仅没有受到刘邦赏识，还险些丢了性命。

　　最先发现韩信才能的是萧何，可迟迟未受汉王重视，韩信推测可能汉王也不会任用自己，所以逃走了。萧何知道后，亲自去追，才留下韩信。这段故事在后世被添加了不少内容。《西汉演义》中与此事相关的写了四人：韩信、萧何、夏侯婴、张良。张良为韩信写了推荐信，向刘邦推荐，然而韩信担心如果以信自荐，会被人轻视，就没有把信交给刘邦，而是去招贤馆应试，结果很受夏侯婴赏识，并告诉了丞相萧何。萧何多次向汉王举荐，但依旧无果。韩信这才离开，萧何听说后，在一个月夜去追赶，随后夏侯婴也赶到，三人一起返回。京剧《萧何月下追韩信》就是根据这些材料创作的，它是著名须生流派——麒派的代表剧之一。尽管后来人们附会添加了很多内容，但韩信能够被刘邦重用，萧何是起了决定性作用的。

　　韩信被追回后，在萧何的力荐之下，刘邦举行了盛大的仪式拜韩信为大将。韩信不负所望，明修栈道、暗度陈仓，平定了三秦。又东出函谷关，降服魏王、河南王等，齐、赵本来已投降汉，但刘邦在彭城战败，齐、赵又投降了楚。韩信与张耳率领数万军队，想要东向占领井陉，攻打赵。赵王和成安君陈余听说后，在井陉聚集二十万军队以备战。广武君李左车向陈余提出建议，认为韩信、张耳一路战胜而来，兵锋正锐，势不可挡，所以不宜正面交战，可以充分利用井陉的地理特点，由他率领三万军队偷袭汉军粮草，陈余坚守勿战，使得韩信军队前不能进，后不能退，不出十日就可斩杀韩信、张耳。李左车的意见十分在理，如果按照他的计划实施，韩信取胜的概率是很小的。井陉关是兵家必争之地，是所谓"太行八陉"中的第五陉，地势险要，道路狭窄，即李左车所说的"车不得方轨，骑不得成列"，对于赵国是天然的屏障。战国时期，公元前232年，秦国攻打赵国，攻取了井陉，幸亏赵国名将李牧率军迎战，才打退了秦军。几年后，秦军再次犯赵，秦国大将王翦成功攻取井陉，从而率军直达赵国都城邯郸。赵军在李牧的带领下进行了有力的抵抗，但赵王中了离间计，夺了李牧兵权，赵国最终兵败国亡。由此可见，井陉对于赵的重要性。出人意料的是，陈余居然没有听李左车的建议，还以为自己兵多将广，所以死守兵法，并以"义兵"自居，不屑于使用计谋。陈余不用广武君的计策，韩信很高兴，这才敢继续前进。韩信把军队分成两部分，分头行事。首先选出二千轻装骑兵，每人手持一面红旗，命令他们从小道上山，隐藏起来观察赵军，见到赵军倾巢出动时，快速进入赵军营垒，拔掉赵军军旗，换上红旗。韩信对此次战役应该早已胸有成竹，所以说："今天打败赵军后会餐。"但士兵不知道韩信的用意和整体部署，就只是假装答应了一声。剩下的人马中，韩信派一万人先行，出井陉关后，背水列兵，赵军认为韩信背水列兵是不会用兵的表现，因此嘲笑汉军。天亮后，韩信故意造出很大的声势出井陉口。汉军就这样没有废一兵一卒顺利通过了井陉口。汉、赵两军大战，韩信、张耳假装丢弃旗鼓，撤回到背水的军队，再与赵军大战。赵军全部出动，追赶韩信、张耳，汉军退无可退，拼死一战，赵军不能取胜。埋伏的两千汉军骑兵，见机冲入赵军壁垒，换上了汉军的红旗。赵军看胜利无望，想返回，可一看自家营垒，都成了红旗，以为汉军已经降服了赵王的将领。赵军惊慌不已，军队大乱，赵将无法控制局面。于是汉军前后夹击，大破赵军，在泜水上斩杀成安君，活捉了赵王。李左车被俘，韩信对他很敬重，不仅没有杀他，还像老师一样对待他。李左车确实是位优秀的将领，韩信如此礼遇，一方面是欣赏他的军事才能，留下他可以在以后的战争中做自己的助手，另一方面他是赵人，可借此安抚赵国人心，特别是赵国军队，从而稳定赵国的局面。

　　激烈的战斗结束后，汉军将领向韩信请教这次的战法。按照兵法是"行军布阵右边和背后靠山，前边和左边临水"，而韩信则是背水列阵，并且自信地说"破赵会食"，手下将士不得其解。韩信的做法自有他的道理，而且也有兵法的根据："陷之死地而后生，置之亡地而后存。"背水而列的士兵没有后退的余地，只有拼死一战，才有活下来的机会，因此战斗力大增，以少胜多。韩信预先埋伏的骑兵也起了重要作用，当赵军见到军营遍插红旗时，军心已散，不可能再英勇奋战了，失败是必然的。井陉之战中，韩信部署得当，战争的节奏完全在他的掌控之中，游刃有余，尽显大将风度，由此名闻海内，威震天下。

　　韩信平赵定燕后，又平齐，韩信被立为齐王，后助汉王灭项羽，又被封为楚王。汉六年（前201），有人告楚王谋反，刘邦用陈平的计策，捉拿了韩信。到洛阳后，刘邦赦免了他的罪过，封他为淮阴侯。汉十年（前197），陈豨反，韩信也密谋反叛，但被人告发，刘邦率军平叛在外，吕后就和丞相萧何定下计谋，谎称陈豨已死，列侯和群臣都要入朝祝贺，并由萧何写信给韩信，劝他务必前来。萧何对韩信有恩，因此韩信对萧何应当比较信任，可谁知"成也萧何，败也萧何"，韩信有来无回，被斩于长乐钟室。

　　汉高祖回朝后，知道韩信已死，"且喜且怜"，喜的是除去了心腹大患，怜的是一代名将竟以身死族灭作结。对韩信的死，司马迁认为他在天下大定之后，图谋叛乱，有此下场，也是应该的，但后世也有一些学者认为，韩信在齐时，实力强大，蒯通又多次劝说韩信自立，而韩信不为所动，忠于刘邦，他没有在此时反叛，又怎么会在天下平定之后再反叛呢？说明韩信并无反叛之心，韩信之死主要是因为刘邦畏惧韩信的军事才能，害怕他一旦真的叛乱，大汉江山将会难以保全，所以才设法除掉了韩信。两种说法都有一定的道理，但到底事实如何，现在已经不得而知。

【扩展阅读】

　　导言：在江苏省淮安市淮阴区码头镇韩信故里景区的淮阴侯庙前，树立着一块碑，上面所刻是北宋著名文学家苏轼撰写的《淮阴侯庙碑》，碑文高度赞扬了韩信的功业。

淮阴侯庙碑

应龙之所以为神者,以其善变化而能屈伸也。夏则天飞,效其灵也。冬则泥蟠,避其害也。当嬴氏刑惨网密,毒流海内,销锋镝,诛豪俊。将军乃辱身污节,避世用晦。志在鹊起豹变,食全楚之租,故受馈于漂母。抱王霸之大略,蓄英雄之壮图,志吞六合,气盖万夫,故忍耻胯下。洎乎山鬼反璧,天亡秦族。遇知己之英主,陈不世之奇策。崛起蜀汉,席卷关辅,战必胜,攻必克,扫强楚,灭暴秦,平齐七十城,破赵十二万。乞食受辱,恶足累大丈夫之功名哉!然使水行未殒,火流犹潜。将军则与草木同朽、麋鹿俱死,安能持太阿之柄,云飞龙骧,起徒步而取侯王?噫!自古英伟之士,不遇机会,委身草泽,名湮灭而无称者,可胜道哉?乃碑而铭之。铭曰:

书轨新邦,英雄旧里。晦雾朝翻,山烟暮起。宅临旧楚,庙枕清淮。枯松折柏,废井荒台。我停单车,思人望古,淮阴少年,有目无睹。不知将军,用之如虎。(《苏轼文集·淮阴侯庙碑》卷十七,中华书局,1986,第505页)

四十四、蒯通说韩信自立

【题解】

　　韩信平齐之后，在天下格局中居关键之位。蒯通试图说服韩信自立，三分天下，但韩信没接受，选择站在汉王刘邦一边。

【原文】

　　武涉已去，齐人蒯通知天下权在韩信，欲为奇策而感动之，以相人说韩信曰①："仆尝受相人之术。"韩信曰："先生相人何如？"对曰："贵贱在于骨法②，忧喜在于容色③，成败在于决断，以此参之，万不失一。"韩信曰："善。先生相寡人何如？"对曰："愿少间④。"信曰："左右去矣。"通曰："相君之面，不过封侯，又危不安。相君之背，贵乃不可言。"韩信曰："何谓也？"蒯通曰："天下初发难也，俊雄豪杰建号一呼⑤，天下之士云合雾集，鱼鳞杂遝⑥，熛至风起⑦。当此之时，忧在亡秦而已。今楚、汉分争，使天下无罪之人肝胆涂地，父子暴骸骨于中野，不可胜数。楚人起彭城，转斗逐北，至于荥阳，乘利席卷，威震天下。然兵困于京、索之间，迫西山而不能进者⑧，三年于此矣。汉王将数十万之众，距巩、雒⑨，阻山河之险，一日数战，无尺寸之功，折北不救⑩，败荥阳，伤成皋，遂走宛、叶之间，此所谓智勇俱困者也。夫锐气挫于险塞，而粮食竭于内府⑪，百姓罢极怨望，容容无所倚⑫。以臣料之，其势非天下之贤圣固不能息天下之祸。当今两主之命县于足下⑬。足下为汉则汉胜，与楚则楚胜。臣愿披腹心，输肝胆，效愚计，恐足下不能用也。诚能听臣之计，莫若两利而俱存之，三分天下，鼎足而居，其势莫敢先动。夫以足下之贤圣，有甲兵之众，据强齐，从

国学经典书系

176

燕、赵^⑭,出空虚之地而制其后,因民之欲,西乡为百姓请命,则天下风走而响应矣,孰敢不听! 割大弱强^⑮,以立诸侯,诸侯已立,天下服听而归德于齐。案齐之故^⑯,有胶、泗之地^⑰,怀诸侯以德,深拱揖让,则天下之君王相率而朝于齐矣。盖闻'天与弗取,反受其咎^⑱;时至不行,反受其殃^⑲'。愿足下孰虑之。"

(《史记·淮阴侯列传第三十二》卷九十二,第3162～3163页)

【注释】

①相人:给人看相。 ②骨法:骨相。 ③容色:容貌,气色。 ④愿少间:请稍微屏退左右的人。 ⑤建号:建立名号。 ⑥杂遝(tà):众多杂乱的样子。 ⑦熛(biāo):迸飞的火焰。 ⑧迫西山:在成皋以西的山地被阻。 ⑨巩、雒:分别在今河南省巩市西南和今洛阳市东北。 ⑩折北不救:败逃不能自救。折,挫折;北,败逃。 ⑪内府:仓库。 ⑫容容:纷乱动荡的样子。 ⑬县:通"悬"。 ⑭从燕、赵:迫使燕、赵服从。 ⑮弱:削弱。 ⑯案:通"按",控制。故:指齐国原有的土地。 ⑰胶、泗:胶河、泗水流域,在今山东省东部和南部。 ⑱咎:过失。 ⑲殃:祸害。

【品读】

　　韩信东进,平定临淄,齐王逃到高密,楚国派龙且率军救齐。龙且轻敌,韩信水淹龙且军,楚军败,龙且死,刘邦立韩信为齐王。于是项羽派武涉前往齐,试图说服韩信与楚联合。韩信曾经是项羽的部下,得不到重用,才去追随刘邦,刘邦在萧何等人的劝说下拜韩信为大将,恩遇超过其他人。因此武涉的说辞没有任何效用。项羽能够如此做,说明韩信在目前天下局势中举足轻重,他与哪一方联合,另一方基本上就会在天下逐鹿中失败,蒯通也看清了目前的形势,就想用奇策打动他,但目的和武涉不同。武涉是想使韩信与楚联合,而蒯通则是鼓动韩信自立,从而三分天下,最终一统宇内。

　　蒯通从看相说起,他首先指出,判断高贵卑贱在骨相,忧愁喜悦在气色,成功失败在决断,从这三个方面看,万无一失。韩信觉得有理,请他继续说,蒯通希望密谈,韩信让左右的人都退下了。蒯通说以韩信的面相看,不过封侯而已,还不安全,但看他的背则是贵不可言。蒯通隐含的意思是韩信应该背汉自立,而不是向汉王称臣。韩信不解,问蒯通何意,蒯通进入正题,分析天下大势。他们经历的时代,蒯通分为两个时期,以秦朝灭亡为界。之前,秦朝严刑峻法,百姓民不聊生,陈胜揭竿而起,天下云集响应,目的只是为了灭秦。秦灭之后,天下并未太平,楚汉争雄,平民百姓流离失所,暴骨荒野。楚人起自彭城,威震天下,但现在困在京县和索城之间,阻隔在成皋以西不能前进。汉的情况也不太好,汉王刘邦在荥阳战败,在成皋又负伤,只能逃到宛县和叶县之间。总而言之,无论智慧如汉王还是英勇如项王现在都处于困境之中。出现这样的局面,说明楚汉的实力相当,一方很难轻易战胜另一方,而长此以往,早已经历战火纷飞、生活在水深火热之中的百姓必然不堪其重,希望有贤圣之人出现,使天下重归平静。谁能担此大任呢?蒯通言下之意自然是非韩信莫属。由于韩信现在是整个局面中最为关键的,他支持汉则汉胜,支持楚则楚胜,然而一旦任何一方取胜,胜利者将不会放心让韩信继续存在,韩信的地位以至于生命必然受到威胁。因此,蒯通建议韩信自立,与楚汉三分天下,鼎足而立,然后凭借齐国强大的军队,再联合燕、赵,出兵楚汉力量薄弱的地方在背后牵制他们,然后顺应民意,为民请命,肯定会得到天下的响应。对于各个诸侯,采取分割大国、削弱强国的策略,分封诸侯确定,天下就会服从齐国了。之后,韩信只要守住齐国原有的土地,占据胶河、泗水流域,用恩德怀柔各方诸侯,恭谨谦逊,天下的诸侯就都会来齐国朝拜了,齐王将会成为天下之主。蒯通最后还引用了当时流行的谚语,强调这是天赐良机,希望韩信能仔细考虑。

蒯通对天下形势的判断是正确的,也意识到了韩信在当前格局中的重要性,以韩信的实力而论,自立是完全可能的,三分天下并非妄言。然而三足鼎立之后是否能按照蒯通的预计发展就很难说了,特别是韩信,尽管军事才能突出,可以为将帅,但要成为帝王恐怕不易。蒯通提出的先分封诸侯,然后诸侯来朝的策略,与郦食其向刘邦所提类似。汉三年(前204),刘邦被项羽围困在荥阳,郦食其建议复立六国后人为诸侯,希望借此笼络人心,使诸侯对刘邦感恩戴德,俯首称臣,如此一来,汉就能称霸天下,到时候楚国也会来朝拜。刘邦起初答应,但正好遇见张良,张良对此不以为然,说服刘邦停止了这一举措。郦食其和蒯通的意见还是先秦时期"诸侯天下"观念的延续,试图通过分封诸侯,使诸侯臣服来朝的办法确立自己的霸主或天子地位。从秦朝开始,在全国实行郡县制,天下体制发生了巨大变化,这一变化顺应了统一帝国的发展需求,其基本形式被后世历代王朝沿用。蒯通在楚汉之际依然坚持先秦的固有观念,是不符合时代的,而且也不适合当时的具体情境,张良的分析可以作为对他的驳斥。具体内容见前文《张良以箸谋天下》。

韩信不愿意背叛汉王,没有听取蒯通的建议,蒯通见游说不成,就去装疯做巫师了。韩信被杀时,说后悔当时没有听蒯通的话,刘邦知道后,逮捕了蒯通,本来要煮了他,但蒯通喊冤,认为当时自己是韩信的部下,只知道忠于韩信,而且天下想做刘邦所做之事的人多的是,也不可能将其全部煮了。最后,刘邦赦免了他。

我们后代人看历史,往往是在知道结果的前提下去寻找原因,带着后见之明审视历史,从而出现了很多"历史规律",似乎历史必然会如此发展,但事实并不完全如此。历史充满了偶然性和不确定性,就像现实生活一样,没有人会按照所谓的历史规律去生活。试想,如果韩信当时听蒯通的建议自立,历史将会怎样? 当然,历史是不能被假设的,如此假设,只是提醒我们注意,看历史时不要带着太多的先入之见,自以为发现了规律,而实际上可能恰恰是遮蔽了历史本身。

【扩展阅读】

导言:蒯通"三分天下"的设想没能实现,中国历史上真正出现三足鼎立的局面,是在三国时期。东汉末年,刘备三顾茅庐,请诸葛亮出山辅佐,诸葛亮为刘备分析天下大势,提出鼎足而立的战略构想,即著名的《隆中对》。

隆中对

　　亮答曰："自董卓已来,豪杰并起,跨州连郡者不可胜数。曹操比于袁绍,则名微而众寡。然操遂能克绍,以弱为强者,非惟天时,抑亦人谋也。今操已拥百万之众,挟天子而令诸侯,此诚不可与争锋。孙权据有江东,已历三世,国险而民附,贤能为之用,此可以为援而不可图也。荆州北据汉、沔,利尽南海,东连吴会,西通巴蜀,此用武之国,而其主不能守,此殆天所以资将军,将军岂有意乎? 益州险塞,沃野千里,天府之土,高祖因之以成帝业。刘璋暗弱,张鲁在北,民殷国富而不知存恤,智能之士思得明君。将军既帝室之胄,信义著于四海,总揽英雄,思贤如渴,若跨有荆、益,保其岩阻,西和诸戎,南抚夷越,外结好孙权,内修政理;天下有变,则命一上将将荆州之军以向宛、洛,将军身率益州之众出于秦川,百姓孰敢不箪食壶浆,以迎将军者乎? 诚如是,则霸业可成,汉室可兴矣。"(《三国志·诸葛亮》卷三十五,中华书局,1959,第912～913页)

四十五、田横得士

【题解】

刘邦消灭项羽后，天下大定，田横惧怕，逃到了海岛上。刘邦以为田横对汉还会有威胁，命人召回。田横在途中自杀，门下宾客后来也全部自杀陪葬，后世称赞田横义高能得士。

【原文】

后岁余，汉灭项籍，汉王立为皇帝，以彭越为梁王。田横惧诛，而与其徒属五百余人入海，居岛中。高帝闻之，以为田横兄弟本定齐，齐人贤者多附焉，今在海中不收，后恐为乱，乃使使赦田横罪而召之。田横因谢曰①："臣烹陛下之使郦生，今闻其弟郦商为汉将而贤，臣恐惧，不敢奉诏，请为庶人，守海岛中。"使还报，高皇帝乃诏卫尉郦商曰："齐王田横即至，人马从者敢动摇者致族夷②!"乃复使使持节具告以诏商状③，曰："田横来，大者王，小者乃侯耳；不来，且举兵加诛焉。"田横乃与其客二人乘传诣洛阳④。

未至三十里，至尸乡厩置⑤，横谢使者曰："人臣见天子当洗沐。"止留。谓其客曰："横始与汉王俱南面称孤⑥，今汉王为天子，而横乃为亡虏而北面事之，其耻固已甚矣。且吾烹人之兄，与其弟并肩而事其主，纵彼畏天子之诏，不敢动我，我独不愧于心乎？且陛下所以欲见我者，不过欲一见吾面貌耳。今陛下在洛阳，今斩吾头，驰三十里间，形容尚未能败⑦，犹可观也。"遂自刭，令客奉其头，从使者驰奏之高帝。高帝曰："嗟乎，有以也夫！起自布衣，兄弟三人更王，岂不贤乎哉！"为之流涕，而拜其二客为都尉，发卒二千人，以王者礼葬田横。

　　既葬，二客穿其冢旁孔⑧，皆自刭，下从之。高帝闻之，乃大惊，以田横之客皆贤。吾闻其余尚五百人在海中，使使召之。至则闻田横死，亦皆自杀。于是乃知田横兄弟能得士也。(《史记·田儋列传第三十四》卷九十四，第3193～3195页)

【注释】
　　①谢：推辞。　②族夷：灭其家族。　③持节：古代使臣奉命出行，执符节以为凭证。　④乘传：古代驿站用四匹下等马拉的车子。诣：到。　⑤厩置：驿站。　⑥南面称孤：朝南坐着，自称孤家。指统治一方，称帝称王。⑦形容：面貌神色。　⑧冢：坟墓。

【品读】
　　田横是原来齐王田氏的族人，他和兄长田荣、堂兄田儋在地方上都很有声望，得到齐人的拥护和信赖。陈胜起义称王后，田儋也杀县令起义，自立为齐王。秦朝将军章邯把魏王咎围困在临济，田儋率军前去解救，不料被章邯打败，死于临济城下。田儋死后，齐人立原齐王田建的弟弟田假为齐王，田荣知道后，出兵攻打田假，田假逃到了楚国，于是田荣立田儋之子田市为王，自己做相国，田横做将军。项羽入关，秦朝灭亡，项羽分封诸侯，封田市为胶东王，田都为齐王，田安为济北王，田荣没有封王，对项羽不满，故意留田市不让他去封地，但田市惧怕项羽，就偷跑到封地，田荣大怒，派人去即墨杀了田市，又攻打并杀死了济北王田安，三齐之地现在都归于田荣，田荣自立为齐王。项羽听闻后，率军伐齐，田荣战败，在平原被杀。项羽太过残暴，所经之地，尽数屠杀，因此反叛的齐人很多，田横又聚集那些被打散的士兵反击项羽，齐地很难平定。而在楚国，刘邦率军攻入楚国国都彭城，项羽只能返回。田横乘机收复齐国城池，立田荣之子田广为齐王，自己为相国，成为齐国大小事务的实际掌控者。三年后，汉王派郦食其游说齐王及田横，田横同意归附汉王，解除了历城下的守军。但韩信听信蒯通的建议，依旧出兵攻打齐国，攻入了临淄,齐王和田横以为郦食其出卖了自己,就烹杀了他。楚国派龙且救援,但战败被杀,韩信平定齐地,被立为齐王。田横逃归彭越,项羽被灭后,刘邦封彭越为梁王,此时天下大定,田横只好带着五百人逃到海岛上。

汉高祖刘邦知道田氏兄弟在齐地威望很高,齐的贤人多依附于他们,如果让田横继续留在海上,无疑是汉朝的一个巨大隐患,于是派使者赦免田横的罪过,想要召他回来。田横当然知道刘邦的用意,也明白就算自己遵命回来也难逃一死,于是以曾烹杀郦食其而其弟郦商在汉任官为由拒绝返回。刘邦不甘心,命令郦商当田横到时不可妄动,否则诛灭全族,并把此事告知田横,承诺如果田横回归汉,可以封王,最小也会封侯,但不回来的话,必然出兵诛杀。田横这下找不到借口,就带着两名宾客前往洛阳。到离洛阳三十里的尸乡驿站时,田横提出要先沐浴再见天子,其实是想拖延时间,他心里早有打算。田横对宾客说的话包含三个方面:第一是耻。田横和刘邦曾经都是王,而现在刘邦是皇帝,自己成了逃亡的贱人,还要向他俯首称臣,这种耻辱难以忍受。第二是愧。他曾烹杀郦食其,而他的弟弟郦商现在是汉朝大臣,两人如若同朝为官,田横觉得有愧于郦商。第三是欲。田横的说法很隐晦,但他应该明白刘邦真正的"欲"并不是见他一面,而是控制他甚至除掉他,从而去除他这个祸患。那么如何才能做到不耻、无愧、消欲呢? 只有一个办法:死。所以田横自杀,让宾客捧着他的头去见刘邦。汉高祖见到后,对田横兄弟三人能依次称王,极为赞叹,以王者之礼安葬了田横,两个宾客也被任命为都尉。

安葬完毕后,两个宾客在田横墓的旁边挖了坑,都自杀了,让人倒进坑里去陪葬。汉高祖知道后,很震惊,以为田横的门客都是贤能之人,就派使者去召回还在海上的五百人,他们来到后,发现田横已死,也全部自杀。五百门客用死表现了他们对田横的忠诚,也说明田横兄弟确实能得人心。

司马迁认为"田横之高节,宾客慕义而从横死,岂非至贤!"班固在《汉书》中对田横的节义是肯定的,但没有像司马迁一样许为至贤,并把田横的死归因于天。三国时代的诸葛亮称赞田横是"守义不辱",唐代韩愈感其"义高能得士"而作文凭吊,清代陈廷敬也称田横是"高义陵千秋"。所有后人的评价有一点是共同的,那就是"义"。中国古代社会极为重义,义既是四维(礼、义、廉、耻)之一,又是五常(仁、义、礼、智、信)之一。孔子把"义"看作君子和小人的分界,所谓"君子喻于义,小人喻于利"(《论语·里仁》),而君子处理天下的事情,孔子也认为要以"义"为标准。孟子对于"义"也非常重视,当生与义发生矛盾时,他主张"舍生取义",把义看得比生命还要重要。田横的事例是"舍生取义"的典型,我们只有把他放到中国古代重义的历史情境中,才能更好地理解为何他在后世如此受人敬重。

《史记》中没有具体记载田横对五百宾客之义,而只写了五百宾客自杀陪葬的义举。如此一来,关于田横对宾客之义就不得而知了。明代钟山居士甄伟所著小说《西汉演义》中做了大胆虚构,原文很简单,直接引用如下:"田横读罢诏书,遂款待陆贾,因相议降汉,左右曰:'不可!汉帝外宽而内实严,量大而心实刻,大王遁居海岛,久未宾服,今遣使诏而来,率然往见,倘帝一怒,大王欲从而不可,欲归而不能,那时悔之晚矣!不若严加防备,多设营寨,沿海一带,预备火箭火炮,以抵汉兵。吾辈齐心协力,与大王把守营寨,料汉帝虽有雄兵百万,临此洪涛巨浪,岂敢犯乎?大王得以优游自得,坐观强弱,岂不快哉!'田横曰:'不然!吾与诸公相处于此,未有恩德相及,倘汉帝召我不去,必举兵而来,乃劳诸公亲冒矢石,或一时不胜,使诸公遭罹兵革,吾实不忍也。'"虚构的段落一方面表现了臣子一心为君主着想,不愿田横犯险;另一方面又表现出田横的仁厚,宁肯自己身处危难之中,也不忍心让随从诸公遭遇兵革祸患。田横和宾客之间的"义"都得到了彰显。小说的文字没有史实依据,只是作者的想象之辞,但从其故事性而言,是合情合理的,值得一看。

【扩展阅读】
导言:田横是后人经常提起的,特别是他的守义不辱和义高得士受到人们的称颂。唐代贞元十一年(795)九月的一天,韩愈从家乡去东京洛阳,经过田横墓,有感而发,写有一篇《祭田横墓文》。

祭田横墓文

贞元十一年九月,愈如东京,道出田横墓下,感横义高能得士,因取酒以祭,为文而吊之,其辞曰:

事有旷百世而相感者,余不自知其何心;非今世之所稀,孰为使余欷歔而不可禁? 余既博观乎天下,曷有庶几乎夫子之所为? 死者不复生,嗟余去此其从谁? 当秦氏之败乱,得一士而可王,何五百人之扰扰,而不能脱夫子于剑铓? 抑所宝之非贤,亦天命之有常。昔阙里之多士,孔圣亦云其遑遑。苟余行之不迷,虽颠沛其何伤? 自古死者非一,夫子至今有耿光。眍陈辞而荐酒,魂仿佛而来享。(马其昶:《韩昌黎文集校注·祭田横墓文》卷五,上海古籍出版社,1986,第299~300页)

四十六、周昌木强

【题解】

周昌为人刚直倔强,面对皇帝也能够据理力争。在废立太子一事上,他坚决支持太子,是后世直臣的典范。

【原文】

昌为人强力①,敢直言,自萧、曹等皆卑下之。昌尝燕时入奏事②,高帝方拥戚姬,昌还走③,高帝逐得,骑周昌项,问曰:"我何如主也?"昌仰曰:"陛下即桀、纣之主也。"于是上笑之,然尤惮周昌。及帝欲废太子,而立戚姬子如意为太子,大臣固争之,莫能得;上以留侯策即止。而周昌廷争之强,上问其说,昌为人吃④,又盛怒,曰:"臣口不能言,然臣期期知其不可⑤。陛下虽欲废太子,臣期期不奉诏。"上欣然而笑。既罢,吕后侧耳于东箱听⑥,见周昌,为跪谢曰⑦:"微君⑧,太子几废。"(《史记·张丞相列传第三十六》卷九十六,第3227页)

【注释】

①强力:倔强,强硬。 ②燕时:闲暇休息的时候。燕通"宴"。 ③还走:转身就跑。 ④吃:口吃,结巴。 ⑤期期:本来只说一个"期",但周昌结巴,就说成了"期期"。 ⑥箱:箱通"厢",厢房。 ⑦跪谢:汉代时人们席地而坐,两膝盖着地,臀部压在脚跟上,稍微起身就成了跪,身体挺直叫长跪,都表示对人的尊敬。 ⑧微:没有。

本传是张苍、周昌、任敖、申屠嘉四人的合传，所以不单称《张苍列传》，但四人又不全是丞相，周昌和任敖只是御史大夫。所以有学者推测，认为"故以丞相名篇，以御史大夫作线。"（〔清〕汤谐：《史记半解·张丞相列传》）

周昌是沛县人，刘邦起兵时，他和堂兄周苛就追随沛公了。汉四年（前203），刘邦被项羽围困在荥阳，刘邦设计逃出，留御史大夫周苛守城。楚军攻破荥阳，烹杀周苛。刘邦又任命周昌为御史大夫。打败项羽后，汉高祖分封功臣，周昌为汾阴侯。周昌为人刚正倔强，敢于直言进谏，即便是萧何、曹参等人也很敬重他。司马迁为说明他这个特点，记载了下面两件事：周昌在皇帝休息时进宫奏事，恰好碰到刘邦正抱着戚夫人，周昌转身就跑，刘邦赶去抓住他，骑在周昌的脖子上，让周昌评价他。文章描写周昌用了一个"仰"字，即昂着头，这一姿态极为传神地表现了周昌刚强的性格特点。周昌的回答（把刘邦比作桀、纣，不是一般臣子敢说的）表现了他"敢直言"的特点。刘邦也没有怪罪他，只是一笑了之，对于周昌还是心存敬畏。汉高祖刘邦的行为富有戏剧性，居然骑在大臣的脖子上，一点没有皇帝的威严庄重。这主要是因为刘邦出身平民，对于所谓帝王礼仪可能不太看重，例如他还做过往儒生帽子里撒尿的事，此外这也不是在朝堂之上，刘邦就更懒得顾及什么帝王威严了。第二件事关系极大。刘邦宠爱戚夫人，想废掉太子，立戚夫人之子赵王如意为太子，大臣们力谏也无济于事。吕后使吕泽强迫张良出谋划策，张良建议请来所谓"商山四皓"做太子的宾客，皇上知道后，有可能打消废太子的想法。吕后照做了，果然刘邦没有废掉太子。当时和皇帝争议废立太子事的人之中，叔孙通和周昌态度非常坚决。叔孙通引证古今各种事例进行劝说，死命争保太子，周昌则是在朝堂上力争。周昌口吃，加之生气，说话时就有了"期期知其不可""期期不奉诏"这样的句子。周昌廷争时，吕后在东厢房听见了，很感激，见到周昌时，特意欠身表达了谢意。

赵王如意年少，刘邦怕他去世后，赵王难以自保，后经人提议命周昌为赵王的相国。因为周昌为人刚毅正直，从吕后、太子到大臣都敬畏他，有他辅佐，或许能保证赵王的安全。但汉高祖担心的事还是发生了。汉高祖驾崩后，吕太后派人召赵王，周昌知道吕后和赵王的母亲戚夫人之间结怨已深，召赵王实际上是要把赵王和戚夫人都杀死，以解心头之恨，如果赵王到长安，基本上是有去无回，所以让赵王称病不去，使者往返三次，周昌就是不让赵王上路。太后只好直接召周昌，周昌离开后，再召赵王。惠帝知道太后盛怒，所以赵王还未到时，惠帝就到霸上迎接赵王，和他一同进宫，饮食起居都在一起，太后无从下手。有天早晨，惠帝早起射箭，由于赵王还小，没起床一起去。太后就抓住这个机会，派人拿去毒酒让赵王喝了，等到皇帝回来时，赵王已死。吕后对戚夫人更是残忍，砍了她的手脚，挖了眼睛，弄聋了耳朵，灌了能使人致哑的毒药，然后扔在了厕所中，称作"人彘"。手段之狠毒，连惠帝都说："此非人所为。"

赵王死后，周昌称病不去朝拜，三年后离开了人世。

周昌是直臣的典范，他不会因为面对的是帝王就放弃自己的意见。相反，只要是国家大事，都要据理力争，绝不退让。例如关于废立太子一事，它不是刘邦的家事，而是有关社稷的国事，与每一位大臣息息相关，如果此时大臣们一味服从皇帝，那是对国家不负责，是失职的表现。这种情况下，有些大臣以"皇帝家事，外人不宜多言"为由而保持沉默，看似是尊重皇帝，实际上是逃避责任，以避免可能带来的祸患，从而明哲保身。

周昌的所作所为，让我们看到了中国古代社会中士大夫的风骨和担当。

【扩展阅读】

导言：有一成语"期期艾艾"，形容人口吃结巴，期期是指周昌，艾艾是指三国时魏国的邓艾。邓艾是魏国名将，在灭蜀汉的过程中，他偷渡阴平，直扑涪城，涪城守将马邈惊慌失措，不战而降，继而攻占绵竹，逼近成都，后主刘禅投降，蜀汉灭亡。可见邓艾在魏蜀之战中起了关键作用。但就是这样一位大将，却口吃，晋文王司马昭就想戏弄一下他，但邓艾在情急之中，居然没结巴，还引用了《论语》中的句子。

邓艾口吃，语称"艾艾"。晋文王戏之曰："卿云'艾艾'，定是几艾？"对曰："'凤兮凤兮'，故是一凤。"（朱铸禹：《世说新语汇校集注·言语第二》卷上，上海古籍出版社，2002，第67～68页）

四十七、申屠嘉困邓通

【题解】

> 丞相申屠嘉刚毅守节，为了教训文帝的宠臣邓通，在下朝回府后，召邓通前来，严厉斥责，声称要斩他。邓通吓得磕头不已，直至流血。后来，皇帝派人来召邓通，才放他回去。

【原文】

嘉为人廉直，门不受私谒①。是时太中大夫邓通方隆爱幸，赏赐累巨万。文帝尝燕饮通家，其宠如是。是时丞相入朝，而通居上傍②，有怠慢之礼③。丞相奏事毕，因言曰："陛下爱幸臣，则富贵之；至于朝廷之礼，不可以不肃！"上曰："君勿言，吾私之④。"罢朝坐府中，嘉为檄召邓通诣丞相府⑤，不来，且斩通。通恐，入言文帝。文帝曰："汝第往⑥，吾今使人召若。"通至丞相府，免冠，徒跣⑦，顿首谢。嘉坐自如，故不为礼，责曰："夫朝廷者，高皇帝之朝廷也。通小臣，戏殿上，大不敬，当斩。吏今行斩之！"通顿首，首尽出血，不解。文帝度丞相已困通，使使者持节召通，而谢丞相曰："此吾弄臣⑧，君释之。"邓通既至，为文帝泣曰："丞相几杀臣。"（《史记·张丞相列传第三十六》卷九十六，第3234页）

【注释】

①私谒：因私事而拜谒请托。 ②傍：通"旁"。 ③怠慢：轻慢不敬。④私之：可以做二解，私下处理或偏爱。 ⑤檄：古代官府用以征召或声讨的文书。 ⑥第：但，只。 ⑦徒跣(xiǎn)：光着脚步行。 ⑧弄臣：为帝王所宠幸狎玩之臣。

申屠嘉早年就跟随刘邦，惠帝时为淮阳郡守。文帝时张苍为丞相，申屠嘉为御史大夫，张苍免相后，申屠嘉接任为丞相。申屠嘉清廉正直，从不接受私人拜访，司马迁评价为"刚毅守节"，这一特点可以从他对邓通的态度中看出。邓通是文帝的宠臣，他本来只是因为善于划船而任黄头郎，但有次文帝梦见自己想上天，上不去，忽然在背后有一黄头郎推他上了天，文帝回头看见他衣服的横腰处，衣带在背后打结。梦醒后，文帝去找，就发现邓通的穿着和梦中所见一样。于是邓通自此受到宠幸，官至上大夫。皇帝还经常到他家饮酒娱乐，关系之亲密非常人能比。文帝曾让人给邓通看相，看相人说他会因贫穷饥饿而死。文帝自认为，堂堂帝王难道还不能保一人富贵，就把蜀郡严道的铜山赐给了邓通，邓通可以自己铸钱，于是"邓氏钱"流布全天下。

这样一位深受皇帝宠幸的人，只要行为不当，有损礼仪，申屠嘉是不会因为皇帝而姑息的。当时丞相入朝时，邓通在皇帝身边，礼数上有所怠慢。申屠嘉奏事完毕，向皇帝指出了此事，当然没有明言，只是强调了朝廷礼节的问题。文帝已经会意，表示会私下处理，让申屠嘉不要再说。申屠嘉回到府中，召邓通到丞相府，并称如敢不来，将会斩了他。邓通害怕了，去找文帝求救，文帝让他先去，然后再派人把他召回。邓通到丞相府后，摘下帽子，赤脚上前，磕头请罪。邓通的行为已经说明他心虚，而且没有大臣的威仪。申屠嘉斥责他是小臣，在殿上嬉闹，犯了大不敬之罪，当斩。原文中申屠嘉说的话，由司马迁写来很能表现说话人的语气。从"通小臣"开始都是短句，三字，两字，还有一字，语气短促而强烈，放声读出，如在耳际目前。邓通吓得一直磕头，都出血了，申屠嘉也没让他停下。皇帝知道丞相刚直，又是百官之长，直接去要人，显得不够尊重，于是等到邓通已经被困时，才派人去召唤，并向丞相道歉，请他放了邓通。

申屠嘉困邓通是为了给邓通一个教训，不是真的要杀他，所以两次说"斩"，都没有实际行动，只是看着他在那磕头。况且邓通是皇帝宠臣，杀了他，文帝必然大怒，为这样一个小臣触怒皇帝实在没有必要。此外，邓通也算处事谨慎,和外人交往不多,对于朝政不会有太大的危害。申屠嘉教训一下他,让他知道不可乱了朝廷法度,也就够了。

【扩展阅读】

　　导言:文帝曾经得了痈病,邓通经常为皇帝吸脓血。文帝也让太子照做,太子犯难,后来知道邓通这样做过,太子就开始怨恨邓通。文帝驾崩,景帝即位,邓通先被免职,后又被人告发,其全部家产被没收。最后真如看相人所言,邓通因贫穷饥饿而死。

邓通啮痈

　　文帝尝病痈,邓通常为帝啮吮之。文帝不乐,从容问通曰:"天下谁最爱我者乎?"通曰:"宜莫如太子。"太子入问病,文帝使啮痈,啮痈而色难之。已而闻邓通常为帝啮吮之,心惭,由此怨通矣。及文帝崩,景帝立,邓通免,家居。居无何,人有告邓通盗出徼外铸钱。下吏验问,颇有之,遂竟案,尽没入邓通家,尚负债数巨万。长公主赐邓通,吏辄随没入之,一簪不得著身。于是长公主乃令假衣食。竟不得名一钱,寄死人家。(《史记·佞幸列传第六十五》卷一百二十五,第3851~3852页)

四十八、陆贾使南越

【题解】

　　天下大定后,汉高祖派陆贾出使南越,赐封南越王赵他。陆贾初到,赵他傲慢无礼,在陆贾恩威并施的言辞下,赵他最终接受赐封,向汉称臣。

【原文】

　　及高祖时,中国初定,尉他平南越①,因王之。高祖使陆贾赐尉他印为南越王。陆生至,尉他魋结箕倨见陆生②。陆生因进说他曰:"足下中国人,亲戚昆弟坟在真定③。今足下反天性,弃冠带,欲以区区之越与天子抗衡为敌国,祸且及身矣。且夫秦失其政,诸侯豪杰并起,唯汉王先入关,据咸阳。项羽倍约,自立为西楚霸王,诸侯皆属,可谓至强。然汉王起巴、蜀④,鞭笞天下,劫略诸侯⑤,遂诛项羽灭之。五年之间,海内平定,此非人力,天之所建也。天子闻君王王南越,不助天下诛暴逆,将相欲移兵而诛王,天子怜百姓新劳苦,故且休之,遣臣授君王印,剖符通使。君王宜郊迎⑥,北面称臣,乃欲以新造未集之越,屈强于此。汉诚闻之,掘烧王先人冢,夷灭宗族,使一偏将将十万众临越⑦,则越杀王降汉,如反覆手耳。"

　　于是尉他乃蹶然起坐⑧,谢陆生曰:"居蛮夷中久,殊失礼义。"因问陆生曰:"我孰与萧何、曹参、韩信贤?"陆生曰:"王似贤。"复曰:"我孰与皇帝贤?"陆生曰:"皇帝起丰、沛,讨暴秦,诛强楚,为天下兴利除害,继五帝、三王之业,统理中国。中国之人以亿计,地方万里,居天下之膏腴,人众车轝⑨,万物殷富,政由一家,自天地剖泮未始有也⑩。今王众不过数十万,皆蛮夷,崎岖山海间,譬若汉一郡,王何乃比于汉!"尉他大笑曰:"吾不起中国,故王此。使我居中国,何渠不若汉⑪?"乃大悦陆生,留与饮数月。曰:"越中无足与语,至生来,令我日闻所不闻。"赐陆生橐中装直千金,他送亦千金。陆生卒拜尉他为南越王,令称臣奉汉约。归报,高祖大悦,拜贾为太中大夫⑫。(《史记·郦生陆贾列传第三十七》卷九十七,第3249~3251页)

【注释】

①南越:国名,主要在今广东、广西省一带。 ②魋结:结成椎形的髻。箕倨:同"箕踞",随意张开两腿坐着,形似簸箕。是一种轻慢、不拘礼节的坐姿。 ③真定:在今河北正定。 ④巴蜀:秦汉设巴蜀二郡,都在今四川省。 ⑤劫略:以威力胁迫。 ⑥郊迎:古代出郊迎宾,以示隆重、尊敬。⑦偏将:副将。 ⑧蹶(juě)然:惊起的样子。 ⑨车轝(yú):车辆。⑩剖泮(pàn):分开。 ⑪渠(jù):岂。 ⑫太中大夫:官名,掌议论。

【品读】

秦始皇席卷六国,统一天下后,在岭南设立了三郡:桂林郡、象郡、南海郡。秦二世时,南海尉任嚣病重,召唤来龙川令赵他安排后事。当时天下,已经是烽烟四起,群雄逐鹿,岭南地处偏远,虽暂时未受波及,但也可能有军队打到这里,所以任嚣准备切断与中原交通的道路,可还未实施,就已经病重,所以他希望赵他按此行事。任嚣死后,赵他代行南海尉事,立即传布檄文,断绝了道路。秦朝灭亡后,赵他乘机兼并了桂林郡和象郡,自立为南越武王。

汉高祖打败项羽后,不想再用兵,于是派陆贾前往南越,封尉他为南越王。尉他就是赵他,尉是官名,赵是姓。陆贾是楚人,能言善辩,经常出使诸侯,有丰富的外交和谈判经验,所以才被黄帝选中,担此大任。陆贾到南越时,尉他表现得很傲慢,梳着椎形的发髻,两腿叉开,接见陆贾。"箕倨"是一种傲慢无礼的身体姿态,说明尉他没有把汉使当回事。这意味着陆贾必须说服尉他,使他接受汉朝的赐封。陆贾作为大国使者,必须表现出大国的风范,因此他对尉他所说的话极富气势,甚至就是威胁,目的是要让尉他明白,并不是大汉不敢攻打南越,乞求南越接受赐封,而是皇帝仁慈,不愿再起刀兵,劳苦百姓,希望以和平的方式结束天下的纷乱,如若南越不知轻重厉害,一意孤行,以大汉的实力,只需要派一名偏将率领十万军队,定将南越击败,到时南越王也会性命不保,这一切对汉来说简直易如反掌。小小南越见大国使者,本应出郊迎宾,向北面称臣,可尉他竟然如此傲慢无礼,试图以越抗汉,明显是不自量力。从尉他自己来说,他本是真定人,亲人和祖先的坟墓也在真定,如果他坚持对抗,汉知道后,就会挖掘焚烧祖先的坟墓,灭了整个宗族。恩威并用的一番话之后,尉他突然惊起坐正,连忙向陆贾道歉,解释之所以会失礼,是因为在蛮夷之地待得太久了。这当然是借口,从"蹶然起坐"就能看出,他是被陆贾震慑住了,或许在陆贾未到之前,尉他可能以为是汉有求于他,所以表现得很傲慢,但他没有料到陆贾却讲了如此一番言辞,不仅没有恳求,还变成了威胁,而且是句句在理,他的态度不得不变。

　　尉他还不甘心,又问陆贾,他和萧何、曹参、韩信相比,谁更贤能?尉他毕竟也算一国之主,虽然难以和汉相提并论,但也要维护其尊严,同时又不能失去汉朝将相的尊严,所以陆贾回答:"您好像贤能一些。""似"用得很巧妙,既让尉他能接受,又不至于过分贬低萧何等人。如果这还能容忍,当尉他得寸进尺再问他和皇帝相比谁更贤能时,就不能再敷衍了。于是陆贾为他比较,指出皇帝的功业是自开天辟地以来未有的,无论是人口、疆土还是富庶程度,都远非南越可比,南越王又岂可与汉朝皇帝相比。尉他尽管不太满意陆贾的回答,但对陆贾其人很欣赏,留他一同饮酒达数月之久,临行时,给予了厚赠。陆贾出色地完成了使命,以一人之力使南越对汉称臣,汉高祖非常高兴,任命他为太中大夫。

　　陆贾出使南越共有两次,汉高祖时是第一次,汉文帝时还有一次。汉高祖驾崩后,吕后掌权,有大臣请求禁止南越在边境市场上购买铁器。尉他以为是长沙王的主意,想灭掉南越,于是尉他自称南越武帝,出兵攻打长沙国边境上的城邑。吕后派遣将军隆虑侯周灶前去攻打赵他,但由于岭南炎热潮

195

湿,还未开战,大部分士兵就已经身患重病,无法越岭。吕太后去世后,也就罢兵了。文帝即位,厚待尉他在真定的亲属,准备选择使者出使南越,丞相陈平推荐了陆贾,于是陆贾再次使越,责备尉他自立为帝。尉他十分恐惧,放弃帝号,愿意向汉称臣。陆贾此次出使依旧完美。

陆贾两次出使南越,维持了汉越之间的关系,使双方避免刀兵相见,能够和睦共处。南越从赵他立国到汉武帝时灭亡,历经五王九十三年。

陆贾人生中的另一件大事是参与诛吕立刘。吕后专政,诸吕擅权,威胁到刘氏子孙,陈平虽然很担心,但又无能为力,为了不连累自己,就不太过问朝中之事。陆贾前去拜访,为陈平出谋划策,大意是要陈平联合太尉周勃,将相联手,报刘氏天下。陈平按他的计策行事,最终诛杀诸吕,拥立了汉文帝。

【扩展阅读】

导言:刘邦一向瞧不起儒生,而陆贾经常在皇帝跟前说《诗》《书》,惹得皇帝大怒,但陆贾没有因此畏而不言,而是积极陈述他"可马上得天下,不可马上治天下"的观念,希望汉高祖吸取秦朝二世而亡的经验教训,文武并用,方可长治久安。于是刘邦命陆贾总结秦失天下、汉得天下的原因,陆贾就写成了十二篇文章,汉高祖极为赞赏,称其书为《新语》。下面选取的是《新语》中的一段文字。

仁者道之纪,义者圣之学。学之者明,失之者昏,背之者亡。陈力就列,以义建功,师旅行阵,德仁为固,仗义而强,调气养性,仁者寿长,美才次德,义者行方。君子以义相褒,小人以利相欺,愚者以力相乱,贤者以义相治。《穀梁传》曰:"仁者以治亲,义者以利尊。万世不乱,仁义之所治也。"(王利器:《新语校注·道基第一》卷上,中华书局,1986,第34页)

四十九、叔孙通制礼仪

【题解】

刘邦当上皇帝后，礼法力求简便易行，所以诸侯大臣们也不拘礼节。后来皇帝逐渐开始厌恶这种混乱的场景。于是，叔孙通及时提议制定新的礼仪制度。得到皇帝的同意后，他带领儒生们经过一个多月的练习，终于完成，并在朝会上顺利施行，得到了皇帝的赞赏。

【原文】

汉五年，已并天下，诸侯共尊汉王为皇帝于定陶①，叔孙通就其仪号②。高帝悉去秦苛仪法，为简易。群臣饮酒争功，醉或妄呼，拔剑击柱，高帝患之。叔孙通知上益厌之也③，说上曰："夫儒者难与进取，可与守成。臣愿征鲁诸生，与臣弟子共起朝仪④。"高帝曰："得无难乎⑤？"叔孙通曰："五帝异乐，三王不同礼。礼者，因时世人情为之节文者也。故夏、殷、周之礼所因损益可知者，谓不相复也。臣愿颇采古礼与秦仪杂就之。"上曰："可试为之，令易知，度吾所能行为之⑥。"于是叔孙通使征鲁诸生三十余人。鲁有两生不肯行，曰："公所事者且十主，皆面谀以得亲贵。今天下初定，死者未葬，伤者未起，又欲起礼乐。礼乐所由起，积德百年而后可兴也。吾不忍为公所为。公所为不合古，吾不行。公往矣，无污我！"叔孙通笑曰："若真鄙儒也，不知时变。"遂与所征三十人西，及上左右为学者与其弟子百余人为绵蕞野外⑦。习之月余，叔孙通曰："上可试观。"上既观，使行礼，曰："吾能为此。"乃令群臣习肄⑧，会十月。

汉七年，长乐宫成⑨，诸侯群臣皆朝十月。仪：先平明⑩，谒者治礼，引以次入殿门，廷中陈车骑步卒卫宫，设兵张旗志。传言"趋"。殿下郎中侠陛⑪，陛数百人。功臣列侯诸将军军吏以次陈西方，东乡；文官丞相以下陈东方，西乡。大行设九宾⑫，胪传⑬。于是皇帝辇出房，百官执职传警⑭，引诸侯王以下至吏六百石以次奉贺。自诸侯王以下莫不振恐肃敬。至礼毕，复置法酒⑮。诸侍坐殿上皆伏抑首，以尊卑次起上寿。觞九行，谒者言"罢酒"。御史执法举不如仪者辄引去。竟朝置酒，无敢欢哗失礼者。于是高帝曰："吾乃今日知为皇帝之贵也。"乃拜叔孙通为太常⑯，赐金五百斤。（《史记·刘敬叔孙通列传第三十九》卷九十九，第3278～3280页）

【注释】

①定陶：在今山东省菏泽市。　②就：制定。　③益：渐渐。　④朝仪：朝廷礼仪。　⑤得无难乎：该不会太难吧？　⑥度（duó）：推测，揣度。⑦绵蕞（zuì）：亦作"縣蕞"，谓制订整顿朝仪典章。　⑧习肄：练习。　⑨长乐宫：汉高祖时，以秦朝兴乐宫改建而成，是西汉主要宫殿之一。汉初皇帝在此视朝。惠帝后，为太后居地。故址在今陕西省西安市西北郊。　⑩平明：天刚亮的时候。　⑪侠陛：在殿阶两侧侍奉。侠，通"夹"。　⑫大行：古代接待宾客的官吏。　⑬胪传：专指传告皇帝诏旨。　⑭传警：古代礼仪，帝王车驾启行时，左右侍者传声，以示警清道。　⑮法酒：古代朝廷举行大礼时的酒宴。　⑯太常：官名，秦朝设置奉常，汉景帝六年更名太常，掌宗庙礼仪。

【品读】

叔孙通在秦朝时以文章博学被征召，等待被任用为博士。陈胜起义后，秦二世召集博士和儒生，问他们的意见。三十几位博士和儒生都建议马上出兵镇压，秦二世听了不高兴。叔孙通与他们不同，他以为现在是明君在上，法令完备，哪敢有人反叛，只不过是一些强盗偷盗罢了，根本不值得皇帝忧虑。这正合秦二世的心意，所以赏赐给了叔孙通二十匹帛，一套衣服，任命他为博士。叔孙通出宫回到馆舍后，有儒生问他为什么如此阿谀。叔孙通回答说："你们不知道，我差点逃不脱虎口！"言下之意，不是我叔孙通阿谀，我只是为求自保。于是他逃到了薛,而薛已经投降了楚,等项梁到达后,他就跟随项梁了。项梁在定陶战败人亡,他又跟从怀王。项羽自立为西楚霸王,名义上尊怀王为义帝,迁往长沙,实际上秘密派人前去暗杀。叔孙通没有跟着怀王迁长沙,而是留下来侍奉项羽。汉二年,项羽在齐地,刘邦和五诸侯率军攻入楚都彭城,叔孙通投降刘邦。项羽从齐地返回,击败刘邦,这次叔孙通坚定地追随刘邦,即使刘邦被打败了。

叔孙通穿的是儒生的服装,而刘邦极其厌恶儒生,于是叔孙通换上了楚地的短衣,汉王当然很高兴。叔孙通的儒生弟子有一百多人,但他归降刘邦后,并没有举荐他的弟子,而是专门推荐那些曾经干过盗窃的壮士,弟子们很不解,叔孙通解释说现在正是以武力争天下的时候,儒生们不可能上阵杀敌,所以他才举荐能斩将拔旗的勇士,并向儒生弟子们承诺,他不会忘记他们的。叔孙通在汉被封为博士,号稷嗣君。

汉五年(前202),诸侯在定陶尊刘邦为皇帝,叔孙通负责制定仪式和礼节。刘邦全部去除了秦朝太过烦琐的礼法,要求新的礼仪简单易行。大臣们大多是跟随刘邦一起征战天下的人,而且多是出身平民,形成所谓的"汉初布衣将相之局"(王树民:《廿二史札记校证》,中华书局,1984,第36页),他们对于礼节之类的本来就不太在意,现在加之礼仪又很简易,约束性不强,经常出现的场景就是喝酒争功劳,醉了后大喊大叫,拔出剑砍柱子,乱得不像样子,刘邦有点受不了了。叔孙通善于察言观色,明白皇帝已经对此事不满了,就找机会向皇帝进谏,希望皇帝征召鲁地的儒生,与他一起制定朝廷的礼仪。汉高祖讨厌繁文缛节,反问叔孙通:"该不会太难吧?"叔孙通做了一番解释,主要是一个意思:变。礼乐不是一成不变的,五帝三王各不相同,夏、商、周也互不重复,因此汉的礼仪制度不必和前代一样,所以叔孙通打算兼采古代的和秦朝的礼仪来制定汉朝礼仪。皇帝同意让他试一试,但要做到易知易行。

叔孙通回到鲁地,奉命征召了三十多名儒生。有两人不愿去,一方面鄙视叔孙通的为人,他跟随的君主将近十个,都是当面阿谀奉承才得到亲近和尊贵的;另一方面,天下刚刚平定,现在制礼作乐还不是时候,应当在积德百年之后再兴起礼乐。因此二人认为叔孙通的做法不合古道,不愿去。叔孙通对他们不以为然,嘲笑他们是不知时势变化的鄙陋儒生。叔孙通带着三十多人回京,加上皇上身边有学问的人以及他的弟子共一百多人,在野外演习了一个多月,请皇帝观看。皇帝看完后,觉得自己可以做到,就令群臣练习,准备十月份的朝会(汉初的历法延续秦朝的,以夏历十月为岁首,所以汉高祖在十月举行朝会。汉武帝太初元年以后,恢复了以夏历正月作为岁首的历法)。

汉七年,长乐宫建成,诸侯和大臣们都来参加十月的朝会。朝会的礼仪按照叔孙通制定的进行,一切都有条不紊,井然有序。天亮之前,谒者主持礼仪,引导众人依次进入殿门,廷中排列着战车、骑兵、步兵和侍卫,摆设着各种兵器,飘扬着各类旗帜。然后谒者传令"趋"(快走)。在殿下面郎中站在台阶两侧,台阶上有几百人。廷中的排列、摆设,还有这么多人,都是在营造一种威严肃穆的氛围。众人进来后,功臣列侯和武将站在西面,文官站在东面,相对而立。大行安排九个礼官,从上到下传呼。所有准备完成后,等待皇帝出场。于是皇帝乘"龙辇"从宫房出来,百官举旗传呼警戒,然后引导诸侯王以下至六百石以上的官员依次朝拜皇帝。在这种气氛下,大小官员无不"振恐肃敬"。礼仪完毕后,再举行正式宴会,也都有明确的规定,斟酒九次,谒者宣布结束。在整个过程中,那些不合礼仪的人都被带出去了。从开始到结束,没人敢喧哗吵闹和违背礼仪。这样一个场面和之前的"喝酒争功劳,醉了后大喊大叫,拔出剑砍柱子"完全不同,难怪汉高祖说:"我今天才知道当皇帝的尊贵。"叔孙通制定出了让皇帝满意的礼仪,于是任命他为太常,赏赐黄金五百斤。

叔孙通答应过儒生弟子,他会在适当的时候推荐他们,叔孙通没有食言,向皇帝说明制定礼乐也有他们的一份功劳,请皇帝赐予官职。皇帝因为叔孙通,估计对儒生的看法有所转变,就把他们全部任命为郎官。儒生很高兴,称叔孙通为圣人。

叔孙通是所谓的知时务者,他不愚忠于一人,先后追随的主君有秦二世、项梁、怀王、项羽、刘邦,尽管没有鲁二生说的"十主",但也为数不少。他总能依时势而动,不断调整自己的选择,司马迁评价其为"进退与时变化"是非常准确的。鲁地的两生批评其为人,并没有错,说他阿谀也不过分,但他们抱守"礼乐所由起,积德百年而后可兴也",也确实太迂腐不知变通了。明清之际的思想家王夫之在《读通鉴论》(卷二,中华书局,1975,第19页)里用了一段精妙的比喻来说明这个问题:"譬之树然,生养休息者,枝叶之荣也;有序而和者,根本之润也。今使种树者曰待枝叶之荣而后培其本根。岂有能荣枝叶之一日哉?"意思是国家好像一棵树,它要想枝繁叶茂,就必须让树根得到充分的滋养,树根如何得到滋养呢? 非礼乐莫属,因为只有礼乐可以做到"顺民之气而劝之修养"。同时也说明礼乐和休养生息是一体的,不能看作两物。鲁地的两生就是把二者分割开来,固执地认为积德百年之后才可以大兴礼乐。叔孙通嘲笑他们是不知时变的"鄙儒",也是有道理的。

　　叔孙通在惠帝时,还制定了皇室宗庙的礼仪制度,又逐步制定其他各项礼仪,所以汉初的各项礼仪制度基本都是叔孙通制定的。同时他还提高了儒生和儒学的地位,司马迁誉为"汉家儒宗"。

　　关于叔孙通的评价有相反的两种观点,司马迁是极为肯定的,班固继承太史公的观点,也称之为"儒宗"。西晋的陆机也认为叔孙通"稷嗣制礼,下肃上尊。穆穆帝典,焕其盈门。风晞三代,宪流后昆"(《汉高祖功臣颂》,见《六臣注文选》,中华书局,2012,第894页)。宋代王安石对儒生弟子称叔孙通为"圣人"颇有不满,写诗讥嘲:"马上功成不喜文,叔孙绵蕞共经论。诸君可笑贪君赐,便许当时作圣人。"(《嘲叔孙通》,见王安石:《临川先生文集》,中华书局,1959,第371页)还有《叔孙通》(王安石:《临川先生文集》,中华书局,1959,第147页)一诗:"先生秦博士,秦礼颇能熟。量主欲有为,两生皆不欲。草具一王仪,群豪果知肃。黄金既遍赐,短衣衣已续。儒术自此凋,何为反初服。"在王安石看来,叔孙通被称作"汉家儒宗"是不恰当的,不仅如此,他不仅没能振兴,反而使儒术自此凋零,无功而有过。制定礼乐本来是叔孙通一生最大的功绩,受到了司马迁、陆机等人的赞颂,但也有人不这么看,宋朝史学家司马光对叔孙通评价就不高,他写道:"惜夫,叔孙生之器小也! 徒窃礼之糠秕,以依世、谐俗、取宠而已,遂使先王之礼沦没而不振,以迄于今,岂不痛甚矣哉!……夫大儒者,恶肯毁其规矩、准绳以趋一时之功哉!"(司马光:《资治通鉴》卷十一,中华书局,1956,第376页)同是宋代人的徐钧与司马光意见基本一致:"秦府藏书熟见闻,三王遗意可追寻。如何绵蕞因秦陋,古礼沦亡恨到今。"(《叔孙通》,见北京大学古文献研究所编:《全宋诗》第67册,北京大学出版社,1998年,第42836页)司马光和徐钧批评叔孙通不坚守古礼,致使古礼自此消亡,叔孙通在他们眼里自然难称大儒,而且还要对古礼消亡负责。在王安石、司马光等人这里,司马迁评定的"汉家儒宗"地位被彻底解构,赞颂基本没有了,批评倒是很严厉。

鲁地二生指责叔孙通频易主君,阿谀奉承,司马迁却不这看,他认为叔孙通是"大直若诎,道固委蛇",就是说他实际上是最正直的,只是表面上委曲随和。司马迁在《史记》中提供了一个例证:汉高祖宠爱戚夫人,想废掉太子,立戚夫人的儿子赵王如意,作为太子太傅的叔孙通坚决不同意,态度相当强硬,征引晋献公、扶苏的例子,说明废太子的危险;强调太子仁孝,天下皆知;吕后和皇帝同甘共苦,不可背弃。总之,太子决不可废,如果皇帝坚持己见,他愿意先受死,血洒当场。皇帝也只好退步,说是自己一时戏言。叔孙通不依不饶,再次强调太子是国家之根本,根本动摇,天下必然震荡,怎么能把天下当作戏言呢? 汉高祖回答道:"我听您的。"加之在留侯张良的建议下,请来商山四皓辅助太子,皇帝见到后,才彻底打消了废太子的念头。叔孙通在此表现得十分刚烈,王夫之以为叔孙通之所以敢如此,是因为汉高祖比较贤明,是能够给他讲道理的;吕后有权势,可以支持他;张良、四皓会帮助他,因此他知道他不会死,就算死,也有功劳。既然如此,拼命一争又有何不可。(《读〈通鉴〉论》卷二)言外之意是叔孙通的出发点也并不全是为国家社稷考虑,其中还掺杂着些许的个人利益。王夫之的意见和司马迁是有出入的。但王夫之也只是一家之言,当事人内心的真实想法如何,谁也不可能知道了。

【扩展阅读】
导言:叔孙通在宋代人眼里的形象不太好,司马光、王安石等人都对他不满,苏东坡虽然没有他们强烈,但也没多少好感,他曾借叔孙通讽刺过宋代儒学代表人物程颐,两人由此结怨,更重要的是他们分别是所谓洛党和蜀党的领袖,个人恩怨成了两党相争的导火线。苏轼讽刺程颐的事件文献中有记载。

明堂降赦,臣僚称贺讫,两省官欲往奠司马光。是时,程颐言:"子于是日哭则不歌。岂可贺赦才了,即往吊丧?"坐客有难之曰:"孔子言哭则不歌,即不言歌则不哭。今已贺赦了,却往吊丧,于礼无害。"苏轼遂戏程颐云:"此乃枉死市叔孙通所制礼也!"。众皆大笑。结怨之端盖自此始。(李焘:《续〈资治通鉴〉长编》卷三九三,中华书局,2004,第9569页)

五十、季布摧刚为柔

【题解】

季布本来是项羽手下的将领，多次使刘邦陷入困境。刘邦打败项羽后，派人全国范围内逮捕季布，季布先后藏匿于濮阳周家和鲁朱家。朱家说服夏侯婴向皇帝进言，赦免了季布。当时人们都称赞季布能"摧刚为柔"。

【原文】

季布者，楚人也。为气任侠，有名于楚。项籍使将兵，数窘汉王①。及项羽灭，高祖购求布千金，敢有舍匿，罪及三族。季布匿濮阳周氏。周氏曰："汉购将军急，迹且至臣家②，将军能听臣，臣敢献计；即不能，原先自到。"季布许之。乃髡钳季布③，衣褐衣④，置广柳车中⑤，并与其家僮数十人，之鲁朱家所卖之。朱家心知是季布，乃买而置之田。诚其子曰："田事听此奴，必与同食。"朱家乃乘轺车之洛阳⑥，见汝阴侯滕公。滕公留朱家饮数日。因谓滕公曰："季布何大罪，而上求之急也？"滕公曰："布数为项羽窘上，上怨之，故必欲得之。"朱家曰："君视季布何如人也？"曰："贤者也。"朱家曰："臣各为其主用，季布为项籍用，职耳⑦。项氏臣可尽诛邪？今上始得天下，独以己之私怨求一人，何示天下之不广也！且以季布之贤而汉求之急如此，此不北走胡即南走越耳。夫忌壮士以资敌国⑧，此伍子胥所以鞭荆平王之墓也。君何不从容为上言邪？"汝阴侯滕公心知朱家大侠，意季布匿其所，乃许曰："诺。"待间⑨，果言如朱家指。上乃赦季布。当是时，诸公皆多季布能摧刚为柔⑩，朱家亦以此

名闻当世。季布召见，谢，上拜为郎中⑪。(《史记·季布栾布列传第四十》卷一百，第3287～3288页)

【注释】

①窘：难住，使为难。　②迹：追寻踪迹。　③髡钳：古代刑罚。谓剃去头发，用铁圈束颈。　④褐衣：粗布衣服。　⑤广柳车：泛指载货大车。还有一层意思是指古代载运棺柩的大车。　⑥轺(yáo)车：一马驾的轻便车。⑦职：职责之内应做的事。　⑧资：帮助。　⑨待间：等到有机会的时候。⑩多：称赞。　⑪郎中：官名，皇帝的侍从人员。

【品读】

季布是楚地人，好逞义气，以侠义自任，在楚地非常有名，楚地有句谚语叫"得黄金百斤，不如得季布一诺"。成语"一诺千金"即由此而来。季布的弟弟季心，也是侠义之人，对人恭敬谨慎，方圆数千里，士人都争着为他效命。

季布是项羽手下的将领，项羽命他带兵，多次使汉王处于危险的境遇。刘邦对他自然非常痛恨，不会轻易放过他。季布的舅舅丁固就是一个使刘邦困窘而被刘邦称帝后所杀的例子。丁固也是项羽的将领，在彭城西面追逐刘邦时，两队人马短兵相接，汉王已经处于危难之中，回头对丁固说了句："两个贤人难道要互相为难吗?"丁固听后，率军返回，汉王才得以逃脱。项羽被灭后，丁固去拜见刘邦，以为刘邦或许会念在当日放他的恩情，不会杀他，说不定还会封他做官。可刘邦却把他拉到军中示众，然后斩了他，理由是丁固对项羽不忠，致使项羽失去了天下，同时他也要让后世做人臣的人明白，决不可仿效丁固。刘邦这么做，一方面是在培养军队的忠君意识，另一方面也有可能是为当日受辱而报仇。如此看来，季布凶多吉少。果然，项羽死后，刘邦悬赏千金捉拿季布，敢有收留藏匿的，罪连三族。

天下总有些人是不贪财，讲道义的。藏匿季布的后果极其严重，但还是有人收留季布。季布藏在濮阳一户姓周的人家，然而皇帝下令，满天下搜查，很快就会搜到周家，为了季布的安全，周氏想了一个办法，季布同意后，周氏便让季布剃去头发，用铁箍束住脖子，穿上粗布衣服，坐在运送货物的大车里，还有周家的几十个奴仆，全部卖给了鲁地的朱家。为什么卖给朱家呢？因为此时也只有朱家这样的侠义之人才能收留、保护季布。鲁人素以儒学见称，而朱家却以行侠仗义闻名，他藏匿的豪杰有数百人，普通人更是数不胜数，但他非常低调，从不夸耀，也不求报答。救济别人，从最穷困的开始，而他自己家中却没有多余的钱财，衣食住行力求简易，一心只为他人解决困难。像朱家这样的人，司马迁极为推重，专门设《游侠列传》记载，他们是真正的侠士，与所谓暴徒有天壤之别。

朱家心中知道那人是季布，就把他买下来，安排在田里种地，嘱咐儿子善待，而且要尊重他。一直被全国通缉也不是办法，于是朱家乘轻车去洛阳见汝阴侯夏侯婴。夏侯婴是沛县人，和刘邦交情颇深，擅长车战，军功卓著。项羽入咸阳后，封刘邦为汉王，刘邦赐夏侯婴为昭平侯，任太仆，随汉王入蜀。之后，刘邦明修栈道，暗度陈仓，平定三秦，进攻彭城，但被项羽从齐地赶回击败，汉王乘车逃跑，在路上遇见了他的儿子(惠帝)和女儿(鲁元公主)，夏侯婴把他们拉上车来，由于追兵在后，马上又载着这么多人，刘邦好几次把两个孩子踢下去，夏侯婴又把他们放上来，惹得汉王大怒，想杀了他，但最终还是顺利脱险了。所以，惠帝即位后，非常感激夏侯婴当年的救命之恩，就把紧靠在皇宫北面的一等宅第赐给他，名为"近我"，以此表示对夏侯婴的格外尊重和宠信。

正因为夏侯婴是皇帝的股肱之臣，他向皇帝进言，皇帝才可能听，赦免季布也才有希望。朱家在滕公府上待了几天，故意问季布犯了什么大罪，皇帝这么着急逮捕他？滕公说明原因后，朱家问夏侯婴对季布的看法，夏侯婴以为季布是贤人。朱家这才说出他此行的

造陵之稿属刑惨酷
发愤成书良史实录

司马迁

司马迁

目的，当然也没有明言季布现在就在他家里，因为如果明说，是有风险的，万一夏侯婴不愿向皇帝求情，并通知官兵，不但季布被抓，朱家也会受到牵连。朱家说服夏侯婴，指出三点：一，季布作为项羽之臣，应当为其效命，况且项羽之臣众多，是杀不完的；第二，如今天下初定，以个人之怨恨而追捕一人，是向全天下显示自己胸襟狭窄；第三，季布是贤能之士，如此急切地追捕，他不向北投靠匈奴，就向南投靠南越，这是忌恨壮士而帮助敌国。为此，朱家还举了伍子胥鞭打楚平王尸体的例子。伍子胥是楚国人，他的父亲伍奢，兄长伍尚被楚平王所杀，伍子胥逃跑到吴国，辅佐吴王阖闾攻破楚国郢都，楚昭王逃出了城，伍子胥遍寻不得，就挖了楚平王的坟墓，把尸体鞭打了三百下。朱家以此为例，说明逼迫季布远走他方实为不智之举，不仅损失了人才，还为自己埋下了隐患。所以，朱家希望夏侯婴找机会向皇帝说明此事。夏侯婴也知道朱家是侠义之人，季布可能藏在他家里，就答应了朱家。等到有机会时，夏侯婴按照朱家的意思向皇帝进言，皇帝同意赦免季布，并任命他为郎中。当时的人都称赞季布能变刚强为柔顺，朱家也以此名闻天下。

司马迁对季布评价极高，传末的"太史公曰"写得意味深长，"以项羽之气，而季布以勇显于楚，身屡军搴旗者数矣，可谓壮士。然至被刑戮，为人奴而不死，何其下也！彼必自负其材，故受辱而不羞，欲有所用其未足也，故终为汉名将。贤者诚重其死。夫婢妾贱人感慨而自杀者，非能勇也，其计画无复之耳。"太史公感慨一位冲锋陷阵、斩将杀敌的英勇壮士，居然可以忍受刑罚，给人做奴隶，宁肯卑贱到如此地步，也不轻言生死，其原因在于他相信自己的才能，就算被侮辱也不会感到羞耻，只是希望能够施展他未尽的才能，所以才忍辱负重，最终成为一代名将。奴仆、姬妾一类的卑贱人物因一时愤慨而自杀，并不是勇敢，而是因为他们没有别的办法，相反，贤能的人很看重生命，他们有理想，有目标，有能力，担负着责任，不可能轻易舍弃生命。司马迁的一番议论，是在评价季布，但同时也是夫子自道，说出的是自己的心声和对生死的理解。

面对生死，如何选择，是每一个人的问题，有的人誓死不屈，英勇就义，如文天祥,率军抗元,战败被俘后,元朝威逼利诱,他毅然以身殉国,留下了"人生自古谁无死,留取丹心照汗青"的著名诗句,鼓励了后世无数的爱国人士,他的死是值得的。司马迁说:"人固有一死,或重于泰山,或轻于鸿毛。"文天祥之死是重于泰山的。还有的人,面对奇耻大辱,没有一死了之。吴越之战,越国战败,越王勾践屈身为奴,忍辱负重,卧薪尝胆,终于复国灭吴,成为春秋五霸之一。而名震天下的韩信也曾受胯下之辱,他们隐忍存活,最终成就了一番大业,从而青史留名。两种人都值得尊敬,不论是生是死,都各得其所,都有其价值。

　　司马迁对于生与死有深切的体会,他因李陵之祸,遭受宫刑,屈辱至极,但他没有自杀,"所以隐忍苟活,幽于粪土之中而不辞者,恨私心有所不尽,鄙陋没世,而文采不表于后也。"《史记》还没有写完,他自己的理想还没有实现,现在还不能死,但他所忍受的痛苦非常人能够想象:"是以肠一日而九回,居则忽忽若有所亡,出则不知其所往。每念斯耻,汗未尝不发背沾衣也。"又说:"仆诚以著此书,藏之名山,传之其人,通邑大都,则仆偿前辱之责,虽万被戮,岂有悔哉!"(《报任少卿书》)对照他对季布的评价,已经非常明显,司马迁是借季布之事,表达他自己对生死的看法。当然,用于评价季布,也是完全恰当的。

208

【扩展阅读】
　　导言:"初唐四杰"之一的卢照邻写有《咏史四首》,第一首就是歌咏季布的。

咏史四首(其一)

　　季生昔未达,身辱功不成。髡钳为台隶,灌园变姓名。幸逢滕将军,兼遇曹丘生。汉祖广招纳,一朝拜公卿。百金孰云重,一诺良匪轻。廷议斩樊哙,群公寂无声。处身孤且直,遭时坦而平。丈夫当如此,唯唯何足荣。(李云逸:《卢照邻集校注》卷一,中华书局,1998,第35页)

五十一、廷尉，天下之平也

【题解】

张释之身为廷尉，面对皇帝之怒，秉公执法，据理力争。由此天下称颂。

【原文】

顷之，上行出中渭桥①，有一人从桥下走出，乘舆马惊②。于是使骑捕，属之廷尉。释之治问③。曰："县人来④，闻跸⑤，匿桥下。久之，以为行已过，即出，见乘舆车骑，即走耳。"廷尉奏当⑥，一人犯跸，当罚金。文帝怒曰："此人亲惊吾马，吾马赖柔和，令他马，固不败伤我乎？而廷尉乃当之罚金！"释之曰："法者天子所与天下公共也。今法如此而更重之，是法不信于民也。且方其时，上使立诛之则已。今既下廷尉，廷尉，天下之平也，一倾而天下用法皆为轻重，民安所措其手足？唯陛下察之。"良久，上曰："廷尉当是也。"

其后有人盗高庙坐前玉环⑦，捕得，文帝怒，下廷尉治。释之案律盗宗庙服御物者为奏，奏当弃市⑧。上大怒曰："人之无道，乃盗先帝庙器，吾属廷尉者，欲致之族，而君以法奏之，非吾所以共承宗庙意也。"释之免冠顿首谢曰："法如是足也。且罪等，然以逆顺为差。今盗宗庙器而族之，有如万分之一，假令愚民取长陵一抔土⑨，陛下何以加其法乎？"久之，文帝与太后言之，乃许廷尉当。是时，中尉条侯周亚夫与梁相山都侯王恬开见释之持议平，乃结为亲友。张廷尉由此天下称之。（《史记·张释之冯唐列传第四十二》卷一百二，第3315～3316页）

①中渭桥：在汉长安城北。　②乘舆：皇帝乘的车子。　③治问：审问。
④县人：长安县乡下人。　⑤跸(bì)：帝王出行时清道，禁止行人来往。
⑥奏当：审案完毕向皇帝奏闻处罪意见。　⑦坐：神座。　⑧弃市：本指受刑
罚的人皆在街头示众，民众共同鄙弃之，后以"弃市"专指死刑。　⑨一抔
(póu)土：一捧土。

【品读】

　　张释之，堵阳人，和兄长张仲生活在一起，因为家境富裕被选为骑郎，但
十年过去也没得到升迁，他为了不再损耗张仲的财产，就打算辞职回家。幸
好中郎将袁盎知道他贤能，奏请调他补谒者的空缺。朝见结束后，张释之上
前陈说有利于国家、合乎时宜的事，他所说的都是关于秦朝灭亡的原因和汉
朝建立的原因，得到文帝的称赞。

　　汉朝在秦朝灭亡之后建立，皇帝们最关心的是如何避免像秦一样短命，
所以总结秦朝灭亡的经验是一时潮流，也是统治者喜欢听的，著名人物如陆
贾、贾谊等，贾谊的《过秦论》是其中最著名的文章。张释之的谈论既然能得
到文帝的赞赏，想必自有他的过人之处。

　　张释之的官位一再升迁，做到了廷尉，是掌管刑狱的最高长官。有次，皇
帝经过中渭桥，一人恰好从桥下走出，惊了皇帝驾座的马，皇帝派人逮捕了此
人，送到廷尉处治罪。一般而言，皇帝送来处置的人，廷尉肯定要处以重罪，
但张释之没有这么做，反而询问了具体原因和详细经过。原来那人是长安县
乡下人，进城后听见清道戒严，就藏到了桥下，过了好久，他以为已经过去了，
可出来后正遇到皇帝车马，他转身就跑，可不料却惊了皇帝的马。通过这个
人的描述，我们可以想象得到，皇帝出行的场面应该很隆重，随行队伍人数众
多，在皇帝车马还未来到时，早已清道戒严，以至于那人等了很久，结果皇帝
还没过去。张释之了解完情况后，做出决断：处以罚金。文帝大怒，本以为廷
尉会重重处罚那人，可现在却只处以罚金。在皇帝看来，这实在太轻了。张

释之有自己的道理,他认为,法是天子和百姓共同遵守的,既然法律规定一个人犯了清道戒严的号令要处以罚金,那就应该按照法律处置,而不能随意加重。如果因此将法律更改了,那么百姓们将不再相信法律。张释之不是就事论事,而是由此提升到国家层面。接下来,他又说,假如皇帝当时把他杀了,也就无所谓了,但如今已经让廷尉处理,廷尉是天下公平的掌握者,一旦有偏差,天下法度大乱,用法的轻重失去了标准,到时老百姓就会手足无措。张释之是在借一件小事向皇帝阐明执法公正对于天下安定的重要性,不仅可以使皇帝息怒,还维护了法律的尊严。

张释之不畏皇权,公正执法,受到了赞扬,但宋人沈作喆对"且方其时,上使立诛之则已"提出了批评,他认为这是写史书的人为了崇尚文辞而违背道理的一个例子,是在教导君主大胆杀人,为了一时的愤恨宁肯废弃法律。(《寓简》卷二)沈作喆的看法未免"断章取义",张释之从头到尾都是在劝谏皇帝,这么说是给皇帝面子,而且只是一个假设,又不是鼓动皇帝杀人。

后来,有人偷了汉高祖庙神座前的玉环,被抓住了,文帝很生气,交给廷尉治罪。张释之还是按照法律裁断,并没有因为文帝生气而加重处罚。法律规定偷盗宗庙服侍器物的应当斩首,张释之如实上奏后,又惹怒了皇帝,按照皇帝的意思,此人胆大包天,胡作非为,竟敢盗取先帝宗庙中的器物,应该诛灭他全族,而廷尉居然按照通常的法律条文上奏,完全不顾皇帝恭敬奉承宗庙的本意,怪不得皇帝大怒。张释之脱帽叩头,但他不承认自己错了,而是据理力争,解释如此做的理由:处以斩首已经足够了,况且罪名相同时,还要区别犯罪程度的轻重。现在偷了宗庙的器物就灭族,假如有一天,万一有愚民偷了长陵的一捧土,又该怎么惩罚呢?张释之的理由很充分,这次他没有再从国家安危的角度解释,只是就事论事。究其本质,事件的背后依旧是文帝和廷尉对待法律的态度不同。文帝作为皇帝,对于法律不用太在意,他可以根据自己的喜怒好恶,任意决定他人的生死,而不是依据法律去判断;廷尉是掌管法律的大臣,所谓"廷尉,天下之平也",也就是说,他对法律的态度关系着法律的尊严,是公平正义的象征,判决罪犯必须依据相关法律规定,而不是皇帝的态度。从表面上看，廷尉和皇帝之间有了冲突，实际上不然，因为廷尉所做的一切都关系到汉朝的法制和稳定，而皇帝是汉朝的皇帝，他与大臣一起共治天下，帝与臣是一体的。张释之的所作所为虽然让皇帝愤怒，但从整体上看，却对国家有利。所以，文帝最后还是同意了廷尉的判决。由于张释之执法和议论都很公正，周亚夫和王恬开就和他结成了亲密的朋友，张释之从此得到了天下人的称颂。

然而文帝驾崩后，景帝即位，张释之处于恐惧不安之中。原来，景帝还是太子时，曾经和梁王一同乘车入朝，过司马门时没有下车，但按照规定，百官上朝时，必须在此下车，然后步行。当时张释之担任公车令，看到后，就赶上去制止了太子和梁王，并弹劾他们过司马门不下车，为不敬之罪。太后知道了此事，文帝脱帽赔罪后，太后才派人传令赦免了太子和梁王。尽管文帝没有怪罪张释之，还认为他与众不同而任命他为中大夫，但太子却一直记恨在心。现在太子成了皇帝，张释之左右为难，想辞职而去，又怕有杀身之祸紧随其后；想当面谢罪，又不知该怎么做。后来，一位姓王的先生给了张释之一些建议，他终于得以向景帝当面谢罪，景帝没有责怪他。张释之侍奉景帝一年多，结果还是因为他曾得罪过景帝而被贬为淮南王相。过了很久，张释之去世。

在中国古代，正常情况下，皇权是至高无上的，皇帝拥有绝对权力，掌握着生杀大权，法律对于皇帝的约束作用是有限的。如果不是张释之而是那些只会按照皇帝旨意办事的人来执法，肯定不会坚持法规，而是顺从上意，如此一来，法律就完全服从皇帝一人的私意了。从张释之在景帝时的遭遇我们可看出，张释之能秉公执法，被天下称颂，很大程度上有赖于汉文帝的贤明。"得君行道"非虚语。

【扩展阅读】
导言：历史上不畏皇权，敢于公正执法的还有很多，下面所选文章讲述了唐朝戴胄犯颜执法的事例。

戴胄犯颜执法

　　于时朝廷盛开选举,或有诈伪资荫者,帝令其自首,不首者罪至于死。俄有诈伪者事泄,胄据法断流以奏之。帝曰:"朕下敕不首者死,今断从流,是示天下以不信。卿欲卖狱乎?"胄曰:"陛下当即杀之,非臣所及。既付所司,臣不敢亏法。"帝曰:"卿自守法,而令我失信邪?"胄曰:"法者,国家所以布大信于天下,言者,当时喜怒之所发耳。陛下发一朝之忿而许杀之,既知不可而置之于法,此乃忍小忿而存大信也。若顺忿违信,臣窃为陛下惜之。"帝曰:"法有所失,公能正之,朕何忧也!"胄前后犯颜执法多此类。所论刑狱,皆事无冤滥,随方指擿,言如泉涌。(《旧唐书·戴胄传》卷七十,中华书局,1975,第2532页)

《史记》品读　廷尉,天下之平也

五十二、病入骨髓

【题解】

> 扁鹊医术非常高明。他经过齐国，初见齐桓侯时，已看出他在皮肤和肌肉之间有病，但齐桓侯自以为是，不信扁鹊。扁鹊多次提醒，可齐桓侯固执己见，最后因病入骨髓，不治而亡。

【原文】

扁鹊过齐，齐桓侯客之^①。入朝见，曰："君有疾在腠理^②，不治将深。"桓侯曰："寡人无疾^③。"扁鹊出，桓侯谓左右曰："医之好利也，欲以不疾者为功。"后五日，扁鹊复见，曰："君有疾在血脉，不治恐深。"桓侯曰："寡人无疾。"扁鹊出，桓侯不悦。后五日，扁鹊复见，曰："君有疾在肠胃间，不治将深。"桓侯不应。扁鹊出，桓侯不悦。后五日，扁鹊复见，望见桓侯而退走^④。桓侯使人问其故。扁鹊曰："疾之居腠理也，汤熨之所及也^⑤；在血脉，针石之所及也^⑥；其在肠胃，酒醪之所及也^⑦；其在骨髓，虽司命无奈之何^⑧。今在骨髓，臣是以无请也^⑨。"后五日，桓侯体病，使人召扁鹊，扁鹊已逃去。桓侯遂死。（《史记·扁鹊仓公列传第四十五》卷一百五，第3360页）

【注释】

①客之：把扁鹊当客人接待。　②腠理：指皮下肌肉之间的空隙。　③寡人：古代君主的谦称。　④退走：退出来跑开。　⑤汤熨：中医的一种治疗方法。用热水熨帖患处以散寒止痛。　⑥针石：用金属做的针和石头做的针刺入一定的穴位治病，指针灸。　⑦酒醪：汁滓混合的酒。后泛指酒。

⑧司命：神名，掌管生命的神。　⑨无请：不再请求。

【品读】

　　扁鹊，姓秦，名越人，扁鹊是人们因为他医术高超而给予的尊称。他年轻时在别人家的客馆里做主管，有位客人长桑君到客馆来，扁鹊觉得此人不同凡响，经常很恭敬地接待他。长桑君也知道扁鹊不是一般人。如此来来往往，一晃就是十多年。有一天，长桑君找到扁鹊，偷偷告诉扁鹊，他有秘方，因为年纪大了，想把秘方传给扁鹊，希望不要泄露出去。扁鹊答应了，于是长桑君从怀里拿出一种药，要扁鹊用草木上的露水送服，三十天后就能洞察事物了。然后又取出其他秘方，全部给了扁鹊。之后，长桑君就突然消失不见了。扁鹊按照长桑君的吩咐，服药三十天，结果他能看见墙另一边的人。所以他看病时可以看到五脏内所有的病症，只是以诊脉为名罢了。

　　扁鹊获得医术的过程或许是个传说，至于他能看见墙另一边的人的技能，也是夸张的说法，但不论传说是否夸张，说明扁鹊的医术的确高明，堪称神医。

　　扁鹊经过齐国，齐桓侯把他当客人招待。扁鹊入朝去拜见，对桓侯说："您在皮肤和肌肉之间有小病，不治疗将会加深。"桓侯很肯定地回答："我没病。"齐桓侯自作聪明，以为扁鹊说他有病，是想拿没病的人来显示自己治病的本事，从而在他这里得到好处，显然他是"以小人之心度君子之腹"。过了五天，扁鹊再见桓侯，说他的病已经到了血脉，不治疗会加深，桓侯很固执，坚持自己没病。又过五天，扁鹊见到桓侯，发现病已在肠胃，但桓侯还是不治。又过五天，扁鹊去拜见桓侯，远远望见他就退出来跑掉了。桓侯疑惑不解，派人去问扁鹊原因。原来是桓侯的病已经进入骨髓，此时即使是掌管人命的神仙也无能为力，所以他没必要再去劝桓侯治病了，意思是桓侯离死期不远了。果然，五天之后，桓侯生病，派人去找扁鹊，扁鹊已经逃走，桓侯不治身亡。

　　《史记》中的这一段和《韩非子·喻老》所记基本相同，但齐桓侯在《韩非子》中是蔡桓公（侯）。后人推测，扁鹊所见应该是战国时期的齐桓公田午。韩非引述扁鹊见蔡桓公的故事不是为了证明扁鹊的医术高明，而是借此事阐释《老子》第六十三章，说明任何大事都起源于小事，所谓"千里之堤，溃于蚁穴"。要在问题的初始阶段就尽量解决，不要拖延到无可挽回时才处理。

扁鹊与齐桓侯的关系最直接的是医生和病人的关系，齐桓侯最后的死亡，不是因为讳疾忌医，而在于他对医生不信任，不认为自己得了病，假如最初他听从扁鹊的意见，就不会死了。在现代社会，医患关系十分紧张，部分医生医德不佳，不能充分为病人考虑，而病人对医生不信任，有时抵抗情绪明显，不利于疾病的治疗。出现这种局面，医患双方都应该反思。

此外，这则故事提醒我们，要善于听取别人的意见，不能自作聪明，固执己见，当听到不同意见时，要学会反省，勇于面对。

扁鹊后来到秦国去，秦国太医知道扁鹊的医术胜过自己，因而心中嫉恨，派人刺杀了扁鹊。所以司马迁最后说："女无美恶，居宫见妒；士无贤不肖，入朝见疑。故扁鹊以其伎见殃……"

古代有一种思想，是把"治病"与"治国"相比，《国语·晋语》中记载了秦国名医医和的一句话："上医医国，其次疾人，固医官也。"意思是最上等的医生医治国家之病，次一等的医生才给人看病，这本来就是医生的职责。唐太宗李世民也认为"治国如治病"，刚痊愈的时候，还要仔细护理，不能放纵，否则病再复发，就无药可救了（《资治通鉴》卷一百九十三）。唐太宗时期，唐朝初建，虽然海内安定，但距隋末天下大乱之时并不遥远，李世民和众多大臣都是亲身经历者。在他们眼里，初建的大唐帝国犹如大病初愈的病人，正需要好好休养生息，皇帝和大臣都要尽心竭力治国安邦，决不可有一丝马虎。魏征非常赞赏唐太宗的态度，说："天下安定，并不是我最高兴的，最高兴的是陛下能够居安思危。"

无论是医和、唐太宗，还是范仲淹，他们都把国家类比为人的身体，人会生病，国家也会出现问题，君主和大臣要善于见微知著，防微杜渐。犹如看病，不能等到病入骨髓时才想到就医。

【扩展阅读】

　　导言：《史记》在扁鹊见齐桓侯后，有一段议论，但不确定是来自扁鹊还是司马迁所撰，其中提出了"六不治"原则：

　　使圣人预知微，能使良医得早从事，则疾可已，身可活也。人之所病，病疾多；而医之所病，病道少。故病有六不治：骄恣不论于理，一不治也；轻身重财，二不治也；衣食不能适，三不治也；阴阳并，藏气不定，四不治也；形羸不能服药，五不治也；信巫不信医，六不治也。有此一者，则重难治也。（《史记·扁鹊仓公列传第四十五》卷一百五，第2121页）

五十三、晁错被斩

【题解】

　　在晁错的建议下,汉景帝准备削藩。吴王刘濞等七王以诛杀晁错为名联合起兵反抗,史称"七国之乱"。与晁错不和的袁盎向皇帝进言,建议杀晁错以解决叛乱。景帝同意,晁错在东市被斩。

【原文】

　　吴、楚反书闻,兵未发,窦婴未行,言故吴相袁盎。盎时家居①,诏召入见。上方与晁错调兵笇军食②,上问袁盎曰:"君尝为吴相,知吴臣田禄伯为人乎③? 今吴、楚反,于公何如?"曰:"不足忧也,今破矣④。"上曰:"吴王即山铸钱,煮海水为盐,诱天下豪桀,白头举事。若此,其计不百全,岂发乎? 何以言其无能为也?"袁盎对曰:"吴有铜盐利则有之,安得豪桀而诱之! 诚令吴得豪桀,亦且辅王为义,不反矣。吴所诱皆无赖子弟、亡命、铸钱奸人,故相率以反。"晁错曰:"袁盎策之善。"上问曰:"计安出?"盎对曰:"愿屏左右。"上屏人,独错在。盎曰:"臣所言,人臣不得知也。"乃屏错。错趋避东厢⑤,恨甚。上卒问盎,盎对曰:"吴、楚相遗书,曰'高帝王子弟各有分地,今贼臣晁错擅适过诸侯⑥,削夺之地'。故以反为名,西共诛晁错,复故地而罢。方今计独斩晁错,发使赦吴、楚七国,复其故削地,则兵可无血刃而俱罢。"于是上嘿然良久⑦,曰:"顾诚何如,吾不爱一人以谢天下。"盎曰:"臣愚计无出此,愿上孰计之。"乃拜盎为太常,吴王弟子德侯为宗正。盎装治行⑧。后十余日,上使中尉召错,绐载行东市⑨。错衣朝衣斩东市。则遣袁盎奉宗庙,宗正辅亲戚,使告吴如盎策。至吴,吴、楚兵已攻梁壁矣。宗正以亲故,先入见,谕吴王使拜受诏。吴王闻袁盎来,亦知其欲说己,笑而应曰:"我已为东帝,尚何谁拜?"不肯见盎而留之军中,欲劫使将⑩。盎不肯,使人围守,且杀之⑪,盎得夜出,步亡去,走梁军,遂归报。(《史记·吴王濞列传第四十六》卷一百六,第3405~3406页)

【品读】
　　"七王之乱"是西汉历史上的重要事件,最主要的原因是景帝在晁错的建议下推行削藩政策,各诸侯王的利益受到了巨大损害,以吴王刘濞为首的七王起兵叛乱,企图推翻汉景帝而自立。由于削藩是晁错的提议,所以他们是以"请诛晁错,以清君侧"为名的。

　　晁错曾经学习的是申不害和商鞅的刑名学说,为人刚正,但又苛刻。汉文帝时,天下没有研究《尚书》的人,只听说济南的伏生原先是秦朝的博士,研究《尚书》,现在已经九十多岁,无法再接受朝廷的征召,于是派晁错前往随伏生学习。晁错学成归来,文帝任命他为太子舍人、门大夫、太子家令。晁错很受太子宠幸,太子称他为"智囊"。晁错多次向文帝上书,说削减诸侯势力以及修改法令的事,都没被采纳。尽管太子称赞晁错的计策,但袁盎和其他的大臣却不太喜欢晁错。

　　袁盎是楚人,才能出众,敢于直言劝谏,在文帝朝中声名颇高,先后担任齐相、吴相。袁盎和晁错关系极差,以至于到了水火不容的地步:只要有晁错在,袁盎就离开;只要袁盎在,晁错就离开。两人从来没有在一起说过话。文帝驾崩,太子即位(汉景帝),晁错任御史大夫,派人调查袁盎接受吴王财物之事,要按罪行的轻重给予惩罚,皇帝下诏赦免袁盎为平民。两人之间的积怨越来越深。

吴王刘濞是刘邦之兄刘仲的儿子，二十岁时，跟随刘邦击败过英布。此时荆王刘贾被英布杀害，没有儿子，刘邦担心吴郡、会稽郡一带民风勇猛僄悍，不能没有强有力的诸侯王镇守。皇帝自己的儿子年纪都小，所以就立了刘濞为吴王。封王仪式结束后，汉高祖给刘濞看相，发现他有反相，心里后悔封他为王，但已经封了，就告诫他说，天下刘姓同为一家，不要反叛，刘濞连忙叩头，说"不敢"。吴国境内有铜山，吴王便收罗天下亡命之徒私自铸钱，又煮海水制盐，非常富裕。

吴王反叛，削藩是近因，还有远因。文帝时，吴国太子入朝，和皇太子一起玩游戏。吴太子的老师一向骄横，下棋时，和皇太子起了冲突，皇太子生气，把棋盘扔向吴太子，结果把吴太子打死了。朝廷派人送吴太子回吴国安葬，吴王心怀怨恨，又派人送回长安安葬。吴王自知有失作为藩臣的礼节，称病不去朝见。朝廷知道他为什么称病不朝，经过调查也确实没有生病，于是此后吴国来的使臣，都被拘留治罪。吴王心中恐惧，更加积极地策划谋反。汉文帝最后没有再追究，赦免了吴国的使者，还赐给吴王几案和拐杖，准许他因年老不来朝见。吴王见他被皇帝赦免，反叛的计划就暂时放下了。

晁错的削藩主张没被文帝接受，但却受到景帝的支持，当朝廷大臣还在议论时，吴王早已知道，他怕削地没完没了，便决定起兵。但以吴国一国的力量难以和朝廷抗衡，他考虑在诸王之中，胶西王刘卬勇猛好兵，齐地的其他国王都害怕他，就派人去说服胶西王和吴国联合起事。为了保险起见，吴王还亲自去见胶西王，当面结盟后才放心。胶西王又派使者联合齐王、菑川王、胶东王、济南王、济北王，他们都答应了。等朝廷削会稽郡、豫章郡的文书到达吴国时，吴王率先起兵，胶西、胶东、菑川、济南、楚、赵也起兵应和，七国之兵向西前进。朝廷听闻后，派周亚夫、郦寄、栾布、窦婴率军平乱。

七国之乱的消息传到长安后，晁错认为袁盎任吴相时收了吴王的很多金钱，所以故意为吴王隐瞒，说他不会反，现在吴王真反了，因此晁错请丞史处治袁盎。丞史以为现在惩治袁盎，已经于事无补，而且袁盎应该也没有什么阴谋。晁错还在犹豫，但已经有人告诉了袁盎，袁盎连夜去见窦婴，希望能见到皇帝。朝廷军队当时还未出发，窦婴向皇帝说起原来的吴相袁盎（袁盎当时被降为平民，闲居在家），景帝就召他入见。进宫时，皇帝正和晁错在商量军队和军粮的事情，皇帝就问袁盎对吴、楚等国反叛有什么看法，袁盎以为不用担忧，他们很容易被击败。皇帝很疑惑，因为吴国十分富饶，又聚集了不少豪杰，吴王是在长久谋划、深思熟虑之后才起兵的，说他们能被轻而易举打败，是何道理？袁盎不是信口开河，他的理由是：吴国有铜、盐之利是事实，但所谓豪杰则不然，其实都是一些无赖子弟。晁错认为他所说的有道理。那么，具体该怎么处理反叛呢？袁盎请求皇帝屏退左右的人，晁错也不例外。众人退下后，袁盎向皇帝提出了对策，简单来说就是斩杀罪魁祸首晁错。袁盎认为诸王起兵，不过就是因为晁错要削减他们的封地，他们以反叛为名，向西进兵，是要诛杀晁错，恢复故地，仅此而已。所以现在只要杀了晁错，派使者赦免吴、楚等国，恢复他们的封地，就可以兵不血刃地结束这场叛乱。皇帝沉默了好久，犹豫不决，最后还是同意了袁盎的计策。

袁盎希望通过诛杀晁错来结束叛乱，实非明智之举，他要么是太幼稚，被叛军的言辞所欺骗；要么是想借叛乱除掉晁错，以报私仇。显然，袁盎不是幼稚的人，他这么做主要是出于个人恩怨。他的分析也和事实完全相反，吴王不是"以反为名"，而是以诛晁错为名，起兵的目的不但是恢复故地，还要夺取天下。所以杀晁错没有任何意义，反而会使得七王以为朝廷惧怕他们，因此更加奋力进攻。

任命袁盎为太常，吴王的侄子德侯为宗正，袁盎秘密准备行装。十多天后，晁错被斩，袁盎和德侯作为使者前往吴国。吴王既然决心反叛，就不会再听皇帝的诏令，也不见袁盎，还把袁盎留在军中，想强迫他任将军。袁盎不愿意，吴王就派一名都尉率五百人把他围困在军中，准备杀了他。看守袁盎的校尉司马是袁盎任吴相时的从史，袁盎对他有恩，于是这位校尉司马就买了两石酒，看守的人全都喝醉了，司马半夜拉袁盎起来，放了他。袁盎步行逃跑，跑到梁军，将吴国的情况向朝廷做了汇报。

后来，周亚夫大败吴军，吴王逃到东越，东越被汉朝利诱，派人杀了吴王。楚王刘戊兵败，自杀。胶西王自杀，胶东王、菑川王、济南王也都死了，封国被废除。

七国之乱从正月开始，三月时基本平定，赵国是最后被打败的。

晁错之死，司马迁认为是晁错改变古法、扰乱常规的结果(《袁盎晁错列传》)；北宋苏轼认为是晁错自己造成的。当时既然大乱已起，晁错就应该勇敢面对，率军讨伐，但他为了保全性命，想让景帝御驾亲征平定叛乱而自己留守京城，这相当于使皇帝处于极其危险的境地，而自己却处在安全的地方，从常理推断，皇帝可能已经觉得这是勉为其难的事情了，但又不好反对，正给了袁盎进谗言的机会。所以苏轼又说，假如晁错能够承担起平叛重任，积极训练军队，不让皇帝担忧，那么就算有一百个袁盎，也不能离间他们君臣之间的关系。(《晁错论》)司马迁和苏轼都是从晁错个人出发来论述的，有一定的道理。如果我们换个角度，从政治上看，晁错被杀实际上是政治博弈的结果。选文中"上曰：'吴王即山铸钱……'"的几句话透露出皇帝对吴王的实力绝不敢轻视，而且是心存忌惮，没有必胜的把握。所以，当袁盎指出吴、楚等国只是要杀晁错、复故地后，皇帝就开始犹豫了。他可能在想，若果真如袁盎所说，双方不用开战，就可以恢复原先和平共处的局面，在晁错一人与天下和平的权衡中，景帝舍弃了晁错，打算用妥协换取和平，但只是一厢情愿，叛乱已不可避免。

晁错虽然死了，但西汉通过平定"七国之乱"，使诸侯王的势力受到很大的削弱，加强了中央政府对地方的统治力度。彻底解决王国的问题，到汉武帝时才得以实现，具体的政策是"推恩令"，由主父偃提出。

【扩展阅读】

导言：景帝知道晁错被斩并没起到任何作用时，也后悔了。

晁错已死，谒者仆射邓公为校尉，击吴、楚军为将。还，上书言军事，谒见

国学经典书系

上。上问曰:"道军所来,闻晁错死,吴、楚罢不?"邓公曰:"吴王为反数十年矣,发怒削地,以诛错为名,其意非在错也。且臣恐天下之士噤口,不敢复言也!"上曰:"何哉?"邓公曰:"夫晁错患诸侯强大不可制,故请削地以尊京师,万世之利也。计画始行,卒受大戮,内杜忠臣之口,外为诸侯报仇,臣窃为陛下不取也。"于是景帝默然良久,曰:"公言善,吾亦恨之。"乃拜邓公为城阳中尉。(《史记·袁盎晁错列传第四十一》卷一百一,第3308页)

五十四、李广善射

【题解】

> 李广箭法高超，作战英勇，深受士卒爱戴，匈奴十分畏惧，称其为"飞将军"。

【原文】

广居右北平①，匈奴闻之，号曰"汉之飞将军"，避之数岁，不敢入右北平。

广出猎，见草中石，以为虎而射之，中石没镞②，视之，石也。因复更射之，终不能复入石矣。广所居郡闻有虎，尝自射之③。及居右北平射虎，虎腾伤广，广亦竟射杀之。（《史记·李将军列传第四十九》卷一百九，第3451～3452页）

李广

【注释】

①右北平：郡名。郡治在平刚。②镞（zú）：箭头。③尝：通"常"。

【品读】

李广出身于箭术世家，自小学习射箭，加之他身材高大，两只胳膊就好像猿猴的胳膊一样，所以箭法超众，一生与匈奴的大小战役有七十多次，匈奴十分畏惧,称李广为"飞将军"。

"李广才气,天下无双",善射只是其中之一,况且其为将军,不能只是匹夫之勇,还必须有统军之才。这可以和另一位名将程不识的比较中看出。当时两人都是以边郡太守的身份率军驻防,等出兵攻打匈奴的时候,李广的军队没有严格的队列和阵势,就在水草丰茂的地方驻扎,住宿停留,人人自便,也不敲刀斗巡逻防卫,幕府的各种文书簿册一概从简,但他远远地就布置了哨兵,所以不曾遭到过危险。与李广不同,程不识治军严明,军队有严格的编制,敲击刀斗巡逻,处理军队文书一直到天亮,军队得不到休息,但也没遭到过危险。两人治军方式不同,并无高下之分,但士卒们都喜欢跟随李广而苦于跟随程不识。士卒们愿意为李广效命,是有原因的。李广率军打仗,每当缺水少粮的时候,见到水,士卒们不全部喝到,他绝不靠近水边;有吃的了,士卒们不全部吃到,他也绝不吃。

李广善射,选文中的射石、射虎就是很好的说明。此外,还可以举出战斗中的两例。

匈奴侵入上郡,皇帝派中贵人(受宠幸的宦官)随李广率军抗击。中贵人带着几十名骑兵,纵马驰骋,遇到了三个匈奴人,和他们打了起来。虽然汉军人多,但遇到的匈奴人是射雕人,他们箭术精湛,汉军的骑兵被杀得所剩无几。中贵人也受伤了,跑去找李广。李广已经猜到三人肯定是射雕人,于是率领一百多名骑兵去追赶。追到后,他命令骑兵左右散开,亲自去射那三个人,结果射杀二人,活捉一人。

武帝元光六年(前129),李广从雁门出击匈奴,但匈奴兵多,李广战败,被俘。路途中,李广装死,斜眼看见旁边一个匈奴少年骑着一匹好马,于是李广纵身一跃,骑上马,把匈奴少年推下去,夺走他的弓箭,快马加鞭朝南奔驰,后面有数百名匈奴骑兵紧追不舍,李广就用夺来的弓箭射杀追赶的骑兵,得以逃脱。

如此一位骁勇善战,令匈奴闻风丧胆的"飞将军",却一生未得封侯,以至于后人感叹"冯唐易老,李广难封"(王勃《滕王阁序》)。与他一同在汉文帝时为官的李蔡（李广的堂弟），到武帝时被封为乐安侯,元狩二年接替公孙弘为丞相。李蔡实际上才能平庸,名声更在李广之下,但却被封为列侯,位至三公。不仅如此,连李广的部下和士兵都有封侯的,可李广就是与封侯无缘。元狩四年（前119）,大将军卫青率军出击匈奴,李广此时已经年迈,多次请求后,武帝才允许他任前将军,这是他最后一次出战匈奴。卫青受皇帝嘱咐,以为李广年老,不要让他与单于正面对阵,所以卫青命李广率军从东路出发,但部队没有向导,有时会迷路,就落在了大将军的后面,大将军与单于交战,单于逃走了。之后,李广与主力军相遇,卫青派人询问迷路的情况,准备向皇帝报告军中情形,李广未做任何回答。大将军派长史急切责令李广幕府的人员前去受审对质,李广称校尉无罪,都是自己的过错,他会亲自去受审对质。李广回到自己幕府后,就自杀了,全军痛哭。老百姓听到这件事,不管认识不认识,不管是老是少,都为李将军流泪。

李广之孙李陵,与匈奴战,被俘,投降,司马迁为其辩解,因此遭受宫刑。

【扩展阅读】

导言:历史不会因为某些人是达官显贵而记住他,也不会因为某些人贫贱低微而遗忘他。李广虽然终身未被封侯,但却得到了很多后人的尊重和称颂。

出塞（其一）

秦时明月汉时关,万里长征人未还。

但使龙城飞将在,不教胡马度阴山。

（李云逸:《王昌龄诗注》卷四,上海古籍出版社,1984,第130页）

五十五、冒顿壮大匈奴

【题解】

冒顿单于杀父自立时，东胡处于强盛期，多次向匈奴索取。冒顿前两次都答应了，但当东胡提出要土地时，冒顿大怒，出兵攻打东胡，战胜返回后，又向西、向南扩展。冒顿时期，匈奴兵强马壮，可以与汉朝相抗衡。

【原文】

冒顿既立，是时东胡强盛①，闻冒顿杀父自立，乃使使谓冒顿，欲得头曼时有千里马。冒顿问群臣，群臣皆曰："千里马，匈奴宝马也，勿与。"冒顿曰："奈何与人邻国而爱一马乎？"遂与之千里马。居顷之②，东胡以为冒顿畏之，乃使使谓冒顿，欲得单于一阏氏③。冒顿复问左右，左右皆怒曰："东胡无道，乃求阏氏！请击之。"冒顿曰："奈何与人邻国爱一女子乎？"遂取所爱阏氏予东胡。东胡王愈益骄，西侵。与匈奴间，中有弃地，莫居④，千余里，各居其边为瓯脱⑤。东胡使使谓冒顿曰："匈奴所与我界瓯脱外弃地，匈奴非能至也，吾欲有之。"冒顿问群臣，群臣或曰⑥："此弃地，予之亦可，勿予亦可。"于是冒顿大怒曰："地者，国之本也，奈何予之！"诸言予之者，皆斩之。冒顿上马，令国中有后者斩，遂东袭击东胡。东胡初轻冒顿，不为备。及冒顿以兵至，击，大破灭东胡王，而虏其民人及畜产。既归，西击走月氏⑦，南并楼烦、白羊河南王⑧。悉复收秦所使蒙恬所夺匈奴地者，与汉关故河南塞⑨，至朝那、肤施⑩，遂侵燕、代。是时汉兵与项羽相距，中国罢于兵革⑪，以故冒顿得自强，控弦之士

三十余万⑫。(《史记·匈奴列传第五十》卷一百十,第3273~3274页)

【注释】

①东胡:我国古代的少数民族。因居于匈奴之东,故名东胡。春秋、战国时,南邻燕国,后为燕所破,迁于今西辽河上游一带。被冒顿打败后,退居乌桓山和鲜卑山,分别称乌桓和鲜卑。　②顷之:不久。　③单于(chányú):匈奴的君主。阏氏(yānzhī):汉代匈奴称君主的正妻。　④莫居:无人居住。　⑤瓯脱:边境荒地。　⑥或曰:有人说。　⑦月氏(Yuèzhī):汉朝西域国名。　⑧楼烦:古代北方部族名,精于骑射。白羊河南王:白羊是匈奴一部,在河套以南地区。　⑨塞:边界上险要地方。　⑩朝那(Zhūnuó):古县名,在今宁夏固原东南。肤施:县名,在今陕西榆林。　⑪罢:通"疲"。　⑫控弦:拉弓,借指士兵。

国学经典书系

228

【品读】

据《史记》记载,匈奴的祖先是夏后氏的后代,名淳维。蓄养的牲畜多是马、牛、羊等,逐水草而居,没有固定的城邑,也不耕地种田,是典型的游牧民族。

秦始皇灭六国后,派蒙恬率领十万军队进攻匈奴,尽收黄河河套以南的地方,继而修补原来各国的长城,连为一体,从临洮至辽东长达一万多里,也就是所谓万里长城。蒙恬去世(前210),中原也很快烽烟四起(公元前209年陈胜、吴广起义),守边的士卒都离开了,匈奴抓住机会,渐渐渡过黄河,回到了以前的边界。

此时匈奴的单于是头曼,太子是冒顿(Mòdú)。后来头曼宠爱的阏氏生了小儿子,头曼就准备废了冒顿,立小儿子为太子。于是冒顿被送到月氏做人质后,头曼派兵攻打月氏,想借他人之手杀冒顿,但冒顿偷了一匹好马,逃了回去。头曼认为他很勇猛,就命令他统领一万骑兵。冒顿当然知道头曼有杀心,所以他也不能坐以待毙,他要杀死单于。单于一死,作为太子,他就可以名正言顺地继承单于之位。于是,冒顿想了一个杀单于的办法。他制作了一种响箭,用来训练他的部队,规定:响箭所射而不跟着射的人,斩首。最先射杀的是打猎时的鸟兽,然后有冒顿的好马、爱妻、单于的好马,那些没有跟着响箭射的人都被斩了,等到响箭射单于的好马时,再也没人敢不射了。冒顿看时机已经成熟,准备实施射杀单于的计划。冒顿随头曼打猎,用响箭射头曼,冒顿的随从也随着响箭射头曼,单于被杀,冒顿又杀尽后母和弟弟以及不服从的大臣。冒顿正式成为匈奴的单于。

冒顿为单于时,正是东胡强盛期,东胡听说冒顿杀父自立,就派使者告诉冒顿,想得到头曼的千里马。这是东胡在试探冒顿的强弱。冒顿询问诸位大臣,大臣们以为不可,冒顿则以为,既然两国相邻,又何必爱惜一匹马,于是把千里马送给了东胡。东胡得寸进尺,又想得单于的阏氏,大臣们对东胡的无理要求很愤怒,但冒顿还是把宠爱的阏氏送给了东胡。东胡王以为匈奴软弱可欺,就向西侵犯。在和匈奴的边境之间有一块无人居住的废弃土地,宽一千多里,东胡想据为己有,依旧使用老办法,向冒顿索要。冒顿征求大臣的意见,大臣们以为废弃的土地可给可不给。冒顿听后大怒:"土地是国家的根本,怎么能送给别人?"把那些说给的人全部斩了。然后,出兵袭击东胡,东胡毫无防备,被匈奴打败,消灭了东胡王。返回后,向西赶走了月氏,向南兼并了楼烦和白羊河南王。全部收复了被蒙恬所占的匈奴旧地,并向汉境侵犯。而此时的中原,楚汉争雄,无暇顾及匈奴,冒顿趁此机会壮大力量,成为匈奴有史以来最强大的时期,由此奠定了之后长期与汉朝相抗衡的局面。

冒顿杀父、杀后母、杀弟弟等,确实心狠手辣,残忍无比。但作为一位统治者,无疑是具有雄才大略的,在匈奴发展史上至关重要。

冒顿与汉高祖刘邦有过一场较量。汉朝初定天下,韩王信被迁到代国,都马邑。匈奴大举进攻马邑,韩王信就投降了匈奴。匈奴继续南下,打到晋阳城下。刘邦御驾亲征,正值冬季大雪,天气严寒,冒顿假装败走来引诱汉军。汉高祖率军向北追击,先到了平城,步兵还未赶到。冒顿派出四十万精兵,把汉高祖围困在了白登山,长达七天,汉军内外不能会合,军粮无法补给。无奈之下,刘邦派人贿赂了阏氏,加之韩王信的两位将领未能按时到达,冒顿才从围困的军队中解开了一角,刘邦得以逃出,与大军会和。冒顿引兵北归,汉朝也罢兵休战,并派人和亲。

惠帝、文帝、景帝时期,都采取和亲政策,汉匈之间大体上能和平相处。汉武帝即位初期,申明有关和亲规定,对匈奴待遇优厚,边境贸易十分繁荣。但汉朝在武帝时期,经过文景二帝的休养生息,国力得到很好的恢复,已经具备了与匈奴开战的条件。先是以马邑为诱饵,引诱匈奴单于,但被发现,无功而返。从此,两国和亲关系断绝。之后,卫青、霍去病先后多次出击匈奴,匈奴受到重创,对汉朝的威胁已大大降低。

匈奴在东汉初,分裂为北匈奴和南匈奴,南匈奴归汉,被安置在河套地区,北匈奴留在漠北。公元91年,汉军大败北匈奴,北匈奴被迫西迁,后来,逐渐消失在中国的历史记载中。

【扩展阅读】

导言:司马迁生活在汉武帝的时代,汉与匈奴之间的战争也是他亲眼所见,他对武帝的做法其实并不完全认同,在《匈奴列传》的"太史公曰"中有反映,但在帝国时代,作为臣子,司马迁不可能直指皇帝,所以就指责那些"世俗之言匈奴者"不能直言进谏,因此才在文末一再强调"择任将相"。

择任将相

太史公曰:孔氏著《春秋》,隐、桓之间则章,至定、哀之际则微,为其切当世之文而罔褒,忌讳之辞也。世俗之言匈奴者,患其徼一时之权,而务谄纳其说,以便偏指,不参彼己;将率席中国广大,气奋,人主因以决策,是以建功不深。尧虽贤,兴事业不成,得禹而九州宁。且欲兴圣统,唯在择任将相哉!唯在择任将相哉!(《史记·匈奴列传第五十》卷一百十,第3503~3504页)

五十六、汲黯质问张汤

【题解】

> 汲黯刚正敢谏，和张汤有很大的不同，曾多次在皇帝面前质问，甚至怒骂张汤。

【原文】

张汤方以更定律令为廷尉①，黯数质责汤于上前②，曰："公为正卿③，上不能褒先帝之功业④，下不能抑天下之邪心，安国富民，使图圄空虚⑤，二者无一焉。非苦就行，放析就功⑥，何乃取高皇帝约束纷更之为⑦？公以此无种矣。"黯时与汤论议，汤辩常在文深小苛⑧，黯伉厉守高不能屈⑨，忿发骂曰⑩："天下谓刀笔吏不可以为公卿，果然。必汤也，令天下重足而立⑪，侧目而视矣！"（《史记·汲郑列传第六十》卷一百二十，第3750页）

汲黯

【注释】

①方：刚刚。　②质责：质问、责备。　③正卿：廷尉是正九卿之一。④褒：发扬。　⑤图圄(língyǔ)：监狱。　⑥放析：混乱。　⑦约束：前定的律令。　⑧文深：所持文法深刻。　⑨伉厉：刚直、严厉。　⑩忿(fèn)：生气。　⑪重足而立：一只脚叠在另一只脚上站着，比喻不敢迈步。

　　汲黯为人刚正,学习黄老的无为思想,在任东海太守时,只掌握大原则而不苛求小细节。由于身体多病,他经常躺在卧室内休息,很少出门。一年多后,东海治理得很好,受到皇帝赞赏,汲黯被任命为主爵都尉。总之,他在为政上主张无为,弘其大要而不拘守法令条文。

　　汲黯的另一特点是直谏,对于皇帝也丝毫不留情面。汉武帝当时广招天下学士儒生,正说着他想要如何如何,汲黯回答说:"陛下内心欲望那么多,只在表面上做出施行仁义的样子,又怎么能效仿唐尧虞舜的政治呢!"武帝听后,竟无言以对,只好沉默,但心中愤怒,脸色大变,宣布退朝。大臣们都替汲黯担心。武帝退朝后,对左右的人说:"太过分了,汲黯太戆了!(戆:刚直、鲁莽)"还好,武帝并没有因此惩罚汲黯,相反,对汲黯十分敬重礼遇,这可以与武帝接见大将军卫青和丞相公孙弘时的态度对比中看出来。大将军入宫觐见时,皇帝蹲在厕所里接见(另一种说法是坐在床上接见);丞相有事要见时,皇上有时连帽子也不戴。说明,不论是大将军还是丞相,皇帝都没有以特别正式的礼节接见,比较随意,而且他们也不会有什么意见。汲黯则不同,皇帝绝不会不戴帽子见他。武帝有一次坐在武帐中,汲黯上前奏事,皇帝没戴帽子,看见汲黯来了,赶紧躲进了帷帐中,派人批准了他上奏的事。

　　张汤起初是长安县吏,后被武安侯推荐给皇帝,逐渐升迁至廷尉。他和赵禹共同制定法令,大概也就是从这时起,法律越来越严苛。张汤是小吏时,就投机图利,与长安的富商秘密交往,等位列九卿后,又与天下有名的士大夫相交,尽管内心与他们不一定相合,但在表面上表现得很仰慕。张汤还非常受皇帝重视,常常奏事说到国家财政时,要持续很长时间,皇帝都忘记了吃饭。甚至当时的丞相也只是徒有其位,国家大事都取决于张汤。

　　汲黯和张汤在为人行事上基本相反,汲黯又是那种不能容人之过的人,质问指责张汤实在是在所难免。汲黯指出,张汤作为廷尉,九卿之一,上不能发扬先帝的功业,下不能抑制天下人的邪心,富国安民,使监狱没有罪犯,两件事情,一件都没办到。那张汤做了什么呢? 汲黯概括为八个字:非苦就行,放析就功。即不顾是非与他人的痛苦，只顾自己去做；不管如何混乱，只要能成就自己的功业。张汤的严苛和汉高祖时的简约已经完全不同，常理来说，随着国家的发展，法律制度逐渐完善细密是应该的，但如果过于严酷，就是矫枉过正。汲黯认为张汤更改了汉高祖的法度，咒骂他断子绝孙。汲黯和张汤常有争议，张汤喜欢深究条文，推敲细节；汲黯刚直严肃，高谈阔论，不能使张汤屈服。于是，汲黯就怒骂张汤是刀笔吏，还说如果按照张汤说的做，将会使天下人两脚叠立不敢迈步，眼睛也不敢正视了。

汲黯的质问和怒骂自然会招来张汤等人的记恨和报复，他不可能不知道，借用汲黯自己的话说是："且已在位，纵爱身，奈辱朝廷何？"这和清末林则徐的"苟利国家生死以，岂因祸福避趋之"（《赴戍登程口占示家人·其二》）诗句异曲同工，都显示了古代正直的士大夫不以个人生死为念，勇于担当的精神。

【扩展阅读】

导言：选文中汲黯称"天下谓刀笔吏不可以为公卿"确实是一般人的看法，但并不是事实，因为萧何、曹参都曾经是秦朝的刀笔吏。之所以叫刀笔吏，是由于古人在简牍上写字有错讹时，是用刀削掉后再重写，刀笔并用，所以就称办文书的小吏为刀笔吏。应该是宋元以后，人们也称讼师为刀笔吏，是说他们深知法律的规则，用笔如刀，可以通过小小的文字变动使一个案件发生重大变化，所以他们的名声不是太好。在民间，最为人所熟知的刀笔吏应当就是水浒英雄及时雨宋江了。单以办文书的小吏来说，也很受蔑视，如下文所示。

高祖之世，以刀笔吏类多小人，年久长奸，势使然也。（《隋书·儒林传》卷七五，中华书局，1997，第172页）

世充独谓其麾下诸将曰："文都之辈，刀笔吏耳，吾观其势，必为李密所擒。"（《旧唐书·王世充传》卷五四，中华书局，1975，第2229页）

五十七、酷吏义纵

【题解】

> 宁成归家后，在南阳势力浪大，后被武帝任命为关都尉。酷吏义纵任南阳太守后，一到任就查处了宁家。任定襄太守时，为维持稳定的秩序，义纵一天内杀了四百人，全郡为之震骇。

【原文】

　　宁成家居，上欲以为郡守。御史大夫弘曰："臣居山东为小吏时，宁成为济南都尉，其治如狼牧羊。成不可使治民。"上乃拜成为关都尉。岁余，关东吏隶郡国出入关者，号曰"宁见乳虎，无值宁成之怒"。义纵自河内迁为南阳太守，闻宁成家居南阳，及纵至关，宁成侧行送迎②，然纵气盛，弗为礼。至郡，遂案宁氏③，尽破碎其家。成坐有罪，及孔、暴之属皆奔亡，南阳吏民重足一迹。而平氏朱强、杜衍、杜周为纵牙爪之吏，任用，迁为廷史④。军数出定襄，定襄吏民乱败，于是徙纵为定襄太守。纵至，掩定襄狱中重罪轻系二百余人⑤，及宾客昆弟私入相视亦二百余人。纵一捕鞫⑥，曰"为死罪解脱"。是日皆报杀四百余人。其后郡中不寒而栗，猾民佐吏为治⑦。（《史记·酷吏列传第六十二》卷一百二十二，第3792页）

【注释】

　　①乳虎：哺乳期的老虎很凶猛。　　②侧行：侧身而行，表示恭敬。③案：通"按"，审察。　④廷史：廷尉的属吏，掌书记。　⑤掩：乘人不备而袭击或捉拿。　⑥捕鞫：捕捉审讯。　⑦猾民：奸猾狡诈的人。

司马迁记载了十几名酷吏，宁成和义纵是其中的两人。宁成好胜使气，做小吏却欺负长官，做长官时，对待属下犹如捆绑湿柴，十分狡诈凶残。宁成逐渐升迁为济南都尉，而此时的太守是另一位酷吏郅都。郅都公正廉洁，用法严酷，皇亲贵戚都对他侧目而视，称其为"苍鹰"。所以之前的都尉去见他，都是步行入府，经过小吏传达后才敢拜见，而宁成与他们不一样，宁成是直接越过郅都走到上位。郅都也早听过宁成的名声，并没有怪罪，还很好地招待他，两人成了朋友。后来，郅都被斩，皇帝召宁成接替他为中尉，掌管京城的治安，宁成效仿郅都，不论是对皇族还是对豪强，都用法严厉，使得这些人再也不敢犯法作恶，对宁成非常畏惧。正因为如此，武帝即位后，外戚一直诋毁宁成，宁成被治罪，他以为自己被处以极刑，不可能再被任用，就想办法出关回家了。回家后，他买了很多地，几年以后，家有千金，富甲一方。

武帝想起他，准备任命他为郡太守，但被时任御史大夫的公孙弘阻止了，认为他治理地方就像狼牧养一样，太过凶恶，所以不适合做一郡的太守。于是皇帝让他在函谷关做了负责稽查行人、兼掌税收的关都尉。只一年多，就让人胆战心惊，说："宁肯看见哺乳的老虎，也不要遇到宁成发怒。"简直比猛虎还令人害怕。但宁成碰上了另一位让人恐惧的酷吏：义纵。

义纵年少时做过盗贼，后来因为他的姐姐受皇帝宠信而入朝做官，慢慢升到河内都尉。到任不久，就灭了穰氏一类的豪强家族，河内路不拾遗。又升任南阳太守，宁成的家就在南阳。义纵过关时，比猛虎还厉害的宁成都不敢正行，只能"侧行送迎"，表示敬畏恭敬，但义纵却是傲慢无礼。义纵一到任，立刻追查宁家，把宁家彻底摧毁了。宁成不仅富有，还喜欢锄强扶弱，又掌握着官吏的隐私，所以在当地势力很大，驱使民众的能力甚至超过太守。因此义纵必然会除掉宁成及其家族。宁成连坐犯罪，当地孔姓、暴姓等豪强大族也都逃跑了，南阳的官员和百姓吓得动都不敢动。由于军队多次经过定襄，导致定襄社会混乱，所以任命义纵为定襄太守，前去整治。义纵到任后，一天杀了四百多人，一部分是犯重罪但被从轻处罚的人，另一部分是探望他们的人,理由是这些人私自进入监狱为死囚解脱刑具。经过一番血腥的杀戮,定襄郡人恐惧至极,那些原本奸猾狡诈的人现在反而帮着官府治理。

义纵后来因妨碍诏令、阻止政事被处死。

酷吏们为官行政严酷残暴,实际上是施行恐怖统治,令人不敢说话做事,从而获得表面上的平静和秩序。一旦此人离任,社会可能会更乱,原有的问题不仅没有得到解决,反而更为严重,酷吏的做法治标不治本。但在司马迁笔下的酷吏也有值得肯定的地方。比如郅都刚直廉洁,不畏权贵;赵禹依法办事,坚守正道;义纵效仿郅都,也很廉洁。

【扩展阅读】

导言:酷吏历朝历代都有,武则天时期有一位著名的酷吏来俊臣,其手段之残忍令人发指,他还与万国俊撰写了《罗织经》,讲如何罗织罪名,狄仁杰看后,都直冒冷汗。来俊臣曾奉命审问另一位酷吏周兴,用请君入瓮的办法让周兴很快承认了罪行。

请君入瓮

或告文昌右丞周兴与丘神勣通谋,太后命来俊臣鞫之。俊臣与兴方推事对食,谓兴曰:"囚多不承,当为何法?"兴曰:"此甚易耳!取大瓮,以炭四周炙之,令囚入中,何事不承?"俊臣乃索大瓮,火围如兴法,因起谓兴曰:"有内状推兄,请兄入此瓮!"兴惶恐,叩头伏罪。(司马光:《资治通鉴·唐纪·则天后天授二年》卷二百四,中华书局,2011,第6472页)

五十八、侠义郭翁伯

237

【题解】

> 郭解年少时，内心狠毒，杀了很多人。年长后，他以德报怨，受到少年们的仰慕。自己外甥被杀，他能秉公处理，不倚势凌人，由此吸引了更多的人前来依附他。

【原文】

郭解，轵人也①，字翁伯，善相人者许负外孙也。解父以任侠，孝文时诛死。解为人短小精悍，不饮酒。少时阴贼②，慨不快意③，身所杀甚众。以躯借交报仇，藏命作奸，剽攻④不休，乃铸钱掘冢，固不可胜数。适有天幸，窘急常得脱，若遇赦⑤。及解年长，更折节为俭⑥，以德报怨，厚施而薄望。然其自喜为侠益甚。既已振人之命，不矜其功，其阴贼著于心，卒发于睚眦如故云⑦。而少年慕其行，亦辄为报仇，不使知也。解姊子负解之势，与人饮，使之嚼⑧。非其任，强必灌之。人怒，拔刀刺杀解姊子，亡去。解姊怒曰："以翁伯之义，人杀吾子，贼不得。"弃其尸于道，弗葬，欲以辱解。解使人微知贼处⑨。贼窘自归，具以实告解。解曰："公杀之固当，吾儿不直⑩。"遂去其贼，罪其姊子，乃收而葬之。诸公闻之，皆多解之义，益附焉。（《史记·游侠列传第六十四》卷一百二十四，第3842页）

【注释】

①轵(zhǐ)：在今河南省济源市东南。　②阴贼：阴狠残忍。　③慨不快意：感到不合意的人。　④剽攻：掠夺。　⑤若：或。　⑥折节为俭：折节，克

制;俭,收敛,约束。　⑦睚眦(yázì):发怒时瞪眼睛,借指极小的仇恨。　⑧
嚼(jiào):通"釂",把酒喝干。　⑨微:打听。　⑩不直:理曲,没有道理。

【品读】

　　所谓"游侠",司马迁认为他们的行为虽然不完全遵循正义,但他们言必
信,行必果,诺必诚,能够不顾自己的性命,救别人于危难之中,即使经历了生
死,却从不夸耀。这样的游侠,《史记》记载了朱家、田仲、王公、剧孟、郭解五
位,都是西汉建立以来的人物,西汉之前的已不为人所知,但是指"匹夫之
侠",除此而外,还有"贵族之侠",他们是被载入史册的,大名鼎鼎的如战国四
公子孟尝君、平原君、春申君、信陵君,司马迁把他们都归之于"侠",班固也同
意,而且说得更加清楚:四公子"皆藉王公之势,竞为游侠"(《汉书·游侠传》)。

　　郭解是司马迁记载得最为详细的游侠,他的父亲也以任侠闻名,文帝时
被诛,说明郭解的家里有游侠传统。郭解身材矮小而强悍,少年时就内心狠
毒,杀了不少人,又不惜性命为人报仇,藏匿亡命之徒,抢劫、铸钱、盗墓等等,
只不过比较幸运,要么逃脱了,要么被赦免了。年长后,不再像年少时那样,
收敛了很多,但对于行侠却更加坚定了,不变的是依旧内心狠毒,会为一些小
事而行凶。侠与义通常是关联在一起的。文章前半部分主要是在描述郭解
之"侠";文章后半部分,司马迁安排了一个事例来写郭解的"义"。郭解的外
甥依仗舅舅的声势,和人喝酒时,非要人喝完,结果惹怒了对方,那人拔刀杀
了郭解的外甥,然后逃走了。郭解的姐姐很生气,把儿子的尸体放在大路上,
不安葬,想以此羞辱郭解,实际上是逼郭解尽快找出凶手报仇。死的人是自
己的外甥,又有姐姐相逼,按常理,人们一定以为郭解会大怒,而那人必死无
疑,但结果出人意料,郭解了解实情之后,把那人放了,而且还承认是他自己
的外甥不对,杀了也是应该的。由此,人们都赞颂他的"义",对他更加依附。

　　后来,郭解被迁入茂陵,关中的贤人豪士争着和他结交。因为之前郭解
的侄儿杀了杨季主的儿子,杨氏和郭氏结下了仇怨,不久杨季主又被杀,为杨
家上书的人也被杀,于是,皇帝下令逮捕郭解,郭解逃出关外,过了很久,才抓

到他。经审查,郭解所杀都在大赦以前,因此没有理由逮捕他。但就在这时,有郭解的门客称赞郭解,而一位儒生却说郭解专门以狡诈触犯法律,算不上贤能。郭解的门客听后,就杀了此人,割了他的舌头,官吏以此责问郭解,但郭解也不知道是谁杀的人。最终也没查出是谁杀了儒生,官吏上奏郭解无罪。然而御史大夫公孙弘以为郭解一介平民而行侠弄权,因小事杀人,尽管他不知道,但这个罪过比他自己杀人更严重,应当判大逆不道的罪。于是,郭解全族被灭。

战国时期,列国分立,各国都需要借助游侠一类的人物来为自己服务,所以才会有四公子各养宾客几千人的盛况。西汉建立,是大一统的国家,需要的是稳定的秩序,而游侠们恰好是不稳定因子,他们行侠仗义,不顾国家法令,任意杀人,而且在各地都还有一定的势力,有时候官府对他们也无能为力,因此受到朝廷打压是必然的。汉景帝时就诛杀过一些,到汉武帝时,"罢黜百家,独尊儒术",对游侠采取彻底的消灭政策,游侠更是无容身之处,所以郭解即使无罪,也被处死了。

像郭解一样的游侠,虽然也杀人犯法,但他们是讲求道义的,不是滥杀无辜,有些人依仗财势奴役穷人,凭借豪强暴力欺凌孤弱,放任纵欲,只图自己取乐,这样的人只是一帮强盗而已,游侠也以之为耻,绝不能把他们相提并论。

司马迁写《游侠列传》一开始就有很大篇幅的议论,表达了他对游侠的看法,在结尾的"太史公曰"又对郭解表示惋惜和同情,既然当朝皇帝汉武帝严厉打击游侠,那司马迁为何又冒险写下这篇传记? 这还得从司马迁身上寻求答案。司马迁遭李陵之祸时,"交游莫救,左右亲近不为一言"(《报任少卿书》),所以他对游侠不惜生死、救人于困厄之中的行为十分赞赏,才为他们立传,载之史册,长久流传,或许也是希望以此激励后世的人们。

在中国文化传统中,侠文化一直在流传,在唐代,有很多描写侠客的文学作品,如《虬髯客》《昆仑奴》《聂隐娘》《红线》等,直至近代,产生了大量的武侠小说,著名的如还珠楼主的《蜀山剑侠传》。现在社会中,各种武侠小说、电影、电视剧更是层出不穷,而最为人们所熟知的恐怕就是金庸的作品,金庸将每部作品的首字连在一起形成了一副对联:飞雪连天射白鹿,笑书神侠倚碧鸳。

"侠"不仅是一种身份和行为,更是一种精神和气质。

酒中之仙诗中之圣
经济有才致的无命

李白

李白

【扩展阅读】

导言:唐代,特别是初盛唐,犹如健壮的青年一般,朝气蓬勃,肆无忌惮,有"诗佛"之称的王维年轻时也有"纵死犹闻侠骨香"的诗句,"绣口一吐,就是半个盛唐"的天才诗人李白更是具有侠义精神,他有很多诗篇写到侠客,这里只能选一首《侠客行》。

侠客行

赵客缦胡缨,吴钩霜雪明。银鞍照白马,飒沓如流星。十步杀一人,千里不留行。事了拂衣去,深藏身与名。闲过信陵饮,脱剑膝前横。将炙啖朱亥,持觞劝侯嬴。三杯吐然诺,五岳倒为轻。眼花耳热后,意气素霓生。救赵挥金槌,邯郸先震惊。千秋二壮士,烜赫大梁城。纵死侠骨香,不惭世上英。谁能书阁下,白首《太玄经》。(《李太白全集·侠客行》卷三,中华书局,1999,第216页)

五十九、富者，人之情性

【题解】

这是列传的最后一篇。司马迁在其中提出了"富者，人之情性"的观点，充分显示了史家的胆识，因此也招来了后世的批评。

【原文】

由此观之，贤人深谋于廊庙①，论议朝廷，守信死节隐居岩穴之士设为名高者安归乎？归于富厚也。是以廉吏久，久更富，廉贾归富。富者，人之情性，所不学而俱欲者也。故壮士在军，攻城先登，陷阵却敌，斩将搴旗②，前蒙矢石，不避汤火之难者，为重赏使也。其在闾巷少年，攻剽椎埋③，劫人作奸，掘冢铸币，任侠并兼，借交报仇，篡逐幽隐，不避法禁，走死地如骛者④，其实皆为财用耳。今夫赵女郑姬，设形容，揳鸣琴⑤，揄长袂，蹑利屣，目挑心招，出不远千里，不择老少者，奔富厚也。游闲公子，饰冠剑，连车骑，亦为富贵容也。弋射渔猎，犯晨夜，冒霜雪，驰阬谷，不避猛兽之害，为得味也。博戏驰逐，斗鸡走狗，作色相矜⑥，必争胜者，重失负也。医方诸食技术之人，焦神极能，为重糈也⑦。吏士舞文弄法，刻章伪书，不避刀锯之诛者，没于赂遗也。农工商贾畜长，固求富益货也。此有知尽能索耳，终不余力而让财矣。（《史记·货殖列传第六十九》卷一百二十九，第3941页）

【注释】

①廊庙：指朝廷。　②搴（qiān）旗：拔取敌方旗帜。　③椎（chuí）埋：劫杀人而埋之。　④骛：奔驰。　⑤揳（xiē）：弹奏。　⑥相矜：互相夸耀。

⑦糈(xǔ):粮食。

【品读】

　　中国古代重义轻利,孔子认为"君子喻于义,小人喻于利"。以义和利区分君子小人,孟子更是要舍生取义,因此一般士人往往耻于言利,对逐利行为嗤之以鼻。"利"包含很多内容,财富是其中之一,耻于言利也导致人们不愿意多谈金钱,以免被认为世俗、拜金、有铜臭味。但司马迁不人云亦云,敢于面对社会现实,有自己独到的观察和见解,而不被所谓常识和公理所左右,《货殖列传》就是很好的体现。对此,著名学者钱钟书先生有精彩的论述:"斯《传》文笔腾骧,固勿待言,而卓识钜胆,洞达世情,敢质言而不为高论,尤非常殊众也。夫知之往往非难,行之亦或不大艰,而如实言之最不易;故每有举世成风、终身为经,而肯拈出道破者尟矣。"(《管锥编》)这便是作为史学家的司马迁的卓识。

　　在选文中司马迁提出了一个大胆的论断:追求富贵是人的本性。那些在朝廷之上出谋划策、争论不休的贤人;隐居岩穴,设法抬高声名的处士,他们最终其实都在追求富贵。有些廉吏,为官清廉,但时间一久,也会变得富有;买卖公道的商人,有良好的信誉,也会发财致富。所以,追求富贵是天性使然,不用学,不用教,每一个人都知道。司马迁为了更有说服力,又列举了很多的例子,包括各行各业,像在军队的壮士、任侠的少年、赵女郑姬、游闲公子、猎人渔夫、医生方士、吏士、农工商贾,他们都在竭尽所能、不遗余力地获取财富。正如《史记》所云:"天下熙熙,皆为利来;天下攘攘,皆为利往。"

　　追求富贵,虽然是人之本性,但不能没有原则,所以司马迁把富分成了三等,本富为上(农业),末富次之(经商),奸富最下(非法)。本末之分是由于古代重农轻商思想的影响,可不置论,因此三分如果再简化,就是合法致富和非法致富两类,后者是不能提倡的。"君子爱财,取之有道"正是说的这个道理。

　　班固批评司马迁"其是非颇缪于圣人……述货殖则崇势利而羞贱贫",似乎并不恰当。以财富而论,孔子很重视财富,"富"在《论语》中共出现十七次,其中十二次是指财富,如:"富与贵,是人之所欲也。"(《里仁》)又如:"富而可求也,虽执鞭之士,吾亦为之。"(《述而》)当然,孔子不是毫无原则地只求富贵,对于"富"。他不满足于"富而无骄",还要求做到"富而好礼"(《学而》);追求富贵时,必须是用正当方法得到,否则,就宁肯贫贱。对照孔子的思想,司马迁并没有"缪于圣人",而且他的"富者,人之情性"与孔子的"富与贵,是人之所欲也"十分接近,说不定还受到过孔子的影响。那司马迁是不是"羞贱贫"呢?认为是的人,或许可以举出下面的文字:"若至家贫亲老,妻子软弱,岁时无以祭祀进醵,饮食被服不足以自通,如此不惭耻,则无所比矣。……无岩处奇士之行,而长贫贱,好语仁义,亦足羞也。"(《货殖列传》)以此来论证司马迁以贫贱为羞耻,想必太史公也是百口莫辩,然而又何须辩白,司马迁仅仅是在陈述一个事实,一个人不能赡养父母,岂不是不孝?不能照顾妻儿,作为丈夫和父亲难道不应该感到羞愧?"羞贱贫"并没有什么错,孔子不也说过"贫与贱,是人之所恶也"。况且,司马迁也没有鼓励不择手段地谋取钱财,没有破坏"义"的原则。从上面的引文看,他厌恶的还有一种人,就是那些无高洁的品行,而又长期贫贱,还满口仁义的人。此类人沽名钓誉,无真才实学,自己就应该感到羞耻,又何妨他人评说。

司马迁言他人所不敢言,在一定程度上揭示了社会生活的真相,但有洞见的同时就可能有偏见。爱富贵虽是人的本性,却不是人的全部,在朝堂之上,殚精竭虑,为国家社稷出谋划策的大臣;甘受清贫,不同流合污的隐士;崇尚道义,不计个人利益帮助他人的侠客等等,如果把他们的目的仅用"归于富厚"来解释,恐怕是难以服人的。

【扩展阅读】

导言:钱财是人们百谈不厌的话题,西晋的鲁褒写有一篇名文《钱神论》,把钱的特点和功能描述得淋漓尽致,其目的是讥讽金钱崇拜的社会风气。

钱神论

钱之为体，有乾坤之象，内则其方，外则其圆。其积如山，其流如川。动静有时，行藏有节，市井便易，不患耗折。难折象寿，不匮象道，故能长久，为世神宝。亲之如兄，字曰"孔方"，失之则贫弱，得之则富昌。无翼而飞，无足而走，解严毅之颜，开难发之口。钱多者处前，钱少者居后。处前者为君长，在后者为臣仆。君长者丰衍而有余，臣仆者穷竭而不足。《诗》云："哿矣富人，哀此茕独。"（《晋书·隐逸传》卷九十四，中华书局，1996，第2437页）

六十、发愤之作

【题解】

　　《太史公自序》是全书最后一篇,交代了作者的身世、写作缘由和大概内容。选文中司马迁借圣贤之事例来说明《史记》也是发愤之作,其中寄托着作者的情感。

【原文】

　　七年而太史公遭李陵之祸,幽于缧绁①。乃喟然而叹曰:"是余之罪也夫! 是余之罪也夫! 身毁不用矣。"退而深惟曰②:"夫《诗》《书》隐约者,欲遂其志之思也③。昔西伯拘羑里④,演《周易》;孔子厄陈、蔡,作《春秋》;屈原放逐,著《离骚》;左丘失明,厥有《国语》⑤;孙子膑脚,而论兵法;不韦迁蜀,世传《吕览》;韩非囚秦,《说难》《孤愤》;《诗》三百篇,大抵贤圣发愤之所为作也。此人皆意有所郁结,不得通其道也,故述往事,思来者。"于是卒述陶唐以来⑥,至于麟止⑦,自黄帝始。(《史记·太史公自序第七十》卷一百三十,第3978页)

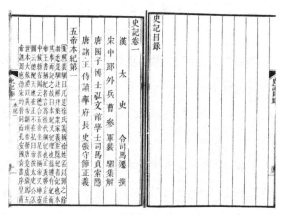

《史记》书影

①缧绁(léixiè):捆绑犯人的绳索。引申为牢狱。 ②惟:思考。 ③遂:实现。 ④羑(yǒu)里:商代监狱名。 ⑤厥(jué):于是。 ⑥陶唐:尧。⑦麟止:汉武帝元狩元年(前122)巡幸雍地,获一白麟,司马迁以此作为《史记》记事的下限,但这只是指大概的时间。

【品读】

　　司马迁生于史官世家,他的父亲司马谈临终前嘱托儿子一定要完成一部史书。司马迁秉承父亲遗志,撰述《史记》,但却在武帝天汉三年(前98)遭受李陵之祸。李陵是飞将军李广的孙子,也善于射箭,皇帝认为他是名将之后,就派他率领八百骑兵。天汉二年(前99)秋,贰师将军李广利率三万骑兵到祁连山攻打匈奴右贤王,李陵及其射手步兵共五千人被派往居延以北千余里,想以此分散匈奴兵力。约定日期到了之后,李陵率军返回,但被单于的八万军队围困住。李陵军拼死抵抗,弓箭射尽,死伤大半,所杀匈奴兵有一万多人。李陵一边撤退一边作战,维持了八天,但终究寡不敌众,又因粮食短缺,等不到救兵,李陵无奈之下,只好投降匈奴。消息传回汉朝,武帝大怒,群臣也都怪罪李陵,只有司马迁站出来说李陵有国士之风,而且他以五千之兵与匈奴数万军队大战,虽然战败,但其功绩足以光耀天下,他之所以不死,可能是想在适当的机会再回报汉朝。司马迁本是就事论事,但汉武帝以为他是在诋毁贰师将军李广利。因为此次出战,李广利是主力,但单于军队却被李陵遇上,所以李广利的战功很小,司马迁说李陵功劳大,就使武帝觉得他这是在贬低李广利,司马迁由此被处以腐刑。

　　腐刑对司马迁来说是奇耻大辱,但《史记》还未完成,他不能一死了之。身遭大患,看尽世态炎凉后,抚今追昔,回想历史,原来很多伟大的著作都是作者在穷困之中发泄愤懑之作。这些作者有周文王、孔子、屈原、左丘明、孙膑、吕不韦、韩非等,他们都是"贤圣",其作品有《周易》《春秋》《离骚》《国语》等。如此一段叙述,司马迁隐隐地把自己和贤圣相提,把《史记》和《春秋》等经典并论,可见《史记》在其心中的地位。"此人皆意……"一句,看似在说以上的著作,实际上是在说《史记》,他要告诉人们的是,书中有着作者郁闷难解的不平之气。

【扩展阅读】
　　导言:班固在《汉书·司马迁传》的"赞曰"中,对《史记》有一段评价,值得引述。

　　故司马迁据《左氏》《国语》,采《世本》《战国策》,述《楚汉春秋》,接其后事,讫于天汉。其言秦、汉,详矣。至于采经摭传,分散数家之事,甚多疏略,或有抵牾。亦其涉猎者广博,贯穿经传,驰骋古今,上下数千载间,斯以勤矣。又,其是非颇缪于圣人,论大道而先黄、老而后六经,序游侠则退处士而进奸雄,述货殖则崇势利而羞贱贫,此其所蔽也。然自刘向、扬雄博极群书,皆称迁有良史之材,服其善序事理,辨而不华,质而不俚,其文直,其事核,不虚美,不隐恶,故谓之实录。呜呼! 以迁之博物洽闻,而不能以知自全,既陷极刑,幽而发愤,书亦信矣。(《汉书·司马迁传》卷六十二,中华书局,1962,第2737~2738页)

《史记》品读　发愤之作

【附录一】

《报任少卿书》是观察司马迁心灵世界的窗口,不细读此文,就很难深入理解《史记》。本书品读中已多次引用此文,读者可以参看。为方便阅读,现将全文附于书后,并做简要注释。

报任少卿书

太史公牛马走司马迁再拜言,少卿足下①:曩者辱赐书②,教以慎于接物,推贤进士为务,意气勤勤恳恳,若望仆不相师③,而用流俗人之言。仆非敢如此也。仆虽罢驽④,亦尝侧闻长者之遗风矣⑤。顾自以为身残处秽,动而见尤⑥,欲益反损,是以独抑郁而谁与语⑦。谚曰:"谁为为之?孰令听之?"盖锺子期死,伯牙终身不复鼓琴。何则?士为知己者用,女为说己者容⑧。若仆大质已亏缺,虽材怀随、和⑨,行若由、夷⑩,终不可以为荣,适足以见笑而自点耳⑪。书辞宜答,会东从上来,又迫贱事,相见日浅,卒卒无须臾之间得竭志意。今少卿抱不测之罪,涉旬月,迫季冬,仆又薄从上雍⑫,恐卒然不可为讳,是仆终已不得舒愤懑以晓左右,则长逝者魂魄私恨无穷。请略陈固陋。阙然久不报⑬,幸勿为过。

仆闻之:修身者智之符也⑭;爱施者,仁之端也;取予者,义之符也;耻辱者,勇之决也;立名者,行之极也⑮。士有此五者,然后可以托于世,而列于君子之林矣。故祸莫憯于欲利⑯,悲莫痛于伤心,行莫丑于辱先,诟莫大于宫刑⑰。刑余之人,无所比数,非一世也,所从来远矣。昔卫灵公与雍渠载,孔子适陈;商鞅因景监见,赵良寒心;同子参乘,袁丝变色:自古而耻之。夫中材之人,事有关于宦竖,莫不伤气,况慷慨之士乎! 如今朝虽乏人,奈何令刀锯之余荐天下豪俊哉! 仆赖先人绪业,得待罪辇毂下,二十余年矣。所以自惟⑱:上之,不能纳忠效信,有奇策材力之誉,自结明主;次之,又不能拾遗补阙,招贤进能,显岩穴之士;外之⑲,不能备行伍,攻城野战,有斩将搴旗之功;下之,不能积日累劳,取尊官厚禄,以为宗族交游光宠。四者无一遂,苟合取容,无所短长之效,可见于此矣。向者,仆亦尝厕下大夫之列,陪奉外廷末议,不以此时引维纲⑳,尽思虑,今已亏形为扫除之隶,在阘茸之中㉑,乃欲仰首伸眉,论列是非,不亦轻朝廷,羞当世之士邪! 嗟乎! 嗟乎! 如仆,尚何言哉! 尚何言哉!

且事本末未易明也。仆少负不羁之才,长无乡曲之誉,主上幸以先人之故,使得奏薄伎,出入周卫之中。仆以为戴盆何以望天,故绝宾客之知,忘室家之业,日夜思竭其不肖之才力,务一心营职㉒,以求亲媚于主上。而事乃有大谬不然者。

夫仆与李陵俱居门下㉓,素非能相善也。趣舍异路,未尝衔杯酒、接殷勤之余欢。然仆观其为人自守奇士,事亲孝,与士信,临财廉,取与义,分别有让,恭俭下人,常思奋不顾身以殉国家之急。其素所蓄积也,仆以为有国士之风。夫人臣出万死不顾一生之计,赴公家之难,斯已奇矣。今举事一不当,而全躯保妻子之臣随而媒蘗其短㉔,仆诚私心痛之。且李陵提步卒不满五千,深践戎马之地,足历王庭,垂饵虎口,横挑强胡,仰亿万之师,与单于连战十余日,所杀过当㉕,虏救死扶伤不给。旃裘之君长咸震怖㉖,乃悉征其左右贤王,举引弓之民,一国共攻而围之。转斗千里,矢尽道穷,救兵不至,士卒死伤如积。然李陵一呼劳军,士无不起,躬自流涕,沫血饮泣㉗,更张空弮㉘,冒白刃,北向争死敌者。陵未没时,使有来报,汉公卿王侯皆奉觞上寿。后数日,陵败书闻,主上为之食不甘味,听朝不怡。大臣忧惧,不知所出。仆窃不自料其卑贱,见主上惨怆怛悼㉙,诚欲效其款款之愚。以为李陵素与士大夫绝甘分少,能得人之死力,虽古之名将,不过也。身虽陷败,彼观其意，且欲得其当而报于汉。事已无可奈何，其所摧败，功亦足以暴于天下矣㉚。仆怀欲陈之，而未有路，适会召问，即以此指推言陵之功，欲以广主上之意，塞睚眦之辞。未能尽明，明主不深晓，以为仆沮贰师㉛，而为李陵游说，遂下于理㉜。拳拳之忠，终不能自列，因为诬上，卒从吏议。家贫，货赂不足以自赎，交游莫救视，左右亲近不为一言。身非木石，独与法吏为伍，深幽囹圄之中㉝，谁可告诉者！此真少卿所亲见，仆行事岂不然乎？李陵既生降，隤其家声㉞，而仆又佴之蚕室㉟，重为天下观笑。悲夫！悲夫！事未易一二为俗人言也。

仆之先非有剖符、丹书之功㊱，文、史、星、历近乎卜、祝之间㊲，固主上所戏弄，倡优所畜㊳，流俗之所轻也。假令仆伏法受诛，若九牛亡一毛，与蝼蚁何以异？而世俗又不与能死节者次比，特以为智穷罪极，不能自免，卒就死耳。何也？素所自树立使然也。人固有一死，死或重于泰山，或轻于鸿毛，用之所趣异也。太上不辱先，其次不辱身，其次不辱理色㊴，其次不辱辞令，其次诎体受辱，其次易服受辱，其次关木索、被箠楚受辱㊵，其次剔毛发、婴金铁受辱㊶，其次毁肌肤、断肢体受辱，最下腐刑极矣，传曰："刑不上大夫。"此言士节不可不勉励也㊷。猛虎在深山，百兽震恐，及在槛阱之中㊸，摇尾而求食，积威约之渐也㊹。故士有画地为牢，势不入，削木为吏，议不可对，定计于鲜也㊺。今交手足，受木索，暴肌肤，受榜箠，幽于圜墙之中。当此之时，见狱吏则头抢地，视徒隶则心惕息。何者？积威约之势也。及已至是，言不辱者，所谓强颜耳㊻，曷足贵乎！且西伯，伯也，拘于羑里；李斯，相也，具于五刑；淮阴，王也，受械于陈；彭越、张敖，南面称孤，系狱具罪；绛侯诛诸吕，权倾五伯，囚于请室㊼；魏其，大将也，衣赭衣，关三木；季布为朱家钳奴；灌夫受辱于居室。此人皆身至王侯将相，声闻邻国，及罪至罔加㊽，不能引决自裁。在尘埃之中。古今一体，安在其不辱也？由此言之，勇怯，势也；强弱，形也。审矣，何足怪乎？且人不能早自裁绳墨之外，以稍陵迟，㊾至于鞭箠之间，乃欲引节㊿，斯不亦远乎！古人所以重施刑于大夫者，殆为此也。夫人情莫不贪生恶死，念父母，顾妻子，至激于义理者不然，乃有所不得已也。今仆不幸早失父母，无兄弟之亲，独身孤立,少卿视仆于妻子何如哉?且勇者不必死节,怯夫慕义,何处不勉焉!仆虽怯懦㉛欲苟活,亦颇识去就之分矣,何至自沉溺缧绁之辱哉㉜!且夫臧获婢妾㉝犹能引决,况仆之不得已乎?所以隐忍苟活,幽于粪土之中而不辞者,恨私心有所不尽,鄙没世而文采不表于后世也。

　　古者富贵而名磨灭,不可胜记,唯倜傥非常之人称焉㉞。盖文王拘而演《周易》;仲尼厄而作《春秋》;屈原放逐,乃赋《离骚》;左丘失明,厥有《国语》;孙子膑脚,《兵法》修列;不韦迁蜀,世传《吕览》;韩非囚秦,《说难》《孤愤》;《诗》三百篇,大底贤圣发愤之所为作也。此人皆意有所郁结,不得通其道,故述往事,思来者。乃如左丘无目,孙子断足,终不可用,退而论书策以舒其愤,思垂空文以自见。仆窃不逊,近自托于无能之辞㉟,网罗天下放失旧闻,略考其事,综其终始,稽其成败兴坏之纪㊱,凡百三十篇。亦欲以究天地之际,通古今之变,成一家之言。草创未就,会遭此祸,惜其不成,是以就极刑而无愠色。仆诚已著此书,藏之名山,传之其人通邑大都,则仆偿前辱之责㊲,虽万被戮,岂有悔哉!然此可为智者道,难为俗人言也!

　　且负下未易居,下流多谤议。仆以口语遇遭此祸,重为乡党所戮笑㊳,以污辱先人,亦何面目复上父母之丘墓乎?虽累百世,垢弥甚耳!是以肠一日而九回,居则忽忽若有所亡,出则不知其所往。每念斯耻,汗未尝不发背沾衣也。身直为闺阁之臣㊴,宁得自引深藏岩穴邪!故且从俗浮沉,与时俯仰,以通其狂惑。今少卿乃教以推贤进士,无乃与仆私心刺谬乎?今虽欲自雕琢㊵,曼辞以自饰㊶,无益,于俗不信,适足取辱耳。要之,死日然后是非乃定。书不能悉意,故略陈固陋。谨再拜。(中华书局编辑部:《名家精译古文观止》,中华书局,1993,第196~200页)

【注释】

①少卿足下:任安,字少卿。足下,是对人的敬称。　②囊(nǎng):从前。　③望:埋怨。　④罢驽:低劣的马。喻人的才能低下。　⑤侧闻:从旁听到。　⑥尤:怨恨。　⑦抑郁:忧愁烦闷。　⑧容:打扮。　⑨材怀随、和:具有像随侯珠与和氏璧那样美好的才能。随指随侯珠,和指和氏璧。　⑩行

若由、夷:品行像许由和伯夷那样。　⑪自点:自取侮辱。　⑫薄:临近。　⑬阙然:空缺的样子。　⑭符:凭证。　⑮极:极致。　⑯憯:通"惨"。　⑰诟:耻辱。　⑱自惟:自己考虑。　⑲外之:在外。　⑳维纲:纲纪,法度。　㉑阘(tà)茸:指庸碌、低劣的人。　㉒营职:履行职责;从事本职工作。　㉓门下:指皇帝身边。　㉔媒孽(niè):酒母。比喻借端诬罔构陷,酿成其罪。　㉕当:相当。　㉖旃裘之君长:指匈奴的首领。　㉗沫(huì)血:以血洗脸。　㉘卷(juàn):强弓。　㉙惨怆怛悼:忧伤痛惜。　㉚暴(pù):显露。　㉛沮:诋毁。　㉜理:汉景帝中元六年(前144)改廷尉为大理,武帝建元四年(前137)改回。　㉝囹圄(língyǔ):监狱。　㉞颓(tuí):败坏。　㉟蚕室:古代执行宫刑及受宫刑者所居之狱室。　㊱剖符丹书:剖符,古代帝王分封诸侯、功臣时,以竹符为信证,剖分为二,君臣各执其一。丹书,古代帝王赐给功臣世袭的享有免罪等特权的证件。　㊲卜祝:占卜和祭祀。　㊳倡优:古代称以音乐歌舞或杂技戏谑娱人的艺人。　㊴理色:道理和颜面。　㊵木索:木枷、绳索。箠楚:棍棒、荆条。　㊶剔:通"剃"。婴:绕。　㊷厉:磨炼。　㊸槛阱:捕捉野兽的机具和陷坑。　㊹约:制约。　㊺计:打算。　㊻强颜:厚脸皮,不知羞耻。　㊼请室:即囚禁有罪官吏的牢狱。　㊽罔加:法网加身。　㊾陵迟:逐渐受挫而颓塘。　㊿引节:守节自杀。　51怯懦:胆小懦弱。　52缧绁(léixiè):捆绑犯人的黑绳索。　53臧获:古代对奴婢的贱称。　54倜傥(tìtǎng):卓异不凡。　55无能之辞:没用的文辞。是谦辞,指《史记》。　56稽:考察。　57责:通"债"。以前所受的耻辱。　58戮笑:耻笑。　59闺阁之臣:指宦官充当的官员。司马迁此时任中书令。　60雕琢:引申指刻意修饰文辞。　61曼辞:华美的言辞。

【附录二】

> 《悲士不遇赋》是司马迁赋作中迄今唯一留存的一篇，与《报任少卿书》有相通之处。

悲士不遇赋

悲夫！士生之不辰①，愧顾影而独存。恒克己而复礼，惧志行而无闻。谅才韪而世戾②，将逮死而长勤。虽有形而不彰，徒有能而不陈。何穷达之易惑③，信美恶之难分。时悠悠而荡荡，将遂屈而不伸。

使公于公者，彼我同兮④；私于私者⑤，自相悲兮。天道微哉，吁嗟阔兮；人理显然，相倾夺兮⑥。好生恶死，才之鄙也⑦；好贵夷贱，哲之乱也⑧。昭昭洞达⑨，胸中豁也；昏昏罔觉⑩，内生毒也⑪。

我之心矣，哲已能忖⑫；我之言矣，哲已能选⑬。没世无闻，古人唯耻。朝闻夕死，孰云其否！逆顺还周⑭，乍没乍起。理不可据，智不可恃⑮。无造福先，无触祸始。委之自然，终归一矣⑯！（欧阳询：《艺文类聚》卷三十，上海古籍出版社，1965，第541页）

【注释】
　　①生之不辰：生不逢时。　②韪：美。戾：暴戾。　③穷达：困顿与显达。　④同：赞同。　⑤私于私者：出于私心谋取私利。　⑥倾夺：竞争，争夺。　⑦鄙：鄙视。　⑧乱：迷惑。　⑨昭昭：明亮；明白。　⑩罔觉：不清

醒。　⑪毒:痛苦。　⑫忖:揣度。　⑬选:通"算"。　⑭逆顺还周:逆反和顺遂交替更迭,周而复始。　⑮恃:依赖。　⑯一:宇宙万物的原始状态。